日本語と朝鮮語の談話における文末形式と機能の関係

中途終了発話文の出現を中心に

髙木丈也

三元社

もくじ

日本語と朝鮮語の談話における文末形式と機能の関係

中途終了発話文の出現を中心に

第1章 序論 ◆ 001

1.1. 研究動機と問題の所在 *002*
1.2. 分析対象、方法論に関する前提 *004*
  1.2.1. 談話と文章 *004*
  1.2.2. 談話分析と会話分析 *009*
  1.2.3. 日朝対照による談話分析 *017*
1.3. 本書の構成 *019*

第2章 調査・文字化の方法 ◆ 023

2.1. 談話採録調査と文字化 *024*
  2.1.1. 調査の枠組み *024*
  2.1.2. 文字化の概要 *028*
2.2. 質問紙調査 *030*
2.3. まとめ *032*

第3章 理論的枠組みと形式・機能の出現様相 ◆ 033

3.1. 発話形式に関して *034*

3.1.1. 品詞分類と用言の活用形、発話形式　034
　　　　　3.1.1.1. 品詞分類　034
　　　　　3.1.1.2. 用言の活用形　036
　　　　　3.1.1.3. 発話形式　041
　　　3.1.2. 中途終了発話文に関する先行研究　044
　　　3.1.3. 本書における中途終了発話文の定義と出現様相　054
　　　　　3.1.3.1. 中途終了発話文の定義　054
　　　　　3.1.3.2. 類似概念との関係　056
　　　　　　3.1.3.2.1. 言いさし文との関係　056
　　　　　　3.1.3.2.2. 終助詞／丁寧化のマーカー終了発話文との関係　059
　　　　　　3.1.3.2.3. 非述語文との関係　060
　　　　　3.1.3.3. 発話形式による発話文の出現様相　061
　　　　　　3.1.3.3.1. 発話形式とその出現様相　061
　　　　　　　3.1.3.3.1.1. 親疎関係による考察　063
　　　　　　　3.1.3.3.1.2. 性別による考察　064
　　　　　　　3.1.3.3.1.3. 年代による考察　065
　　　　　　　3.1.3.3.1.4. 年齢の上下差による考察　066
　　　　　　3.1.3.3.2. 中途終了発話文の下位分類とその出現様相　068
　　　　　　　3.1.3.3.2.1. 親疎関係による考察　072
　　　　　　　3.1.3.3.2.2. 性別による考察　074
　　　　　　　3.1.3.3.2.3. 年代による考察　074
　　　　　　　3.1.3.3.2.4. 年齢の上下差による考察　078

3.2. 発話機能に関して　078
　　　3.2.1. 発話機能に関する先行研究　078
　　　3.2.2. 本書における発話機能の分類と出現様相　084
　　　　　3.2.2.1. 発話機能の分類　084
　　　　　3.2.2.2. 発話機能による発話文の出現様相　086

3.3. まとめ　088

第4章 形式と機能の関係
情報要求発話を中心に

091

4.1. 情報要求に関する先行研究と分類 *092*
   4.1.1. 情報要求に関する先行研究 *092*
   4.1.2. 本書における情報要求の分類 *096*

4.2. 情報要求を表す発話文の出現様相 *099*
   4.2.1. 親疎関係による考察 *101*
   4.2.2. 性別による考察 *107*
   4.2.3. 年代による考察 *110*
   4.2.4. 年齢の上下差による考察 *113*
   4.2.5. 両言語の出現の差を形成する要因 *116*

4.3. まとめ *118*

第5章 談話構成と発話文生成メカニズム
先行発話と質問を表す中途終了発話文出現の関係を中心に

121

5.1. 質問発話生成に関する先行研究 *124*
5.2. 中途終了発話文が質問発話として機能する要因 *127*
   5.2.1. 明示的質問表示 *127*
   5.2.2. 非明示的質問表示 *130*

5.3. まとめ *139*

第6章 発話連鎖と談話構成
質問と応答の連鎖を中心に
◆ 143

6.1. 【質問→応答】の発話連鎖とは　*145*
  6.1.1.【質問→応答】の発話連鎖に関する先行研究　*145*
  6.1.2. 分析範囲と方法　*148*

6.2. 第2部分における応答　*153*
  6.2.1. 第2部分における応答発話の出現様相　*153*
  6.2.2. 発話形式による出現様相　*154*
    6.2.2.1. 実質的回答発話である場合　*155*
    6.2.2.2. 非実質的回答発話である場合　*159*
  6.2.3. 発話機能による出現様相　*160*
    6.2.3.1. 実質的回答発話である場合　*161*
    6.2.3.2. 非実質的回答発話である場合　*162*

6.3. 第2部分の発話文生成に関わる機能要因　*170*

6.4. まとめ　*171*

第7章 発話連鎖と繰り返し発話
◆ 173

7.1. 繰り返し発話とは　*174*
  7.1.1. 繰り返し発話に関する先行研究　*174*
  7.1.2. 本書における繰り返し発話の定義　*178*

7.2. 繰り返し発話の再現レベルと談話展開機能　*180*
  7.2.1. 繰り返し発話の再現レベル　*180*
  7.2.2. 繰り返し発話の談話展開機能　*186*

7.3. まとめ　*189*

第8章　発話文に対する意識と談話における使用様相　◆ *191*

8.1. 分析項目と方法　*192*
8.2. 質問表現と発話文生成に対する意識　*193*
  8.2.1. 質問表現に対する意識　*193*
  8.2.2. 発話文生成に対する意識　*200*
    8.2.2.1. 日本語と朝鮮語で差異をみせる項目　*200*
    8.2.2.2. 日本語と朝鮮語で差異をみせない項目　*203*

8.3. まとめ　*206*

第9章　結　論　◆ *209*

9.1. 本書における議論　*210*
  9.1.1. 各章における議論　*210*
  9.1.2. 本書全体における結論　*215*

9.2. 本研究の意義・課題　*221*
  9.2.1. 本研究の意義　*221*
  9.2.2. 本研究の課題　*223*

参考文献一覧　*225*

付　録

[付録1] フォローアップアンケート 日本語版　238

[付録2] フォローアップアンケート 朝鮮語版　241

[付録3] フェイスシート（調査整理表）日本語、朝鮮語共通　244

[付録4] 先行研究における発話機能の分類　245

[付録5] 質問紙調査票　日本語版　249

[付録6] 質問紙調査票　朝鮮語版　252

あとがき　255

初出一覧　257

索引　258

第1章 序論

1.1. 研究動機と問題の所在

　日本語と朝鮮語[1]は、類似した文法体系を持つと言われることがよくある。たしかに言語類型論（linguistic typology）的な観点からみてみると、両言語は形態・統語論レベルにおいて並行した体系を持つ点が少なくない。しかし、これを個別のセンテンスレベルで考えたとき、類似していると言われるのは、多くの人が正しいと認識する規範的なモデル、あるいは任意の言語表現を他方の言語に適用させるという一方向的なモデルにおける対比をさすことがほとんどのようである。すなわち、それぞれの言語を母語とする人々が日常生活において普遍的に産出している言語を取り出し、それらの姿をありのままに観察し両言語の言語使用を対照しようとする試みは、そう多くは行なわれていないのである。言語というものが日常の営みに根付き、ある種の相互作用（interaction）を目的として産出されるものであるということを考えたとき、我々の言語研究もまた蓄積された理論をふまえつつ、言語事実の記述という段階へと進んでいかなくてはならないと考える。

　本書は、そうした言語研究の方向性を示すための1つの試みとして、日本語と朝鮮語の談話（discourse）における実現形態としての発話文を対照、分析しようとするものである。本書では、発話文の形式の中でもとりわけ（文末まで言い切らない）不完全な文とされる「中途終了発話文」の出現に注目し、談話に特徴的な発話文が両言語おいて、いかなる出現の差異をみせるかをより多角的な視点から分析していきたいと思う。

　筆者が本書において、日本語と朝鮮語の談話に現れる中途終了発話文について分析を行なおうと思った動機は、以下の2点に集約することができる。

---

[1]　本書で日本語と対照研究を行なうこの言語には、「朝鮮語」のほか、「韓国語」、「韓国・朝鮮語」など様々な名称が存在するが、本書では「朝鮮半島において使用されている言語の総体」という意味で、日本の言語学研究において広く使用されている「朝鮮語」という名称を採用することにする。なお、第2章でも述べるが、本書で具体的な分析対象とするのは、朝鮮語の中でも韓国ソウルで使用されている変種の談話である。

1点目は、日本語と朝鮮語という文法体系が類似するといわれる言語を談話という実現形態のレベルにおいて対照すること自体に言語学的な意味があると考えたためである。2つの言語を対照するという方法を採用することによって、個別言語の分析では浮き彫りにすることができない各言語の特徴の記述が可能になることはもちろん、その分析対象を談話という必ずしも規範に束縛されない言語存在様式、あるいは発話形式に定めることにより、言語表層だけではなく相互作用における発話者の意図や談話文脈が言語使用に与える影響までが分析可能になるものと期待される。

　2点目は、談話分析（discourse analysis）の方法論に新たな視点を取り入れたいと考えたためである。近年の言語学研究においては談話分析を行なう論考が急速に増えてきており、その中には本書で分析する中途終了発話文などの発話形式に着目するものも散見されるようになってきた[2]。しかし、それらの研究をみてみると、センテンス以上の単位を想定していることは革新的にみえる一方で、実際の分析における発話文の究極のモデルは完全文におかれているという内部矛盾を抱えるものも少なくない。例えば、中途終了発話文について記述する際もそれを完全文の省略とみた場合は、この発話形式には完全文に対する二義的価値しか与えられないことになり、当該形式の持つ本質的特徴を記述することはできなくなる。そこで、本書ではこのような矛盾を克服するために、談話に現れる発話文の存在様式を「談話の文法」としてありのままに記述することにより、両言語の発話文が持つ特徴と類似点、相違点について解明しようと思う。

　このように本書では、談話分析を実現形態としての発話文の記述という言語事実に即した方法により行なっていく。つまり、本書の中途終了発話文の分析における関心は、何が省略されたか（非出現部分の同定）といったことではなく、なぜその発話形式が選択され発話されたのか、そこにはどのような発話意

---

[2]　日本語と朝鮮語の中途終了発話文に関する先行研究は、後に3.1.2.で概観することにする。なお、日本語と朝鮮語以外の言語の談話における中途終了発話文（相当の発話形式）を扱った研究としては、Evans（2009）がある。同論文では、英語、ドイツ語、イタリア語、カヤルディルド語（オーストラリア、ベンティンク島で使用される言語）における脱従属節化（insubordination）の分析を行なっている。

図が存在しているのか、その発話がどのような周辺発話の中で出現し、相互作用においてどのような役割を担っているか、といったことに置かれることになる。こうした一連の分析を通じて、両言語の談話における文法記述はもちろん、規範的な文法と談話における文法がいかなる相違をみせるのかについても記述が可能になるものと期待される。

1.2. 分析対象、方法論に関する前提

　1.1.では本書における研究動機と問題の所在について述べたが、本節では本格的な議論に入る前に、まず共有しておかなければならないいくつかの前提事項について述べることにする。具体的には、分析対象となる「談話」と「文章」の区別、談話分析の方法論といった問題に対し、本書がとる立場を明確に示す。また、こうした問題とともに、日本語と朝鮮語を対照した談話分析の学史的展開についても概観し、一連の研究の流れにおける本書の位置づけと意義を明らかにしようと思う。

1.2.1. 談話と文章

　本項では、本研究の分析対象に関する問題、すなわち談話、文章の範囲とその構成要素の同定について考えることにする。本書が扱う談話の具体的範囲について考えるために、まずは『言語学大辞典』(1996年)における記述からみてみることにしよう。同辞典では、談話について以下のように定義している。

> 「談話」
> 　いくつかの文が連続し、まとまりのある内容をもった言語表現を談話という。話されたもの、書かれたものの両方を含む。たとえば、日常会話、スピーチ、ニュース、手紙、小説、広告文など。(中略)
> 　談話は、テキスト（text、テクストとも）と同義で使われることもある。(中略) 一方、談話とテキストを別概念とすることもある。(中略) ま

た、テキストは談話を構成する要素であるとみる人もいる。
　国語学では、談話に当たる概念として文章という用語が用いられている。書かれたものをさすことが多いが、話されたものを含むこともある。

(『言語学大辞典』p.897)

　この記述をみると、談話や文章という概念は、研究者によって扱われ方が様々であること、その差異は単に名称という枠を越えて、それらが包含する範囲にまで及ぶものであることがわかる[3]。しかし、考えてみたい。言語研究において、分析対象の同定は分析そのものの信頼性に大きな影響を与えるものである。分析対象について十分な考慮がなされずに研究が行なわれた場合、当該研究における信頼性は、著しく低下することになるだろう。同じく「まとまりのある内容をもった言語表現」が扱われる場合であっても、何を談話とし、何を文章とするかについて、明確な前提を設定しておく必要があるのである。

　談話と文章に関する差異を同定するにあたって最も重要な観点は、それがいかに実現されたかということである。つまり、文字や音声といった実現体としての言語の存在様式であるが、そうした違いは、同一の言語であっても異なる言語的特徴を生成する要因となるものである。この文字と音声の差異については、古くは西尾編（1955）で既に指摘がされており、その後も名柄、茅野（1988）、ザトラウスキー（2005）、金珍娥（2013）など、様々な論考においてしばしば取り上げられてきた。例えば、西尾編（1955）では、日本語を例としてあげながら、文字言語により実現された「文字ことば」と音声言語により実現された「話しことば」の違いについて、**表1-1**のように述べている。

　表をみると、文字ことば（文字）と話しことば（音声）という違いは、単に実現方法（媒体）の違いというレベルを超えて、形態論（morphology）や統語論（syntax）、文脈からの文生成といったレベルにおいて、言語の存在様式に大きな

---

[3] 名称の使用に関して、池上（1985）には「従来、どちらかと言うと『テキスト』はヨーロッパ系の学者によって、一方『談話』はアメリカ系の学者によって好まれるという傾向があった」（p.61）との記述がある。

【表1-1】西尾編（1955）における「文字ことば」と「話しことば」の違い

文字ことば	話しことば
一、文が比較的長い	文が比較的短い
二、文の順序が正常である	文の順序が正常でない場合がある
三、同じ文や言葉を何回もくりかえすことが少ない	同じ文や言葉をくりかえすことがある
四、言いさしで文を終ることが少ない	言いさしで文を終ることがある
五、文の成分は省略されることが比較的少ない	文の成分の一部を省略することがある
六、「ぼくも行ききみも行く」という使い方をすること	その場合は「ぼくも行くしきみも行く」という使い方をする
七、「あれ」「これ」「そこ」というようなさし示す言葉が比較的少ない	さし示す言葉が比較的多い
八、敬語は比較的少なく使われる	敬語はいつもついてまわる
九、「行くよ」「行くわ」の「よ」「わ」などの言葉はあまり用いない	「よ」「わ」などの言葉をよく使う
一〇、「これね」「それからさ」の「ね」「さ」などの言葉をあまり用いない	「ね」「さ」などの言葉をよく使う
一一、漢語を比較的よく用いる	漢語は比較的少ない
一二、古い言葉、漢文的の言葉、翻訳口調の言葉がまざることがある	そのような言葉はあまりまざらない
一三、「である」で文を結ぶことが多い	文の終りは「だ」「です」「でございます」講演のときは「であります」を使うことが多い

西尾編（1955:137-138）の記述をもとにして表に整理。※表記は上掲書による

影響を与えるものであることがわかる[4]。また、こうした諸レベルにおける差異の存在は、言語研究において分析対象や分析単位（方法）が同定される際には、その実現方法が極めて重要な要素となることを示すものでもある。

しかし、こうした分析対象としての言語の実現方法に関する基本的前提に立って既存の諸研究をみてみると、話しことば研究の枠組みにおいて文字で書か

4　この他にもザトラウスキー（2005）では、談話（話しことば）について「文章とは異なり、話し手と受け手すべての参加者が一緒に作り上げる表現行動」（p.468）であるとしており、言語（行動）のほかに非言語行動（顔の表情、声のピッチ、イントネーション、手ぶりなど）が現れることを特徴とすると述べている。

れたスクリプト（台詞）や研究者による作例を分析するなど、そもそも分析対象とする言語の存在様式に関して、十分な考慮がなされていない論考が存在することに気がつく。そのような方法論が採用された場合、言語事実に立脚した正確な記述が行なえなくなることは容易に予想できるだろう。

　すなわち、実現方法による分析対象の同定を厳密に行なう必要があることが示唆されるが、本書では上記のような差異をふまえ、「『文字』により実現された言語表現のまとまり」を「文章」、「『音声』により実現された言語表現のまとまり」を「談話」と定めることにより、両者を明確に区別することにする[5]。なお、この中でも本書における分析の対象となるのは、後者、すなわち談話であるが、本書では今述べたとおり、あくまでまず音声が先に存在し実現された言語のみを談話と定め、分析を行なっていく。つまり、例えば、映画のスクリプトや研究者による作例といった文字が先に存在する「書かれた話しことば」（疑似会話体）については、純粋な音声言語ではないとの理由から主たる分析対象から除外することにする。

　ところで、上では談話について「『音声』により実現された言語表現のまとまり」という表現を用いたが、ここでいう「言語表現」とは、より具体的には、談話における構成要素となる単位のことである。こうした要素には、音や語などの小さな単位から話段[6]といった比較的大きな単位までいくつかのレベルを想定できるが、本書では談話を構成する最も基本的な単位として「発話文」を認定することにする。これは、文章における構成要素が「文」であることと対

---

[5] より正確には、談話には独話（monologue）も含まれるが、本書では分析対象には含めていない。なお、『言語学大辞典』（1996年）では、テキスト（text）については「ある作品、それも書かれた作品の本体をなす言語表現」であり、「本来、文献学（philology）の対象である」（ともにp.959、下線は、筆者による）としている。本書では、このような言語の実現方法に関わる記述をふまえ、テキスト（テクスト）については、「『文字』により実現された言語表現」である文章と同様の概念を持つものとして扱うことにする（ただし、以降、名称上は「文章」に代表させておき、談話と文章という枠組みの中で比較を行なっていく）。

[6] 日本語と朝鮮語の依頼談話を分析した柳慧政（2011）では、話段を分析単位として採用しており、それについてザトラウスキー（1993）を引用しながら「特定の目的を持ったいくつかの『発話の集合』」（p.44）と述べている。

称をなすものであるが、発話文は談話におけるターン (turn)[7]を構成する単位であり、必ずしも文章にみられる「文」の概念と一致するものではない。すなわち、いわゆる不完全な文であったり、書きことばの文法規則とは異なる実現形態をとったりするものである。以上のことをまとめると、以下のようになる。

【本書における談話と文章の定義】
談話：音声により実現された言語表現（発話文）のまとまり。
文章：文字により実現された言語表現（文）のまとまり。

さて、言語の分析に際して、いわゆる「センテンス」を最大の単位とせずに、より大きな枠組みの中でそれを捉えることは、実際の言語使用における構成要素の特性を記述する上で有効な方法であると考えるが、その構成要素の分析にあたっては、どのような分析単位を導入するのが妥当であるかをよく考えておく必要がある。先にも述べたとおり、例えば、談話を分析する際にもし、文章にみられる「文法的に完全な文」を究極のモデルとするならば、いわゆる不完全な文が出現した場合、それは「省略」として扱われることになるだろう。しかし、書かれた言葉における文法をそのまま適用したのでは、文章とは異なる特徴を持つ談話における文法の本質は記述することができない。そこで、本書ではこのような問題が生じることを避けるために、談話を分析するにあたっては、その構成要素であるターンとしての発話文を分析単位とすることにより、言語事実により即した記述を行なっていくことにする。そして、本書では分析

---

[7] 本書では、ターンを「発言権を持った話者が、話し始めて終わるまでの意味を持ったひとまとまり」という意味で用いる。この単位は、文末に終止形が現れるなど文法的な区切りによる判定が可能な場合もあるが、イントネーションや発話と発話の「間」(pause) によって認定されることもある。また、後述するように、あいづちやフィラーもターンの構成要素となる。なお、金珍娥 (2004b) では、「turnを分かつ結果をもたらし、談話の単位を基礎付ける」(p.89) 要素である"turn切断子"という概念を提起しており、turnについては「一人の話者が、turn切断子、前後の沈黙により、発話を止めるまでの発話の遂行」(p.90) と定義している。

【表1-2】言語の存在様式と分析単位の関係

存在様式	実現方法	構成要素／分析単位	記述された文法
談話	音声	発話文	談話文法
文章	文字	文	文文法

単位である発話文の分析、記述によって帰納的に構築された文法を談話文法 (discourse grammar) として位置づけ、これを文により構成された文章を前提とする文文法 (sentence grammar) とは区別して考えることにする[8]。上述のことを改めて整理すると、**表1-2**のようになる。

繰り返すが、本書で分析対象とする談話における「音声により実現された言語表現」、すなわち「発話文」は、基本的には、即時的なやりとりをその存在の前提としているため、必ずしも規範的な言語規則を反映したものであるとは限らない。そこで、本書のように談話文法という観点を導入し、文文法とは異なる枠組みから体系の記述を試みる方法が有効であると考える[9]。

1.2.2. 談話分析と会話分析

次に、本項では方法論について考えることにする。本書で行なおうとする談話分析と類似した研究領域に会話分析（conversation analysis）がある。この2つの領域は、話しことばを分析の対象とするという点では共通しており、厳密な区別ができるものではないが、少なくともそれらの分析における方法論という点においては異なる特徴を持つといえる。そこで、本項では本書が採用する分析方法について述べるための前提として、談話分析と会話分析の方法論について概観することから始めよう思う。

---

[8] ただし、談話文法の記述にあたっても、言語体系としての根幹部分については文文法と項を一にしている部分も存在しており、両者はまったく個別に存在するものではない。

[9] 本項で述べた言語の実現方法や「話しことば」、「書きことば」に関する区別については、野間（2007, 2008）や金珍娥（2013）に詳しい議論があるので、参照されたい。

談話分析が言語学の一領域として位置づけられるようになったのは、1980年代に入ってからのことである[10]。メイナード（1993）では、その1つの契機となったのはアメリカの言語学者Tannenによって1984年に書かれた『Conversation Style』であったとしているが、そもそもこの研究も1960年代から行なわれ始めたエスノメソドロジー（ethnomethodology）における会話分析の流れを受け継いだものであった[11]。

　談話分析に先駆けて研究がなされた会話分析という領域は、アメリカでSacks, Schegloff, Jeffersonといった社会学（sociology）の流れをくむエスノメソドロジスト（ethnomethodologists）らによって開拓され、発展してきたものである。ザトラウスキー（1993）では、Levinson（1983）などいくつかの論考で述べられている談話分析と会話分析の特徴に関する記述を援用し、両者についてまとめているが、そのうち会話分析については、以下のようなものであるとしている[12]。

---

[10] 日本の国語学の中では、比較的早い時期から話しことば研究への萌芽が認められていた。特に1948年に設立された国立国語研究所は、話しことばの研究において大きな役割を担ってきた。例えば、同研究所より1955年に発表された『談話語の実態』は、様々な場面や被験者の違いによる談話を採録した先駆的な研究であった。

[11] エスノメソドロジーとは、1960年代に米国のGarfinkelらが提唱した社会学の一潮流をさす。直訳すると「人々のやり方」。『新社会学辞典』（1993年）によると、「人々が暗黙のうちに共有している常識的なやり方を細部にいたるまで記述し、考察する」（p.100）ことを目的とする学問領域で、その手法には実験的場面を設定する方法、日常生活の中に小実験を織り込む方法、テープレコーダーを駆使した会話を分析する方法などが採用される。なお、言語学者による研究において初めて談話分析の可能性が示唆されたのは、「discourse analysis」（談話分析）という術語を初めて使用したといわれるHarris（1952）にまで遡る。ただし、この研究は人為的に作成された「書かれた話しことば」を分析しているという点で、本書が前提とする談話分析とは大きく異なるものである。

[12] 本項で引用するザトラウスキー（1993）における日本語訳、および文献名の表示は、すべてザトラウスキーによるものである。

【会話分析の特徴】

a. a rigorously empirical approach which avoids premature theory construction …methods are essentiallty inductive;
(性急な理論構築を避けようとする。徹底して経験的、帰納的なアプローチをとる)

b. search is made for recurring patterns across records many naturally occurring conversations, …
(自然に交わされる数多くの会話の記録を対象として、繰り返し起こるパターンを考察する)

c. emphasis on the interactional and inferential consequences of the choice between alternative utterances …
(いくつかの発話間での選択が、その後の示唆や対応の仕方にどのような結果をもたらすかを強調して分析する)

d. there is as little appeal as possible to intuitive judgments… the emphasis is on what can actually be found to occur, not on what one would guess would be odd (or acceptable) if it were to do so …
(直観的判断をできるだけ排除し、その発話が適切か否かという判断よりも、実際に起こったことに重点を置く)

e. discover the systematic properties of organization of talk, and the ways in which utterances are designed to manage such sequences.
(会話の線条的構造における相互連関的な性質とその流れがどのように作られているかを発見しようとする) (Levinson 1983: 286-287)

(ザトラウスキー 1993: 6-7)

彼らの手法の特徴は、自然主義的観察研究 (naturalistic observational discipline) (マルコム・クールタード 1999: 101) という言葉で説明されるように、日常の言語使用場面における会話を録音し、文字化されたスクリプトを詳細に観察、分析、記述していくという極めて帰納的、かつ実証的な方法によるものである。初期の会話分析の研究をみると、組織(警察、交通裁判所、検死審問、答弁取引、少年審判、病院など)、関係(性、マイノリティなど)、行為(事実認識、規範、

身体間調整など）を扱ったものが多いが、これは、もともと彼らは社会学的な関心が強く、言語、非言語行動を媒介とした社会的相互作用についての記述を主たる研究目的としていたことと関係が深いといえる[13]。また、1970～80年代に入ると、その興味、関心の方向は、会話の構造と構成（organization）へと移っていくことになるが、このことは、この時期に話者交替（turn-taking）や隣接ペア（adjacency pair）、選好組織（preference organization）、挿入発話連鎖（insertion sequences）といった談話展開に関する論文が多く発表されたことからも確認することができる。

　一方、談話分析については、ザトラウスキー（1993）では、以下のようにまとめられている。

　【談話分析の特徴】
　a. The isolation of a set of basic categories or units of discourse …
　　（ディスコースの基本的範疇や単位の集合（set）を取り出す）
　b. the formulation of a set of concatenation rules stated over those categories, deliminating well-formed sequences of categories (coherent discourses) from ill-formed sequences (incoherent discourses) …
　　（これらの範疇が適用されて、範疇の適確連鎖（一貫性のあるディスコース）と不適格連鎖（一貫性のないディスコース）を区別する一連の規則が定式化される）
　c. appeal to intuitinos, about, for example, what is and what is not a coherent or well-formed discourse … (Van Dijk 1972; Labov and Fanshel 1977: 72)
　　（考察の対象となるディスコースの一貫性の有無、またはそのディスコースが適確か否かについては、直観的な判断によることが多い）
　d. tendency to take one (or a few) texts (often constructed by the analyst)

13　会話分析の起源は、1963年にSacksがUCLAの臨時助教授として在職していた頃に行なった研究に端を発するとされる。この研究は、自殺防止センターの職員が電話で相談を受ける際に、相談者から名前を聞き出すことが難しいという悩みを持っていることを知り、それを解決するために相談の電話の録音を分析したというものであった。

and to attempt to give an analysis in depth of all the interesting features of this, limited domain to find out … " what is really going on "（Labov and Fanshel 1977: 59,117）

（一つ、ないし二、三のテクスト（分析者によって作られたものが多い）を取り上げて、その限られた範囲以内のあらゆる興味ある特徴を深く分析し、実際に何が起こっているかを説明しようとする）

（Levinson 1983: 286）

（ザトラウスキー 1993: 6）

　会話分析が帰納的、実証的な研究であるならば、談話分析は演繹的、経験的な方法をとるものである。その分析過程において依拠する理論は、主として言語学（linguistic）であり、その成果は、例えば言語学の下位領域である統語論や語用論（pragmatics）の延長線上にあるものとも考えられる（津田 1994、南 2017）[14]。このような理由から、談話分析では必ずしも日常生活における言語を分析対象とするという前提が存在せず、テレビ番組やラジオの音声、さらには、ドラマの台本や小説、研究者による作例など「書かれた話しことば」（疑似会話体）が用いられることもある。また、分析に際しては、統語論、語用論のほか、音韻論（phonology）、形態論、意味論（semantics）といった分野からアプローチがされることもある。

　このように分析方法において違いをみせる会話分析と談話分析であるが、実際に「話されたことば」を分析する過程においては、両者いずれか一方の立場に立ち研究を行なうことは、極めて難しいといえる。それはまさに会話分析と談話分析を厳密に区分することが困難であることと関係しているのであるが、例えば、もし分析の方法や範囲が会話分析の領域にのみ限定された場合には、主に談話参与者（discourse participants）間の社会的関係や談話の展開方法に関心がいくことになり、話されたことばである談話を扱いながらも、言語形式そのものの分析を行なうことは難しくなるだろう。また、反対に談話分析の領

14　久野（1978）による省略の研究、牧野（1980）による繰り返しの研究などは、その好例といえよう。

域にのみ限定された場合には、主に談話の中に存在する任意の発話を取り上げて、それに対する文法的な分析を行なうことになり、談話そのものの存在様式を周辺発話や文脈、談話展開といった観点からより実証的に分析することは困難になる。つまり、いずれかの領域に偏った分析方法が採用された場合、言語に対するより多角的な分析、記述を行なうことが困難になってしまうのである。

　このような問題を解決するには、どのような方法論が有効であろうか。筆者は、そのための鍵はHymesが提唱する「コミュニケーションの民族誌」(ethnography of communication) という概念にあると考える。Hymesによると、コミュニケーションの民族誌が理論的に依って立つところは、社会言語学（sociolinguistics）であり、社会学と言語学はもちろん、心理学、民族誌をつなぐものであるという。こうした考えは、Hymes (1974) における以下のような記述から知ることができる。

　　A general theory of the interaction of language and social life must encompass the multiple between linguistic means and social meaning. The relations within a particular community or personal repertoire are an empirical problem, calling for a mode of description that is jointly ethnographic and linguistic, conceiving ways of speaking as one among the community's set symbolic form.
　　（言語による相互作用と社会生活を記述する一般理論は、言語手段と社会的意味の様々な問題を包括しなければならない。ある特定の社会や個人的な特性における関係は、経験的な問題であり、それは、民族誌と言語学との協力による記述方式が必要とされ、様々な話し方がその地域社会における記号形態の集合の1つとして理解されるような種のものである。）

　　　　　　　　　　　　　　　　　　　　　　（Hymes 1974: 31）筆者訳

　上記のようにHymesのコミュニケーションの民族誌が扱おうとするテーマ

【図1-1】本書における談話分析の方法論の基本概念となる「コミュニケーションの民族史」

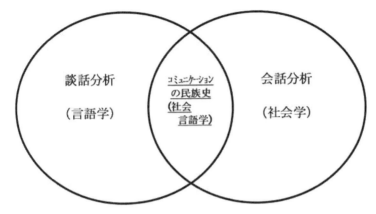

は、領域横断的といえるもので、その分析手法も多岐に渡る[15]。例えば、発話方法（ways of speaking）、発話状況（speech situation）、発話の構成要素（components of speech）[16]、発話機能（functions of speech）などの多角的な視点からの分析が取り入れられるが、こうした視点が導入されることによってはじめて、談話分析と会話分析が相互に補完し合う「話されたことば」に対するより実証的、かつ正確な記述が可能になると考えられる。

　以上のような談話分析、会話分析の特徴をふまえたうえで、本書で行なう談話分析では、従前の言語学研究における談話分析の手法を基本としながらも、会話分析における手法も取り入れて言語事実を分析するという方法論を採用することにする。具体的には、**図1-1**に示したようなモデルのもと、それぞれの

15　コミュニケーションの民族誌は、Hymesを中心に1960年代に興った概念である。岩田他（2013）によると、Hymesは、1920年頃に社会人類学者であるMalinowskiがトロブリアンド諸島における調査報告をした際に、「ことばを使うことは行為であり、意味はコンテクストにおいて解釈される」という趣旨の主張をしたことに影響を受け、これを説くに至ったといわれている。

16　具体的には、状況（scene：改まった状況か、くだけた状況かなど）、話し手、送り手（speaker, sender：談話参与者）、発話の形式（forms of speech：レジスターやスタイルの違い）などがあげられる。

領域に個別の観点、分析項目を設定する[17]。

【主に談話分析の手法を用いる観点、分析項目】
0. 実際に話されたことばを用いた対照分析
1. 中途終了発話文（発話形式）に関する形態・統語論的分析
2. 中途終了発話文の発話機能（speech function）に関する分析
3. ポライトネスに関する分析
4. 先行発話との一貫性(coherence)と発話文の生成メカニズムに関する分析

【主に会話分析の手法を用いる観点、分析項目】
0. 実際に話されたことばを用いた対照分析
1. 発話者の属性（性別、年代）、対話者との関係（親疎関係、年齢差[18]）による言語使用の相違に関する分析
2. 隣接ペアに関する分析
3. 発話（行為）連鎖（speech (act) sequence）、談話展開に関する分析

以上のように、本書では談話分析と会話分析という双方向の視点から実現体としての発話文を観察することにより、言語事実に対するより多角的、かつ深層的な記述を行なっていく。なお、本書では言語事実としての計量化データの分析を基本としながらも、そこに見出される特徴を解明するための手段として具体的用例の分析を取り入れることにする。すなわち、まずは量的な観点によ

17　談話分析における一領域に語用論があるが、これは主に談話が行なわれる個別、具体的な（言語行動）場面と言語（形式）の関係を扱うものである。ただし、特定の場面における談話は、それ自体を分析対象とすることには意味があっても、ある言語における談話の一般性を抽出するのには必ずしも有効な言語資料とはならない。そのため、本書では談話参与者の関係（初対面、親疎）についての分析は行なっても、場面についての分析は行なわないことにする。

18　ここで年齢差に注目するのは、特に朝鮮語圏においては、対話者との年齢の差異が言語使用に与える影響が社会通念上、重要な意味を持つと認識されていることによる。

り出現傾向を把握した後で、質的側面における分析に進んでいくというアプローチをとる。このような方法をとることにより、各用例が両言語の談話におけるいかなる特徴を反映したものであるのかを把握したうえで、より正確な言語記述を行なうことが可能になると考える。

1.2.3. 日朝対照による談話分析

　続いて、本項では既存の日朝対照研究の枠組みにおいて、談話分析がどのように展開されてきたのかを概観し、研究史における本書の位置づけを示すことにする。

　1.2.2.でも述べたとおり、言語学研究において談話分析が広がりをみせたのは、1980年代に入ってからのことであった。そして、それから30年余りの時を経て、現在では広義の日本語学の中で着実な発展をみせており、既に1つの学問領域として定着したといってもよい趨勢をみせている[19]。

　このような状況の中で、本書が分析対象とする日本語と朝鮮語の談話を扱った対照研究の動向をみてみると、日本語学のそれに比べ、研究の蓄積はまだそう多くないというのが現状である。管見によると、日本語と朝鮮語の談話を扱った対照研究が本格的に始まったのは1990年代中ごろのことで、その中でも比較的早い時期のものとしては、挨拶と婉曲表現を扱った李殷娥（1995）があげられる。この論考は、言語が使用されるある場面と表現の関係を分析するというものであるが、こうした研究方法はその後も、断り（李先敏 1999, 2001、任炫樹 2002、김정현 2014、元智恩 2016）、不満表明（朴承圓 2000）、依頼や要求（厳廷美 2001、柳慧政 2011、任炫樹 2014、김윤희 2015）、反対意見表明（李吉鎔 2001）、ほめと返答（金庚芬 2002）、慰め（元智恩 2010）、貸し借り（盧妵鉉 2012、中村他 2017）、提案（정영미 2013、미네자키 2015）、勧誘（鄭在恩 2013、정영미 2017）、謝罪（鄭賢兒 2015, 2016, 2017、정현아 2015）、冗談（장윤아 2017）など、言語行動（language behavior）を扱う多くの研究において広く採用されていくこととなった。

19　例えば、杉戸（1984, 1987）や佐久間（1987, 1990, 1992, 2003）、ザトラウスキー（1991, 1993）など枚挙に暇がない。

また、2000年以降になると、スピーチレベル（speech level）に関する研究も行なわれるようになる。金珍娥（2002）や鄭賢貞（2004）、金アラン（2011, 2012）などのスピーチレベルシフト（speech level shift）と待遇法の関係を扱った論考は、その例である。
　一方で、発話形式を談話文法の枠組みから捉えた研究は、言語行動やスピーチレベルを扱ったものに比べると比較的遅い発展をみせている[20]。金珍娥（2006, 2010, 2013）による文末形式や非述語文の研究、金智賢（2008, 2009, 2017）における無助詞の研究、髙木（2012, 2013b, 2014）における中途終了発話文の研究、金珍娥（2004a）や崔維卿（2012）、朴成泰（2017）におけるあいづちの研究などがあるが、いずれも2000年代半ばから2010年代に入って現れ始めたものである。
　また、発話機能や発話（行為）連鎖という点から両言語を対照した研究はさらに少なく、管見の限り、発話機能については曺英南（2004）における言いさし表現の機能に関する研究、発話連鎖（談話展開）については金敬善（1998）における電話会話における終結部展開の研究、髙木（2013a, 2015b）における繰り返し発話（repetition）や「質問」→「応答」連鎖の研究、정영미（2015）や김은미（2016）における話題導入／選択の研究、金珍娥（2016）における発話開始の研究ぐらいしか確認されていない[21]。

　以上のように、日本語と朝鮮語の対照研究の枠組みにおける談話分析の歴史はまだ浅く、未解明な部分が多いといえる。また、これまでのところ比較的早くから研究が始まった言語行動に関する論考が主流を占めており、発話形式や発話機能、その他にも発話連鎖といったことを扱ったものは、極めて少ない状況にある。それだけでなく、上記の一連の研究は日韓両国で行なわれたものを含んでいるが、その多くが朝鮮語母語話者の手になる論考である。対照研究と

20　比較的早い時期のものとして、曺英南（2002）における言いさし表現の論考があるが、これは質問紙による意識調査の結果を分析したもので、厳密な意味での談話分析を行なったものではない。

21　梅木（2009）では、日朝接触場面における発話連鎖の期待に関する研究を行なっている。ただし、これは日本語母語話者と朝鮮語を母語とする日本語学習者による日本語談話を分析したものである。

いう領域は、両言語の母語話者による視点があってこそ、より正確な議論が可能になるものであると考える。今後は、日本語母語話者の視点による論考がさらに増えていくことが期待される状況にあるといってよいだろう。

このような状況をふまえて、本書では日本語と朝鮮語の談話に現れる中途終了発話文について分析するにあたって、既存の研究において十分に解明されていない（談話文法における）発話文の形式と機能の関係、さらには発話連鎖の形成といった項目を中心的に扱い、両言語の談話における発話文の本質的特徴がいかなる類似点、相違点をみせるかを解明していこうと思う。

1.3. 本書の構成

前節で述べたことをふまえて、本書では日本語と朝鮮語の談話に現れる発話文を形式と機能、発話連鎖といった観点から談話分析と会話分析の手法により分析していく。具体的には、以下のような手順で議論を展開していくことにする。

本章に続く第2章では、調査・分析の方法について示す。本研究では、主たる分析対象として筆者が独自に採録した自然談話（各言語、ともに21談話ずつ）を使用するが、これらの談話は発話者の属性や関係という点において条件が統制されたものになっている。ここではこれらの談話採録調査の枠組みを示すとともに、音声としての談話資料の文字化方法、発話文認定の原則についても述べることにより、以降の章における分析の前提を提示することにする。また、この章では、第8章で分析する言語使用への意識を問う質問紙調査の概要についても整理する。

第3章では、日本語と朝鮮語における品詞や用言の活用形、発話形式に対する本書の基本的立場を明らかにした後、発話形式の一部を構成し、本書における主たる分析対象となる中途終了発話文の先行研究における記述、本書での定義、類似概念との関係、形態論的下位分類についてみていく。また、本書における今一つの分析項目となる発話機能に関しても、既存の研究における議論を

ふまえながら理論的枠組みを構築する。なお、第3章では形式と機能による分類を示すのみならず、それらが実際の談話においてどのような出現を示すかについて計量化したデータもともに提示する。データの分析にあたっては両言語における出現傾向の差異のみならず、発話者の属性や対話者との関係による出現の差という観点も取り入れることにする。

　第4章から第8章までは、本書の中核を担う章で、第3章までで述べた理論的前提をもとに具体的な分析を行なっていく。まず、第4章では、日本語と朝鮮語の談話における形式と機能の関係として、特に中途終了発話文が情報要求という発話機能を持つ場合に焦点を当てて分析する。具体的には、単独のターンとしての発話文の出現に注目しながら、(1) 発話者の属性、および対話者との関係によって、形式と機能はいかなる出現の差異をみせるのか、(2) それらの発話におけるポライトネス（発話意図）はいかなる特徴を持つのかという2つの観点から分析を行なう。なお、上記の分析に際しては中途終了発話文のみならず、非中途終了発話文の出現との相違にも着目し、分析発話形式がなぜその文脈において選択されたかについても考察していく。

　第5章では、質問（情報要求）[22]を表す中途終了発話文の生成メカニズムについて分析する。具体的には、第4章でみた単独のターンとしての発話文に関する分析を発展させ、それらを先行発話からの文脈の中で捉え直すことにより、そもそも文末に終止形語尾を持たない発話文、明示的な質問要素を持たない発話文がなぜターンを構成し、質問発話として機能することが可能になるのかを分析する。

　第6章では、質問を表す発話がいかなる連鎖組織（sequence organization）を生み出し、以降の談話展開に影響を与えているのかを分析する。具体的には、「質問」に後続する応答発話を「実質的回答発話」（情報提供を表す発話）、「非実質的回答発話」（情報提供以外を表す発話）に分類し、それぞれの発話を形式と

---

[22] 後述することになるが、本書では第3章、第4章で単独の発話文が持つ発話機能について分析する際には「情報要求」という術語を、第5章、第6章において発話連鎖（周辺発話との関係）について分析する際には「質問」という術語を用いることにする。これらは、いずれも慣例に従ったものである。

機能という観点から分析することにより、質問発話（先行発話）と応答発話（後続発話）がどのような有機的関係を構築しているかを示す。

　第7章では、談話展開上のストラテジー（strategy）として用いられる繰り返し発話の出現について形式と（談話展開）機能という観点から分析を行ない、日本語と朝鮮語の発話文生成と談話展開に関するさらなる特徴を明らかにする。また、繰り返し発話と中途終了発話文生成の関係についても論じることにする。

　第8章では、第4章から第7章までで述べてきた内容をふまえ、両言語の母語話者を対象に実施した質問紙調査の結果を分析し、表現に対する意識、発話文生成に対する意識を明らかにするとともに、談話における使用様相との関連についても考察を試みる。

　第9章では、本書全体の結論を整理、総括したうえで、本研究の意義、今後の課題について言及する。

　本書は、音声言語としての談話に特徴的にみられる形式を取り上げ、それが相互作用の中でいかなる機能を担い、談話展開に貢献しているのかを談話文法という観点から記述しようとするものである。一連の分析により、談話における発話文そのもののあり方に関する記述はもちろん、既存の研究では明らかにされてこなかった日本語と朝鮮語の談話における形式と機能の関係や発話文の生成メカニズム、発話連鎖（談話展開）、文文法と談話文法の差異についても、その一端を示すことが可能になるものと期待される。

第 2 章　調査・文字化の方法

談話分析を行なうにあたっては、その分析対象となる言語資料の確保が重要な問題になる。近年は、個別言語の談話を扱った研究においては、自然言語を大量に集積したコーパス（corpus）の使用が盛んになってきたが、本書で分析対象とする日本語と朝鮮語においては、対照研究に耐えうる均質な資料を公開したコーパスが今のところ存在していない[23]。そのため、本書では日本語母語話者同士、朝鮮語母語話者同士による自然談話を独自に採録し、そこで得られた音声資料（1次資料）と文字化資料（transcript、2次資料）を主たる分析対象とすることにする。本章では、この談話採録調査の枠組みと文字化の概要について示すとともに、第8章においてみる言語使用への意識を問う質問紙調査の概要についても整理することにする。

2.1. 談話採録調査と文字化

2.1.1. 調査の枠組み

本研究における談話採録調査の概要は、以下のとおりである。

---

[23] 各言語の母語話者による談話を収集した主要なコーパスとしては、日本語では「日本語話し言葉コーパス」（Corpus of Spontaneous Japanese：CSJ、国立国語研究所・情報通信研究機構（旧通信総合研究所）・東京工業大学）が、朝鮮語では「21세기 세종 계획」（21世紀世宗計画、韓国文化観光部・国立国語院）により構築されたコーパスが存在する。なお、上述のとおり日本語と朝鮮語の談話分析にあたっては、均質なコーパスが見当たらないという理由から、多くの場合、研究者自身により採録した談話資料を用いることになるが、個人の研究者が確保できる談話資料は量的な側面において限界があるため、十分なデータが確保されないという問題が生じることがある。そこで、本書ではこうした問題に対処するために、独自に採録した談話資料を分析の中心に据えながらも、第8章では両言語の母語話者を対象に実施した質問紙調査の結果を分析し、談話資料の分析を補うことにする。

【表2-1】(1) 談話採録調査の枠組み＊　日本語談話

談話名	被験者名		被験者同士の関係	
	ベース（属性）【被験者1】	対話者（属性）【被験者2】	親疎関係	性別・年齢の上下差
J1	JNB1（20F）	JN1（40F）	初対面	同性・年上
J2		JN2（20F）		同性・同年
J3		JN3（10F）		同性・年下
J4	JNB2（20F）	JN4（40M）		異性・年上
J5		JN5（20M）		異性・同年
J6		JN6（10M）		異性・年下
J7	JNB3（20M）	JN7（40F）		異性・年上
J8		JN8（20F）		異性・同年
J9		JN9（10F）		異性・年下
J10	JNB4（20M）	JN10（40M）		同性・年上
J11		JN11（20M）		同性・同年
J12		JN12（10M）		同性・年下
J13	JNB5（10F）	JN13（10F）	友人	同性・同年
J14		JN14（10M）		異性・同年
J15	JNB6（10M）	JN15（10M）		同性・同年
J16	JNB7（20F）	JN16（20F）		同性・同年
J17		JN17（20M）		異性・同年
J18	JNB8（20M）	JN18（20M）		同性・同年
J19	JNB9（40F）	JN19（40F）		同性・同年
J20		JN20（40M）		異性・同年
J21	JNB10（40M）	JN21（40M）		同性・同年

＊本章の表2-1（1）、（2）、表2-4の年代は、調査当時のものを満年齢により分類している。

▶調査期間

　2007年1月から2010年1月

▶調査地点

　日本語談話：東京都に位置する高校や大学の教室

　朝鮮語談話：ソウル市に位置する高校や大学の教室

▶被験者（談話参与者）

　日本語母話者：東京で言語形成期を過ごした外住歴のない者

　朝鮮語母話者：ソウルで言語形成期を過ごした外住歴のない者

▶被験者の情報（談話採録の枠組み）

　表2-1を参照

【表2-1】(2) 談話採録調査の枠組み　朝鮮語談話

談話名	被験者名		被験者同士の関係	
	ベース（属性）【被験者1】	対話者（属性）【被験者2】	親疎関係	性別・年齢の上下差
K1	KNB1（20F）	KN1（40F）	初対面	同性・年上
K2	KNB1（20F）	KN2（20F）	初対面	同性・同年
K3	KNB1（20F）	KN3（10F）	初対面	同性・年下
K4	KNB2（20F）	KN4（40M）	初対面	異性・年上
K5	KNB2（20F）	KN5（20M）	初対面	異性・同年
K6	KNB2（20F）	KN6（10M）	初対面	異性・年下
K7	KNB3（20M）	KN7（40F）	初対面	異性・年上
K8	KNB3（20M）	KN8（20F）	初対面	異性・同年
K9	KNB3（20M）	KN9（10F）	初対面	異性・年下
K10	KNB4（20M）	KN10（40M）	初対面	同性・年上
K11	KNB4（20M）	KN11（20M）	初対面	同性・同年
K12	KNB4（20M）	KN12（10M）	初対面	同性・年下
K13	KNB5（10F）	KN13（10F）	友人	同性・同年
K14	KNB5（10F）	KN14（10M）	友人	異性・同年
K15	KNB6（10M）	KN15（10M）	友人	同性・同年
K16	KNB7（20F）	KN16（20F）	友人	同性・同年
K17	KNB7（20F）	KN17（20M）	友人	異性・同年
K18	KNB8（20M）	KN18（20M）	友人	同性・同年
K19	KNB9（40F）	KN19（40F）	友人	同性・同年
K20	KNB9（40F）	KN20（40M）	友人	異性・同年
K21	KNB10（40M）	KN21（40M）	友人	同性・同年

［表中の記号］(凡例中、xには、数字が入る)
＜談話名＞　Jx：日本語談話（Japanese）、Kx：朝鮮語談話（Korean）
＜被験者名＞　JNB：日本語ベース（Japanese Native speaker Base）
　　　　　　　KNB：朝鮮語ベース（Korean Native speaker Base）
　　　　　　　JNx／KNx：日本語対話者／朝鮮語対話者
＜属性＝（　）内＞（年代）10：10代後半、20：20代後半、40：40代前半
　　　　　　　　　（性別）M：男性（Male）、F：女性（Female）

　本書における談話採録調査の枠組みは、宇佐美（1995）、金珍娥（2002, 2004a, 2004b）を参考にしており、表2-1に示したように、性別（男性・女性）、年代（10代後半・20代後半・40代前半）といった発話者の属性や親疎関係（初対面・友人）、さらには年齢の上下差（対年上・対同年・対年下）といった対話者との関係など、談話に影響を与えるであろう各種要素を考慮したうえで設定を行なった。各談話の参与者は、ベース被験者とそのベース被験者に対する属性、関係の異同により選定された1名の対話者により構成されており、両言語

ともに計21談話ずつが設定されている[24]。

なお、本調査は、大きく分けて以下の2つの段階から構成されている。

① 談話の採録

表2-1に示した被験者による2者間談話をICレコーダーにより録音する。話す内容は、初対面談話では初めは「互いについて話す」というテーマを設定しておき、それ以降は会話の流れに任せて自由に話してもらったが、友人談話では最初からテーマを決めずに自由に話してもらった。1談話あたりの収録時間は、20分ほどである。なお、録音中、調査者は別室で待機し、参与観察（participant observation）は行なっていない。

② フォローアップアンケートの記入[25]・インタビュー
（フェイスシート（調査整理表）の記入[26]・追調査）

24 　表2-1に示したように、本書の調査では日本語と朝鮮語において均質な言語資料を確保するために、両言語ともに同一の条件により参与者を定め、談話の採録を行なった。2者間談話に限定したのは、発話者と対話者の属性が発話に与える要因をできる限り可視化するためである。なお、談話採録に際しては、全被験者に調査・研究の趣旨、および守秘義務の遵守について十分な説明を行なったうえで、情報に基づく同意（informed consent：前田編 2005）を得ている。

25 　フォローアップアンケートは被験者記入式で、日本と韓国で実施したすべての調査の被験者に対して行なった（ベース被験者は談話ごとに行なった）。具体的には、①性別、生年月日、職業といった属性、②出身地、外住歴（期間）、保護者の生育地、外国語学習歴（期間）といった言語環境、③録音されていることに対する意識の度合い、会話の自然さ、対話者への意識といった談話採録に関する内省を問うものである。実際に使用したフォローアップアンケート（日本語版・朝鮮語版）は本書の末尾に［付録1］、［付録2］として付されている。

26 　フェイスシート（調査整理票）は、フォローアップアンケートとは別に被験者の情報を記入したもので、被験者ごとに作成してある（ベース被験者は談話ごとに作成した）。具体的には、会話番号、被験者の年齢、性別、対話者の年齢、性別、調査開始時刻、調査終了時刻、調査場所、同席者の有無、備考（録音時の状況、雑音などの特記事項）などを記入する欄が設けられており、すべて調査者（筆者）が記入するものである。実際に使用したフェイスシートは、本書の末尾に［付録3］として付されている。

談話採録が終了した後に全ての被験者に対してフォローアップアンケート（follow-up questionnaire）やインタビュー（interview）を実施し、分析過程で必要となる被験者の情報や談話収録過程における感想や内省などを引き出す。ここで得られた被験者に関する基本的データは、フェイスシート（調査整理表）に記入しておき、分析過程で随時参照する。また、それ以外にも必要に応じて随時、追調査を実施し、分析の精度を高める。

2.1.2. 文字化の概要

　2.1.1.で述べた談話採録調査で得られた音声資料を文字化し、分析対象とする。文字化資料の作成にあたっては、まず音声資料から文字資料への1次的な文字起こしをそれぞれの言語の母語話者（第3者）に依頼し、そこで作成された文字化資料を改めて筆者が照合したうえで分析資料化するという過程を経た。

　文字化をする際の表記（記号など）や書式については、基本的には日本語資料は宇佐美（2007）の「基本的な文字化の原則」（Basic Transcription System for Japanese：BTSJ）に拠ることとし、朝鮮語資料については、同原則を援用しつつ、現行の大韓民国の正書法も参照し転写することにした[27]。

　なお、分析単位である「発話文」の認定にあたっては、基本的には上記原則に準じ話者交替が起こった場合、あるいは先行する発話の後に2秒以上の間が確認された場合にこれを認めることにする。また、「名古屋には、いついらっしゃったんですか？」に対する「2017年…」のような1語だけからなる発話（いわゆる1語文）も話者の交替や間の存在といった発話文としての認定基準さえ満たしていれば、発話文として認める。ただし、上記原則においては、フィラー（あいづち）を1発話文として認めていない場合があるが、本書では金珍娥（2004a, 2004b, 2006）などにおける議論をふまえ、これらも談話における相

---

[27]　例えば、朝鮮語においては、「。」（句点）や「、」（読点）は用いずに「.」（ピリオド）や「,」（コンマ）を用いること、分かち書きをすることなど、日本語と朝鮮語で表記の慣習が異なる場合は、基本的には韓国の正書法に従って書き表した。その他、朝鮮語の文字化については、金珍娥（2013）も参照した。

【表2-2】本書の文字化で使用する主な記号（宇佐美2007による）

記号	意味
。／．	発話文の終了（非疑問文）
？。／？．	〃（疑問文）
…。／…．(三点リーダー)	中途終了発話文（非疑問文）
…？。／…？．(三点リーダー)	〃（疑問文）
［↑］［→］［↓］	イントネーション
<発話文>{<}【。	実質的発話の重複、割り込み（先行発話）
】】<発話文>{>}。	〃（後続発話）
<笑い>／<웃음>	笑いの挿入
…（あいづち。）…。	対話者によるあいづち発話の重複、割り込み
→　発話文	当該項目で注目する発話文
⇒　発話文	

／の左は日本語、右は朝鮮語における表記を示す。

互作用において重要な役割を担う発話であるとの立場をとり、独立した発話文として扱うことにする。

　入力にはMicrosoft社のExcelを用い、会話を文字化する時間と範囲は、初対面談話は採録開始から07分00秒の範囲、友人談話は採録終了2分前から起算して07分00秒の範囲とした。

　本書で提示する用例中に付される記号は、主に**表2-2**のようなものである。

　以上のことをふまえ、ここで実際の文字化データを示しておくことにしよう。次ページの例をみるとわかるように、Excelデータによるセルの割り当ては、概ね「基本的な文字化の原則」に拠っており、あいづち発話の挿入による同時発話（simultaneous speech）の場合などを除いては、ターンとしての発話文という単位をもとに改行することを原則としている。ただし、本書における文字化においては、「発話文終了」の代わりに中途終了発話文の欄を設けていることや（左から3行目）、（　）で示された同時発話におけるあいづち発話も独立した発話文として計量していることなど、独自の記述法を採用した部分も存在している（なお、実際の分析過程においては、「中途」の欄には、分析項目に関わる様々な記号を配し、作業の便宜を図った）。

【本書における文字化の例】

ライン番号	発話文	中途	話者	発話内容
1	1		JNB	はじめまして。
2	2		JN8	はじめまして。
3	3		JNB	私、「JNB姓」と申します。
4	4		JN8	あ、「JN8姓」です。
5	5		JNB	<笑い>。
6	6		JN8	よろしくお願いします。
7	7		JNB	よろしくお願いします。
8	8-10	*	JNB(JN8, JN8)	特に、何もないんですけど(はい。)、なんか自由に話してくれっていうのが、この(はい。)研究のあれらしいので…。
9	11		JN8	はい。
10	12		JNB	ちなみに今は何されてるんですか?。
11	13		JN8	今、主婦です。
12	14,15		JNB(JN8)	あ、主婦[↑]、あ、ご結婚されてる(はい。)んですね。
13	16	*	JNB	はあ、専業主婦…?。
14	17	*	JN8	専業主婦…。
15	18		JNB	ああ、今日は、何しにいらっしゃったんですか?。

【表2-3】日本語談話と朝鮮語談話における総発話文数

日本語	朝鮮語
4,162	3,959

単位:発話

なお、本書で分析対象とする談話に現れた総発話文は、**表2-3**のように日本語で4,162発話、朝鮮語で3,959発話となる[28]。

2.2. 質問紙調査

談話の分析により明らかになった事項をふまえ、表現、および発話文生成に

28　両言語において条件を統制して談話採録を行なった場合、朝鮮語より日本語において総発話文数が多くなることは、金珍娥(2006)でも述べられているように、日本語であいづち発話(「あー」、「そうですよね」などの類)が多いことと深く関連している。

【表2-4】質問紙調査の枠組み

日本語／朝鮮語

被験者の属性 (年代、性別)	人数	
10M	20名	120名
10F	20名	
20M	20名	
20F	20名	
40M	20名	
40F	20名	

［表中の記号］
＜属性＞ ＜被験者の年代＞　10：10代後半、20：20代後半、40：40代前半
　　　　＜被験者の性別＞　M：男性（Male）、F：女性（Female）

対する母語話者の意識を調べるために、日本語母語話者、朝鮮語母語話者に対し質問紙調査を実施した。質問紙調査の概要は、以下のとおりである。

　▶調査期間
　　2013年6月から8月
　▶調査地点
　　日本語談話：東京都に位置する高校や大学の教室
　　朝鮮語談話：ソウル市に位置する高校や大学の教室
　▶被験者
　　日本語母語話者：東京で言語形成期を過ごした外住歴のない者
　　朝鮮語母語話者：ソウルで言語形成期を過ごした外住歴のない者
　▶被験者の情報（質問紙調査の枠組み）
　　表2-4を参照

　表2-4に示したように、被験者は性別（男性・女性）、年代（10代後半・20代後半・40代前半）を考慮した条件により選定しており、調査対象者は各言語で120名ずつとした。被験者の属性については、調査票の1ページ目に記入を依頼し、調査後には筆者がフェイスシート（調査整理表）に転記し、分析の過

程において随時参照した[29]。また、必要に応じて追調査やインタビューも行ない、分析の精度を高めた。

2.3. まとめ

　本章では、本研究が採用する調査、分析の方法について概観した。具体的には、本研究において主たる分析対象となる各言語21ずつの2者間談話の参与者（被験者）が、性別（男性・女性）、年代（10代後半・20代後半・40代前半）、親疎関係（初対面・友人）、年齢の上下差（対年上・対同年・対年下）という発話者の属性や対話者との関係により統制がなされたものであることを示すとともに、音声資料の文字化方法や発話文認定の原則についても述べた。また、言語使用の意識分析（第8章）において用いる質問紙調査の被験者情報についても述べた。本書で行なう談話採録調査、分析は、単に日本語と朝鮮語という言語を対照するためだけのものではなく、発話者の属性や対話者との関係をも視野に入れたより精密な記述を目指すものである。次章以降では、本章で述べた調査、分析の枠組みを前提に分析項目に関わる具体的な議論に入っていくことにしたい。

29　質問紙調査に際して使用したフェイスシートは、脚注26で述べた談話採録調査におけるものと基本的には同じスタイルのものを使用している。なお、質問紙調査に際しては、備考欄に筆者が調査後に被験者と個人的なやり取りを行なう中で得られた様々な事項（内省や感想など）も記しておいた。本書の末尾に付された［付録3］も参照。

第 3 章 理論的枠組みと形式・機能の出現様相

本章では、分析、議論のより具体的な前提として、日本語と朝鮮語の発話形式と発話機能に関する理論的枠組みを構築し、本書におけるこれらの定義を示す。また、ここでみる形式と機能の下位項目が実際の談話の中でいかなる出現を示すのかについて、データも合わせてみることにする。

3.1. 発話形式に関して

3.1.1. 品詞分類と用言の活用形、発話形式

　本項では、発話文の構成要素となる品詞の分類や用言の活用形、文末形式による発話形式の分類について、本書における立場を明らかにしておく。

3.1.1.1. 品詞分類

　まず、品詞分類についてみることにしよう。本書では、日本語と朝鮮語の品詞、および（用言の）活用形の下位分類の構築にあたっては、より広く採用され体系的な整理がされている（日本と韓国の）学校文法（school grammar）[30]にお

---

[30] 学校文法とは、学校（主に義務教育）における国語教育の中で用いられている文法のことをさす。日本語の学校文法は一般に橋本進吉による「橋本文法」と同義に捉えられることが多いが、『国語教育研究大辞典』（1988年）によると、それは（1）終戦の直前に中学校の教科書の固定化作業において『新文典　初年級用』（1931年）を基盤としたこと、（2）『国語法要説』（1934年）に用いられた文節という術語、およびその考え方が導入された国定教科書『中等文法』（1947年、文部省）が刊行されたこと、（3）戦後もこの文法が継承されて文節論が一般化し、品詞としての形容動詞が定着したことなどによるところが大きいという。ただし、橋本進吉（1935）では、連体詞が独立した品詞として立てられていないのに対し、現行の学校文法では、これを品詞として認めているといった違いも存在する。また、朝鮮語の学校文法は임홍빈（2000）、김재욱（2007）によると、かつての学校文法が최현배 문법（崔鉉培文法）、이희승 문법（李熙昇文法）など特定の学説に大きく影響を受けたものであったことから、それらの特殊性を可能な限り排除し、統一を図るために考案されたという経緯を持つという。具体的には、1963年の『학교문법통일안』（学校文法統一案、문교부（文教部））を経て、1985年には国定文法が制定され、文法用語や品詞、文成分の一次的分類におけ

【図3-1】日本・韓国の学校文法における品詞分類

日本の学校文法における品詞分類

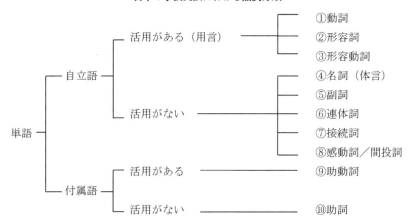

韓国の学校文法における品詞分類

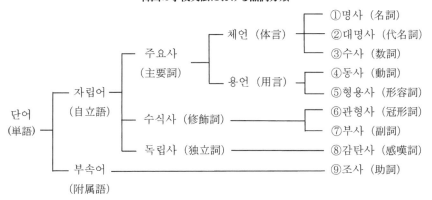

ける分類法をまず参照することにする。なお、具体的な参照にあたっては、各言語の学校文法について解説した永野（1986）『学校文法概説』、고창식, 이명권, 이병호 (1983)『중·고등학교용 학교 문법 해설서』(中・高等学校用 学校文法解説書)、および남기심, 고영근 (2016)『표준 국어문법론 제4판』(標準国語文法論 第4版) における記述をもとにする。同書により日本、韓国における学校文法の品詞分類を整理すると、**図3-1**のようになる。

る統一がなされるに至ったとしている。

図3-1をみると、学校文法における品詞の分類は、日本語では10品詞、朝鮮語では9品詞が定められており、両言語ともに「自立語／자립어（自立語）」と「付属語／부속어（附属語）」という概念により上位分類がされているなど、大きな枠組みとしては類似した体系を持つことがわかる。また、分類された品詞についてみてみると、例えば、動詞などは両言語で品詞項目化されており、その範囲も概ね並行していることから、対照にあたってはこの分類項目をそのまま使用しても大きな問題は起こらなさそうである。しかし、その一方で、中には接続詞のように日本語では独立した品詞として認めているのに対し朝鮮語ではそれを認めていない項目、または反対に代名詞、数詞のように朝鮮語では認めているのに対し日本語では認めていない項目も存在しており、両言語の品詞分類は細部においては必ずしも一致していないことがわかる。

このように両言語の品詞分類は、大きな枠組みにおいては類似した体系を持ちつつも、細部においては異なる分類を持つことが確認されるが、本書のように2つの言語の対照を行なう研究においては、前提となる品詞の分類項目が一致していない場合、正確な言語の記述ができなくなるおそれがある。つまり両言語の品詞分類を一元的に統一しておく必要があるわけだが、本書ではこのような問題を避けるための方法として、基本的に日本語の学校文法における分類をもとに品詞項目を設定し、そこに朝鮮語の品詞を再分類することにより、両言語の品詞分類の枠組みを統一するという方法を採用することにしようと思う。具体的には、動詞、形容詞、名詞、副詞、連体詞、接続詞、間投詞[31]、助詞の8つの品詞を立てることにし、それぞれの品詞の範囲については、**表3-1**のように定めることにする。

3.1.1.2. 用言の活用形

3.1.1.1.で定めた本書で採用する8種の品詞分類のうち、動詞と形容詞が用言、名詞が体言となるが、ここではこのうち用言の活用形に対する本書の立場を述べることにする。

31 　必ずしも感動、感嘆のみを表すものではないとの理由から、本書では「感動詞」、「感嘆詞」ではなく、「間投詞」という術語を用いることにする。

【表3-1】本書における品詞の分類

	本書における品詞名	日本の学校文法における該当品詞名	韓国の学校文法における該当品詞名	主要な範囲	備考
1	動詞	動詞	동사 (動詞)	自立語で活用する語。動作・作用・存在を表す。述語になることができる。基本形が日本語では「ウ段」、朝鮮語では「-다」で終わる。	用言
2	形容詞	形容詞・形容動詞	형용사 (形容詞)	自立語で活用する語。性質や状態を表す。述語になることができる。基本形が日本語では「-い」または「-だ」で、朝鮮語では「-다」で終わる。	用言
3	名詞	名詞	명사・대명사・수사 (名詞・代名詞・数詞)	自立語で活用しない語。物体・物質・人物・場所など具体的な対象を表す。主格助詞を伴って主語になるほか、日本語では「-だ」、「-です」、朝鮮語では「-이다」、「-아니다」などを伴って述語になることができる。朝鮮語の대명사（代名詞）、수사（数詞）も日本語における分類に従って本項目に統一する。	体言
4	副詞	副詞	부사（副詞）の一部	自立語で活用しない語。連用修飾語として用いられる。主語や述語になることはできない。朝鮮語の学校文法では접속사（接続詞）もここに含まれるとされるが、本書では独立した項目を設けているため、含めていない。	
5	連体詞	連体詞	관형사 (冠形詞)	自立語で活用しない語。連体修飾語として用いられる。主語や述語になることはできない。	
6	接続詞	接続詞	부사（副詞）の一部	自立語で活用しない語。前後の文や節、句などを結び付け、相互の関係を表す。主語や述語になることはできない。	
7	間投詞	感動詞／間投詞	감탄사 (感嘆詞)	自立語で活用しない語。感動や呼びかけ、応答などを表す。主語や述語になることはできない。	
8	助詞	助詞の一部	조사 (助詞)	付属語で活用しない語。体言や副詞などと結合し、語と語の格関係を示したり、様々な意味を付け加える。単独では主語、述語になることはできない。日本語の「接続助詞」はここに含めない。	

*日本の学校文法における助動詞については、本書では独立した品詞として認めていない。また、接続助詞についても助詞の下位項目として認めていない。これは朝鮮語の学校文法においては、文法的に類似した機能を持つ接尾辞（선어말어미：先語末語尾）や終止形語尾（종결어미：終結語尾）、接続形語尾（연결어미：連結語尾）が品詞の一部を構成する要素として認められていないこととも無関係ではないが、本書では用言に終止形語尾や接続形語尾などが結合して終わる発話文は、3.1.1.2.でみる「用言の活用形」の範疇により分類するという立場をとるためである。

*日本語の形容詞と形容動詞は、現行の学校文法では、それぞれ独立した品詞項目となっているが、これらは単に形態の違いによる分類にすぎないので、本書では同一項目（形容詞）として扱う。

まず、日本語における用言の活用形についてみてみよう。現行の学校文法では、活用形に6つの形を認めているが、それぞれについて永野（1986）では、以下のように説明している。

- 未然形：単独では用いられず、常に助動詞ナイ・ウ・ヨウなどを伴う。ウを伴うものは、オ列長音化するので、これを推量形（志向形）として別に立てる考え方もある。
- 連用形：単独でいったん中止する用法をもつ。また、助動詞タ・マス、助詞テその他を伴って用いられる。なお、動詞の連用形は、他の用言や体言と結びついて複合語を構成したり、単独で体言に転成したりする。形容詞・形容動詞の連用形は、単独で連用修飾語となる。
- 終止形：単独で、文を言いきるのに用いられる。助動詞ソウダ・助詞カラなどを伴う用法もある。
- 連体形：単独で、連体修飾語となる。助動詞ヨウダ・助詞ノデなどを伴う用法もある。口語の動詞・形容詞では、終止形と連体形は同形だが、形容動詞では形がちがうので、それに合わせて、動詞・形容詞でも別に立てるのである。
- 仮定形：助詞バを伴って、仮定の条件を表わす形。
- 命令形：単独で、命令の意味を表わして言い切る。動詞にだけこの形がある。

（永野 1986: 77-78）

上記の分類をみると、日本語の活用形は、例えば未然形は「未然」という意味や機能を担うものではなく、実質的には「ナイ・ウ・ヨウ」などに接続する形であるというように形態論的特徴による分類が多く取り入れられていることがわかる。すなわち、各活用形は必ずしも文中における機能を反映したものにはなっていない[32]。

32　例えば、命令形は文中の機能という観点から見た場合には、終止形の一部をな

一方、朝鮮語の活用形はどうだろうか。남기심, 고영근 (2016) では、韓国の学校文法における用言の活用形は、以下のような3つの分類を持つとしている（以下には動詞の例を示すが、同書ではこの他に形容詞、叙述格助詞（「-이다」(-である)）についても説明している）。

- 종결형（終結形）：(가) 학생들이 책을 읽는다. (学生達が本を読む)
  (나) 학생들이 책을 읽느냐?
  　(学生達が本を読むか？)
- 연결형（連結形）：(다) 학생들이 책을 읽고 어른들은 바둑을 두신다.
  　(学生たちが本を読んで、大人達は碁をお打ちになる)
  (라) 학생들이 책을 읽어 본다.
  　(学生達が本を読んでみる)
- 전성형（転成形）：(마) 책을 읽는 학생들이 많다.
  　(本を読む学生達が多い)
  (바) 책을 읽기 싫어 하는 학생들도 많다.
  　(本を読むことを嫌がる学生達も多い)

(남기심, 고영근 2016: 121 を改変) 筆者訳

　(가)、(나) は文を終結させる形で종결형（終結形）、(다)、(라) は文と文をつなぐ形で연결형（連結形）、(마)、(바) は体言を修飾したり名詞形を作り、文の性格を転成させる形で전성형（転成形）とよばれている。上記のような活用形の分類の場合は、それぞれの活用形が文中でどのような役割を担っているかという観点、すなわち統語論的観点を中心に立てられているといってよいだろう。

　このように両言語の学校文法における用言の活用形の分類をみてみると、日本語の分類は用言が活用する際にどのような振る舞いをみせるかという形態論的観点に主眼がおかれたものであるのに対し、朝鮮語の分類は用言が文中にお

すとみるのがいいだろう。

いてどのように機能するかという統語論的観点に主眼がおかれたものになっており、その分類基準は違いをみせている。しかし、本研究は両言語の談話において本来、文を終止させる機能を持たない形式が発話文末に現れるとき、いかなる出現様相をみせるかを対照しようとするものであり、両言語の用言の活用形の同定に際しては、やはり何らかの統一的基準を設定しておくことが不可欠になる。

　以上のようなことを考慮したとき、両言語ともに適用できる枠組みの設定を可能にするのは、文中における用言の機能に着目した統語論的観点からの分類であるといえる。このような分類を採用することによって、各言語内部における用言の活用形というパラダイムを超えて、文生成というより上位のレベルから両言語を対照することが可能になるからである。そこで、本書では両言語の用言の活用形を同定するに際しては、韓国の学校文法にみられるような統語論的観点による分類法を採用し、それを記述することにする。より具体的な分類基準としては、韓国の学校文法にみられる活用形の分類を文中における機能という観点から細分化した野間（2000）における「用言の諸形」という概念を両言語に適用することにする。野間（2000）では、朝鮮語の用言の活用形として、以下のような5つの分類があることを述べている[33]。

　　　・終止形：文を終止させる。Ⅰ-습니다／Ⅱ-ㅂ니다（します）、Ⅲ-요（します）
　　　・接続形：文をつなぐ。Ⅰ-고（して）、Ⅱ-면（すれば）
　　　・名詞形：名詞の働きをする。Ⅱ-ㅁ（すること）、Ⅰ-기（すること）
　　　・連体形：体言を修飾する。Ⅰ-는（する）、Ⅱ-ㄴ（した）、Ⅱ-ㄹ（す

33　以下の引用におけるⅠ、Ⅱ、Ⅲ（ローマ数字）は、用言の語基を表す。語基については、野間（2000）のほかにも菅野（1981, 2007）、菅野他（1998）なども参照のこと。なお、韓国の学校文法と野間（2000）における「用言の諸形」との対応関係は、以下のようになる。
　　　・종결형（終結形）：終止形
　　　・연결형（連結形）：接続形、引用形
　　　・전성형（転成形）：名詞形、連体形

【表3-2】日本語と朝鮮語の用言の活用形＊

活用形	文中の機能	日本語の例	朝鮮語の例
終止形	文を終止させる形	「-ます」、「-です」といった終止形語尾（助動詞）が結合した形、基本形など。	「-ㅂ니다/습니다」、「-아/어요」、「-아/어」といった終止形語尾が結合した形、基本形など。
接続形	文をつなぐ形	「-て」、「-けど」、「-ので」といった接続形語尾（接続助詞）が結合した形。	「-고」、「-(으)ㄴ데／-는데／-던데」、「-아/어서」といった接続形語尾が結合した形。
名詞形	名詞の働きをする形	「-み」、「-さ」など。	「-(으)ㅁ」、「-기」など。
連体形	体言を修飾する形	動詞の場合は、基本形と同形。形容詞の場合は、「-い」、「-な」。	「-(으)ㄴ/는/던」など。
引用形	引用節を作る形	「-と」、「-って」、など。	「-(으)ㄴ다고」、「-는다고」など。

＊ 表3-1でみたように、本書では助動詞や接続助詞を品詞分類の中に含めていないため、用言にそれがついた場合には、その活用形全体を「終止形」や「接続形」として扱うことになる。

るべき）
・引用形：引用の構造を作る。II -ㄴ다고（すると）、II -ㄴ다는（するという）

(野間 2000: 90)

　上記の分類は、朝鮮語の学校文法にみられる統語論的分類を機能という観点からさらに細分化したもので、例えば引用形は引用節を導くというように、それぞれの活用形が文を構成する要素として、文中でいかなる機能を有しているかがより明確に示されている。以上の内容をふまえ、本書における日本語と朝鮮語の用言の活用形を整理すると、**表3-2**のようになる。

3.1.1.3. 発話形式

　次に、発話形式についてみることにする。日本語と朝鮮語の文文法では、文末形式はふつう「用言＋終止形語尾」[34]という述語構造を持つとされる。しか

34　本書における活用形の定義は、一義的には統語論的基準によるものであるた

し、日常の相互作用の場において観察される発話文をみてみると、必ずしも文末に終止形語尾を伴わない場合があることが確認される[35]。そこで、本書ではこのような談話の特徴をふまえたうえで、発話形式の分類を行なうにあたっては、談話文法という観点からその文末形式に着目し、類型化することにする。

　具体的な発話形式としては、①文末に終止形語尾が現れる完全文の他に、②用言の終止形以外の活用形や名詞、副詞などの品詞によって発話が終了する中途終了発話文、③その中途終了発話文に日本語の終助詞や朝鮮語の丁寧化のマーカーが結合した終助詞／丁寧化のマーカー終了発話文、④フィラーの4類型を認めることになる。今述べた日本語と朝鮮語の談話に現れる発話形式の分類を整理すると、以下のようになる。なお、ここでは本書の主たる分析項目である「中途終了発話文」とそれに対する「非中途終了発話文」に分け、整理することにする。

【文末形式に注目した発話形式の分類】
1. **非中途終了発話文**
   a. **完全文**
      終止形語尾によって終止する文法的に欠落した部分のない（と文文法で説明される）発話文。
   b. **終助詞終了発話文（日本語）、丁寧化のマーカー終了発話文**[36]**（朝**

め、本来的に文を終止させる機能を持つ要素が現れる場合は、広く終止形として同定している。そのため、例えば、日本語では学校文法で丁寧さを表す助動詞とされる「-ます」や「-です」が結合する場合のほかに基本形や命令形なども、朝鮮語では「-ㅂ니다／습니다」(-です、ます)、「-아/어요」(-です、ます)、「-아/어」(-(だ、する)よ)といった終止形語尾が結合する場合のほかに詠嘆形「-(는)군/-(는)구나」(-(だ、する)なぁ)、確言形「-지」(-(だ、する)ね)、確認形「-거든」(-(な、する)んだ)、意思形「-(으)ㄹ게」(-(する)からね)、目撃法「-더라」(-(だっ、してい)たよ)(以上、名称は菅野(1981, 2007)による)などが結合した場合も文を終止させる形＝終止形して扱われることになる。

35　髙木 (2008a, 2010, 2012)、다카기 [髙木] (2008b) を参照。
36　3.1.3.2.2.、脚注51においても述べるが、朝鮮語の丁寧化のマーカー（野間 2006）は、文を構成する様々な要素、品詞に接続しうるもので、少なくとも形

鮮語)

中途終了発話文（以下、2.）の末尾に終助詞や丁寧化のマーカーが結合し終了する発話文。(⇒3.1.3.2.2.参照)

c. フィラー[37]

日本語では「あー」、「あのー」、「えーっと」など、朝鮮語では「아-」（あー）、「저-」（あのー）、「그-」（そのー）などのあいづち（応答）や言いよどみを表す間投詞類が単独で現れる発話文。

2. 中途終了発話文

用言の終止形以外の活用形、または用言に含まれない品詞によって終了する発話文。

(⇒3.1.3.1.参照)

なお、2.1.2.でも述べたが、本書では完全文、中途終了発話文、終助詞／丁寧化のマーカー終了発話文はもちろん、フィラーについても相互作用における1つの意志的な発話であると考え、ターンを構成する発話とみる立場をとることをここで改めて確認しておく。

態論的には日本語の終助詞的なものであるとみることができる。こうしたことから本書における発話形式の分類では、丁寧化のマーカー終了発話文をとりあえず日本語の終助詞終了発話文と並行的なものであるとみておくことにする。

[37] 石川（2010）によると、フィラー（filler）という術語が一般的になったのは、1990年代以降のことで、1980年代までは「言いよどみ」のほか、「遊び言葉」、「場つなぎ言葉」などともよばれたという。なお、同論文では、相手の事情を考慮して表出されるものをあいづち、発話者自身の都合によって表出されるものをフィラーとして扱っているが、中村（2007）も指摘しているように、あいづちとフィラーの境界は曖昧な部分が少なくない。そこで、発話形式の分類を行なう本項では、これらについて生成要因による分類を行なうことはせずに、フィラーという項目に統一しておくことにする。なお、金珍娥（2010）で文法的な対立項を持つとされる「そうですね／そうだね」や、「그래요／그래」（そうですよ／そうだよ）などの類については、述部を持つ発話であるという理由から、発話形式の分類においては完全文として分類することにする。

以上では、日本語と朝鮮語の談話を分析するにあたって前提となる品詞や用言の活用形、発話形式に対する本書の基本的な考え方を述べてきた。次項では、発話形式の中でも本書で特に注目する中途終了発話文に関わる諸理論を概観することにする。

3.1.2. 中途終了発話文に関する先行研究

　続いて、本項では発話形式の中でも文文法と談話文法の差異を形成し、本書の主たる分析対象となる中途終了発話文についてその先行研究を概観していく。中途終了発話文については1990年代以降、談話分析の普及とともにそれを分析する論考も次第に増加してきた。ただし、同形式は研究者によって様々な名称が用いられるばかりか、その規定範囲も異なる場合があるので注意を要する。そこで、本項ではこのような点をふまえ、日本語と朝鮮語を扱った既存の研究において本書で中途終了発話文とよぶものに類似する形式がどのように定義、記述されてきたかをみていくことにする。主要な先行研究における中途終了発話文に相当する発話形式の記述は、**表3-3**のようになる。

　高橋（1993）は、本書でいう中途終了発話文と似た概念を持つ形式を巨視的に整理した先駆的な論考ある。この論文ではその形式を「はなしことばにおける、省略によってうまれた、のべかけかたの諸形式」と称し、それを「主文の省略や述語の省略など、もともとの、のべかけかたの省略された形式」(p.20)と定義している。同論文によると、当該形式は①接続助辞、②条件形、③第二中止形（「-テ」）、④引用助辞で終わるものが全体の出現の9割を占めており、その他にも⑤疑問詞、⑥陳述副詞、⑦「～ように」で終わる文などがあるとしている。ただし、この論考では言語資料として小説の中に現れる話しことば（書かれた話しことば）を用いているということや、この分類の中の②条件形や③第二中止形は、①接続助辞の下位分類にあたるものであるということなど、多少の問題があることは否めない。

　宇佐美（1995）は、談話における敬語の使用から不使用、あるいはその逆への移行といったスピーチレベルシフトに注目し、Brown and Levinson（1987）の

【表3-3】 主要先行研究における中途終了発話文に相当する発話形式に関する記述＊

論文名	言語	分析対象	用語	定義・記述
高橋（1993）	日	小説	はなしことばにおける、省略によってうまれた、のべかけかたの諸形式	「主文の省略や述語の省略など、もともとの、のべかけかたの省略された形式」
宇佐美（1995）	日	談話	中途終了型発話	「述部が省略された場合や、複文の場合、従属節のみで主節が省略されたりする発話、すなわち、最後まで言い切っていない発話」
陳文敏（2000）	日	談話	「中途終了型」発話	「文法的には言い切っておらず不完全な発話であるが、情報伝達においては不完全なところは何もなく、言い終わっているもの」
杉山（2001）	日	対談番組	中途終了型発話	※陳文敏（2000）の分類を援用。
金珍娥（2002）	日朝	談話	中途終了発話文	「非意志的中途終了発話文」と「意志的中途終了発話文」に分類される
小田（2002）	日	学習者談話	中途終了型発話	「表面上では未完結あるいは不完全であっても、発話レベル、つまり話者の意図としては言い終わっているもの」
曺英南（2004）	日朝	映画字幕、電話会話	言いさし表現	「1.形の上で、文を最後まで言わずに途中で終わっている発話である。2.相手の割り込みではなく、話者の意志により完結している発話である」
元智恩（2005）	日朝	質問紙	中途終了文（断りの場面で使用されるもの）	「依頼などを断る際に、『不可』を表す主節まで言わずに、残りは相手の判断に委ねる表現」
강은숙（2005）	朝	談話	中途終了型発話（중도 종료형 발화）	「名詞形、単語や連結語尾で中途終了する発話」（筆者訳）
佐藤（2005）	日朝	ドラマ台本	中途終了型発話	※宇佐美（1995）の定義、陳文敏（2000）の分類を援用。朝鮮語も日本語に従って分類。
李恩美（2008）	日	談話	中途終了型発話	※宇佐美（1995）などの定義を援用。
손옥현、김영주（2009）	朝	ドラマ台本	終結語尾化された連結語尾（종결어미화된 연결어미）	「1つめは文を終結する機能を担い、文の終結の抑揚を持つこと。2つめは連結語尾であるときとは異なった意味を持つこと。3つめは文末において平叙形、感嘆形、疑問形などの多様な叙法で実現すること。4つめは待遇表示の実現、特に「-요」との結合が可能であること」（筆者訳）

＊表中の言語欄の「日」は日本語を対象とした研究、「日朝」は日本語と朝鮮語の対照研究、「朝」は朝鮮語を対象とした研究であることを示す。

ポライトネス理論（politeness theory）[38]を用いてそのメカニズムの解明を試みたものである。この論文では本書で中途終了発話文とよぶ発話形式を「中途終了型発話」とよんでおり、「述部が省略された場合や、複文の場合、従属節のみで主節が省略されたりする発話、すなわち、最後まで言い切っていない発話」（p.35）と定義している。同論文では、中途終了型発話の機能は「最後まではっきり言い切らないことによって、明言を避け、発話を緩和したり、相手に発話の機会を与える」（p.35）ところにあるとしており、尊敬語・謙譲語（＋レベル）、丁寧体（0レベル）から常体（－レベル）へとシフトが行なわれる5つの要因[39]のうちの1つとして位置付けている。また、「英語を教えるわけにもいかないし…」のような中途終了型発話は、「英語を教えるわけにもいきませんし…」という形式とスピーチレベルの対立（常体と丁寧体の対立）を持っており、どちらを用いるかは話者が場面ごとに選択し、決定していると指摘している。

　陳文敏（2000）は、日本語母語話者同士の談話にみられる「「中途終了型」発話」の表現形式、およびその生起理由について論じたものである。この論文では中途終了発話文を「「中途終了型」発話」とよんでおり、それを「文法的には言い切っておらず不完全な発話であるが、情報伝達においては不完全なところは何もなく、言い終わっているもの」（p.129）と定義し、以下のような類型を立てている。

(1) 複文の主節が省略されている発話
　① 「テ形」表現

38　ここでいうポライト（polite）とは、語用論の枠組みの中での概念であり、「円滑な人間関係を確立・維持するための言語行動」（宇佐美2003）という意味である。この理論は、Goffman（1967）のfaceという概念にその基礎をおいており、相互作用の中で発話者は、対話者の個人から承認された望ましい自己像を維持することへの欲求であるポジティブ・フェイス（positive face）と個人の領域を維持し行動の自由を保つことへの欲求であるネガティブ・フェイス（negative face）を維持しようと努力するというものである。

39　①心理的距離の短縮、②相手の常体（－レベル）に合わせる時、③ひとりごと、自問をするとき、④確認のための質問、或いは、答えをする時、⑤中途終了型発話、の5つ。

②「接続助詞」表現（-シ、-ノデ等）
　　③「条件形」表現（-ト、-バ等）
（2）**述部が省略されている発話**
　　①「引用」表現（-ト、-って）
　　②「トピック呈出」表現（-ハ、-って）
　　③「例示」表現（-とか）
　　④その他（-っていう、-という、-（名詞）の等）
（3）**形式は「ダ体」発話だが、音声的には「ダ体」と認められない発話**[40]

（陳文敏 2000: 130-137を整理）

　この中で、(3) のように分類にあたって音声的な特徴を導入したことは、言語事実に対するより精密な分析が可能になるという点で注目に値する。ただし、(1)「複文の主節が省略されている発話」については、同じ接続助詞であるにも関わらず、①「テ形」表現、②「接続助詞」表現、③「条件形」表現の3種を認めており、形態、品詞、（意味）機能という3つの基準が混在した項目が立てられている。さらに、それぞれの用例の検討に際しては計量化を行なっていないため、分析項目の設定が恣意的になりがちで体系だった分析が行ないにくくなっているという問題点もある。

　杉山（2001）は、陳文敏（2000）における「「中途終了型」発話」の分類が妥当なものであるかを対談番組からとった資料をもとに検証し、その生起理由やストラテジーとしての使用効果について言及したものである。この論文では中

40　同論文には、この類型に関して「こうした発話は、形式上は「ダ体」発話に分類されるものである。しかし、発話の末尾が上昇イントネーションを伴わず、しかも伸ばしてゆっくり話されるので、言い切っていないと判断し、「中途終了型」発話と捉える」（p.136）という記述があり、以下のような例をあげている（文字化の方法は、陳文敏（2000）による。ただし、下線は筆者による）。
　　⇒JF2：そうすると、その目指していらっしゃる就職というのは、<u>病院+…</u>
　　　JF1：ええ、一応、大学なんですけど［うん］。

（陳文敏 2000: 136）

途終了発話文を「中途終了型発話」とよんでおり、名称（表記）こそ陳文敏 (2000) におけるものとは異なっているが、その下位分類に関しては陳文敏の説を踏襲したものとなっている。

　金珍娥 (2002) は、日本語と朝鮮語の談話におけるストラテジーとしてのスピーチレベルシフトを分析したものである。この論文では本書と同じ「中途終了発話文」という名称を用いており、それを相手によって終了させられる「非意志的中途終了発話文」と、話者が自らの意志で終了する「意志的中途終了発話文」に分類したうえで、それぞれ以下のような類型を示している。

(1) 非意志的中途終了発話文：相手によって終了させられる発話文
　　同時発話による中途終了－話者と同時に相手がかぶせる発話文
　　割り込み発話による中途終了－話者の発話に相手が割り込む発話文
(2) 意志的中途終了発話文：話者が終了する発話文
　　言いよどみによる中途終了
　　自分の意志で中止する中途終了
　　述部のない発話、従属節の述部で終了している発話文

　　　　　　　　　　　　　　　　　　　　（金珍娥（2002: 62）を整理）

これをみると、中途終了発話文の同定に同時発話[41]や割り込み発話といった談話的要素を取り入れている点は特筆に値する。分析対象はさることながら、その分析方法においても「談話」をたしかに位置づけることで、言語事実に対するより正確な記述が可能になるからである。ただし、その一方で（意志的、非意志的という概念をどのように定義するかについての詳細な記述がない

---

[41] 同時発話は、重複（overlap）と割り込み（interruption）に分けられることが多いが、金珍娥 (2002) のように割り込み発話を同時発話の下位分類として位置づけないという見方も存在する。このように、重複と割り込みの区別は研究者によって異なるため、注意を要する。本書では、Ferguson (1977) に従って、統語的な切れ目などの発話交替箇所（Transition Relevance Place：TRP）で同時発話が起こったものを重複、発話交替箇所を無視して同時発話が起こったものを割り込みとすることにする。

ことと関連してか)、中途終了発話文の下位分類に生起要因による分類や統語論、形態論的な分類などが混在している点は一考の余地があるともいえる[42]。なお、この論文では述部のない発話は朝鮮語よりも日本語の方で多く現れるとしたうえで、それは相手と上下関係を作ることを避け、親しげに振舞うことが可能になるためだと指摘している[43]。

　小田（2002）は、日本語母語話者と朝鮮語を母語とする中上級の日本語学習者の談話資料をもとに、「明日は忙しい<u>ので</u>…」や、「明日は晴れると思うん<u>だけど</u>…」といった接続助詞で終わる発話文の現れ方とそれらの中級から上級にかけての学習者の習得推移を論じたものである。この論文では本書でいう中途終了発話文を「中途終了型発話」とよんでおり、それを「表面上では未完結あるいは不完全であっても、発話レベル、つまり話者の意図としては言い終わっているもの」（p.15）と定義している。また、「接続助詞で終わる中途終了型発話」については、「1) 話し手がターンを奪われずに、2) 話者交替が起こっている直前、あるいは非言語情報や意味によって区切れが明らかであり、3) その発話末が接続助詞で終わっている発話」（p.16）と定義している。同論文では、日本語母語話者の発話には「-テ」が他の形式より圧倒的に多く現れており、それに対し、韓国人中級学習者の発話には「-テ」、「-カラ」、「-シ」、「-ケド」が比較的バランス良く現れ、上級学習者の発話には「-ケド」、「-テ」がより多く現れるとの報告がされている。ただし、これは日本語教育という立場からの論考であるため、中間言語（interlanguage）話者の発話形式の分析とそれらの学習者のレベルごとの使用推移に主な論点がおかれているだけではなく、分析の対

---

[42]　意志、非意志について考えるために示唆的な論考として野間（2007）がある。ここでは、「2人の対話にあっては、2人とも話しているのがdefaultである」（p.34）という記述があるが、これは、実際に言語が行なわれる場（これを河野（1977）では「言語的場」、野間（2007）では「言語場」（linguistic field）とよんでいる）において、相互作用への参加者は皆、言語的な表現と非言語的な表現により常に語り続けているという考え方である。このような見方に立った場合は、同時発話や割り込みにより、結果として生じた中途終了発話文を「意志的な発話文」とみることも決して無理ではないだろう。

[43]　この論文の分析対象は初対面の2者間談話であった。

象も接続助詞で終わる形式に限定しているため、日本語や朝鮮語の談話における中途終了発話文の全体像を示したものではない。

曹英南 (2004) は、日本語と朝鮮語の「言いさし表現」について分析をしたもので、分析形式を「形の上で、文を最後まで言わずに途中で終わっている発話」、「相手の割り込みではなく、話者の意志により完結している発話」(ともに p.26) と定義している。さらに言いさし表現は、述部の有無により「述部あり」、「述部なし」に分けられるとしており、例えば、以下のような例をあげている。

(1) 述部あり：述部が存在する発話
「－と思いまして」、「－これ、よかったら」、「－会ってもいいわって」、
「연락 못해서」(連絡できなくて)、「가라니까」(行けってば)、
「끝내고 나면」(終わってみたら)

(2) 述部なし：述部が存在しない発話
「あなたから」、「じゃ」、「もう一度」、
「집에」(家に)、「그럼」(じゃあ)、「별로」(別に)

(曹英南（2004: 26-28）から抜粋）筆者訳)

このように述部の有無に着目することは、両言語の発話文に関して記述をするうえで重要な観点であるといえるが、同論文では各項目においてどのような形式が現れるかについては詳細な記述がなく、体系的な分析がされていない。また、談話分析の枠組みにおいて対照研究を行なっているが、分析対象となる言語資料には、書きことばとしての映画字幕（翻訳）や採録条件が統制されていない電話会話が使用されており、自然談話の分析を行なっていないという点も考慮の余地がある。

元智恩 (2005) は、ポライトネスの観点から日本語と朝鮮語の断りの場面における言語使用を分析したもので、理由・原因を表す日本語の接続助詞「-テ」、「-カラ」、「-ノデ」と朝鮮語の接続形式「-아/어서」(-て、-ので) の使用状況を教官に対する場面、友人に対する場面における比較の中で分析している。この論文では本書で中途終了発話文とよぶものを「中途終了文」とよんでおり、断りの場面で使用されるものについて「依頼などを断る際に、「不可」を表す主

節まで言わずに、残りは相手の判断に委ねる表現」(p.47) と定義している。なお、同論文は接続助詞や接続形式の中でも特に理由・原因を表す形式で終わる発話文に限定して分析したものであるため、他の形式で終わる中途終了文に関する記述はない。また、分析対象には被験者に母語に対する内省を問うた質問紙調査によるデータが使用されており[44]、やはり実際の言語使用を記述したものではない。

　강은숙 (2005) は、朝鮮語母語話者のスピーチレベルの変動について主に社会的関係と親密度という観点から分析したものである。この論文ではスピーチレベルが비존대 등급 (非尊待等級) に変動する際の要因のうちの1つとして「中途終了型発話」(중도 종료형 발화) をあげており、それを「名詞形、単語や連結語尾で中途終了する発話」(p.21 筆者訳) と定義している。同論文では中途終了型発話は、終止形語尾で終わる発話と同様に統辞的に完結した発話形態であり、その発話権の交替には（完結）抑揚が重要な役割を果たすと述べている。なお、この論文ではスピーチレベルの変動についての分析を行なっているが、計量化が行なわれていないため、社会的関係や親密度といった要因によって発話がどのような出現の差異をみせるかについては記述がされていない。

　佐藤 (2005) は、日本語と朝鮮語の「中途終了型発話」をスピーチレベルシフトとの関係から論じたものである。この論文では名称、定義は宇佐美 (1995) のものを、下位分類は基本的には陳文敏 (2000) のものを援用しており、朝鮮語についても日本語に準じて分類を行なっている。なお、同論文は分析対象として日本語のドラマとその朝鮮語への翻訳を用いており、自然談話に関する分析は行なっていない。

　李恩美 (2008) は、日本語の談話に現れる「中途終了型発話」の形式と機能について分析したものである。この論文では名称、定義は主に宇佐美 (1995)

44　ある言語の話しことばの特徴を（音声採録を経た談話分析によらず）間接的に調べる方法として談話完成テスト（DCT：Discourse Completion Test）やロールプレイ（roll playing）が多用される。前者はその名のとおり、会話の一部を空白として提示し、その場面で本人ならどのように言うかを筆記式で尋ねる方法である。後者は話者の属性や対話者との関係、談話場面を設定したうえで、その役割を演じてもらうというものである。

の記述に従うとしたうえで、下位分類については以下のような類型があると述べている。

    1. 接続表現（C：Conjunction）
       「〜て/〜し/〜ので」などの接続助詞（連結語尾）で言い終わる発話
    2. 引用表現（Q：Quotation）
       「〜と/〜って」などで言い終わるもので、「思う、考える、言う、話す」などの述部が省略されていると判断される発話
    3. 例示表現（E：Example）
       「〜とか」などで言い終わるもので、「ある、言う」などの述部が省略されていると判断される発話
    4. 名詞表現（N：Noun）
       「名詞（句）＋（格/取り立て助詞）」で言い終わる発話
    5. 副詞表現（A：Adverb）
       「副詞」で言い終わる発話
    6. その他（O：Others）
       上記のいずれにも分類できない発話

（李恩美 2008: 131）

　同論文では上記のように大きく6つの類型に分けているが、各類型は品詞や統語論的特徴によりまとめられた1つの集合体となっている。そのため、例えば接続表現であれば、具体的にどのような接続助詞がどの程度現れているかについての記述はなく、各類型を構成する具体的項目について詳細な分析は行なわれていない。
　손옥현, 김영주 (2009) は、朝鮮語のドラマの台本やコーパス資料を分析し、発話文末に現れる「終結語尾化された連結語尾」(종결어미화된 연결어미)[45]の使用状況について分析したものである。この論文では、当形式の認定条件を「1

---

45   ここでいう連結語尾は、本書における接続形語尾をさす。

つめは文を終結する機能を担い、文の終結の抑揚を持つこと。2つめは連結語尾であるときとは異なった意味を持つこと。3つめは文末において平叙形、感嘆形、疑問形などの多様な叙法で実現すること。4つめは待遇表示の実現、特に「-요」との結合が可能であること」(P.29 筆者訳)と定めており、発話文末で最も多く使用される接続形は、「-고」(-て)で、それに「-는데」(-けど)、「-다고」(-と(引用))が続くとの調査結果を示している。ただし、同論文は本来、文終止機能を持たない形式の中でも用言の接続形のみを扱ったものであり、中途終了発話文全般をみたものではない[46]。

　以上、既存の主要研究における中途終了発話文（相当の発話形式）に関する記述を概観した。上記の諸研究は、その多くが日本語を対象としたもの、あるいは日本語と朝鮮語の対照研究の枠組みにおけるもので、朝鮮語の談話に現れる中途終了発話文全般を単独で扱った論考は極めて少ない状況にある。また、それだけではなく、上記の一連の研究というものも中途終了発話文をポライトネスや、スピーチレベルシフト、ストラテジーといった主に語用論の枠組みの中で扱ったものがほとんどで、そもそも分析形式に対する厳密な定義、分類がなされていないものも多かった。さらに、話された言葉としての談話を扱っていない研究や話者の属性、関係による発話形式の計量化を行なっていない研究も多く、談話においてどのような発話文が、どのような発話者によって、どの程度現れているかについて体系的な記述が行ないにくくなっていることも確認された。中途終了発話文を談話レベルの中で分析することの重要性は言うまでもないことであるが、宇佐美（1995）や金珍娥（2002）でも述べられているように、この発話形式の認定・分類の仕方は、研究者の主観に左右される部分が少なくない。我々はまず中途終了発話文について精密な定義、基準を与えたうえで、談話という言語事実に向き合っていく必要があるといえるだろう。

46　この他にも조민하（2011）では、発話文末に現れる連結語尾（接続形語尾）の音声的特徴について論じている。また、コーパス資料やテレビ番組を分析対象として、文と文を接続する連結語尾（接続形語尾）の出現様相を調べた이은경（1998, 1999）、전영옥, 남길임（2005）によると、文中の同活用形の中で最も多い出現がみられたものも、やはり「-고」(-て)であったという。

3.1.3. 本書における中途終了発話文の定義と出現様相

本項では、前項まででみてきた理論的前提や先行研究における記述をふまえ、本書における中途終了発話文の定義を示すとともに、類似概念との関係、出現様相（生起比率、下位分類）についてみることにする。

3.1.3.1. 中途終了発話文の定義

これまでに述べてきた先行研究における記述をふまえたうえで、本書では中途終了発話文[47]の定義を以下のような4つの観点により定めることにする。文末形式としての形態・統語論的観点にとどまらず、多角的な観点から定義（認定基準）を設定することにより、より精密な分析が可能になるものと期待される。

【本書における中途終了発話文の定義】
1. 文を終止させる助動詞（日本語）、語尾（朝鮮語）によって統合される述部（「する」、「해」といった本来、文終止機能を持つ用言の活用形も含む）がそもそも存在しないか、末尾に現れていない発話文。すなわち、用言に本来、文終止機能を持たない要素が接続して終了する発話文、あるいは用言以外の品詞によって終了する発話文。
2. 倒置や付け足し (afterthought)、繰り返しにより実現された発話文や対話者の発話との重なりにより終了した発話文も結果として上記条件を満たすものであれば、同発話文として認定する。
3. 後続発話において話者が交替した場合のみならず、同一話者が発話

---

47 「**中途終了**発話文」という名称を使用することは、本書の趣旨から考えると一考の余地があることは否めないが、これまで筆者が発表してきた一連の論考が同名称を使用していることや学術上、これに代わる一般的な名称が今のところ存在していないことから、本書では便宜的にこの術語を用いることにする。なお、本書で「中途終了**発話文**」という名称を採用するのは、1.2.1.で述べたように、本書では分析の基本単位を「発話文」に定めているためであることをここで改めて確認しておく。

を継続した場合も含む。その場合、後続発話との間に2.0秒以上の時間差が認められた場合に認定対象とする。
4. ただし、上記条件を満たす場合であっても、日本語の終助詞や朝鮮語の丁寧化のマーカーで終了する発話文、フィラー単独による発話文は、認定対象から除外する。

　上記は、中途終了発話文を形態論、統語論、談話文脈、音声など多角的な視点から定義するものである。このうち、特に定義2では倒置や付け足し、繰り返しなどの結果、実現形態としての発話文の末尾に終止形語尾によって統合される主節の述部が現れていない場合は、当該発話文中に主節の述語が存在していたとしても中途終了発話文として認定するということを示しているが、これは本書では、中途終了発話文の同定にあたって発話文をみる際には、あくまで実現形態としての文末形式そのものの形態・統語論的特徴に着目しようとすることによるものである。

　また、日本語における「-テ」、「-ケド」、「-シ」や、朝鮮語における「-(으)ㄴ데/-는데/-던데」(-けど) などの接続形語尾（接続助詞）の中には、文法化 (grammaticalization) により、一種の文終止マーカーとして機能しているものもある。しかし、本書では文法化した発話形式、あるいは倒置により出現した中途終了発話文の関係については一義的には扱わないことにし、やはりあくまで発話文末の形態・統語論特徴により中途終了発話文を認定、分析することにする[48]。

　上記のような定義をふまえたうえで、以下に具体的な例（作例）を示す。A、Bは発話者を表し、その前に→で示されているものが中途終了発話文である。

　　［例3-1］（作例）
　→A：好きなの、本当に…？。　　［倒置］
　　B：うん。

---

[48] なお、日本語の接続助詞で終わる発話文に関しては、3.1.3.2.1.における言いさし文に関する記述も参照。

→A：どこが…？。
　　B：ど、どこがってさぁ。　※終助詞終了発話文

[例3-2]（作例）
　　→A：그거 아니야, 그거…？．　［倒置］
　　B：이건 아닌데요．　※丁寧化のマーカー終了発話文
　　→A：그럼, 그건 뭔데…？．
（日本語訳）
　　→A：それじゃないの、それ…？
　　B：これは違いますよ。
　　→A：じゃあ、それは何…？

3.1.3.2. 類似概念との関係

　本書で扱う中途終了発話文と概念が似ているものに、言いさし文や終助詞／丁寧化のマーカー終了発話文、非述語文などがあるが、本書ではこれらは基本的に中途終了発話文とは異なるものとして扱う。以下では、既存の研究におけるそれぞれの概念に関する論考を概観しながら、本書で扱う中途終了発話文との相違について述べることにする。

3.1.3.2.1. 言いさし文との関係

　日本語の接続形（接続助詞）で言いさす表現に関しては、それぞれ立場は異なるものの、国立国語研究所（1951）、白川（1990, 1995, 1996）、益岡、田窪（1992）など、古くから様々な議論が行われてきた[49]。ここでは、これらの一連の研究の中から白川（1990）における議論を取り上げ、具体例とともにみながら、本書において分析対象とする中途終了発話文との関係を述べることにする。

49　例えば、「-ケド」で終わる文について国立国語研究所（1951）は「終助詞（的なもの）」であるとみているのに対して、益岡、田窪（1992）は「後続されるべき主節が省略されたもの」、白川（1996）は「省略でもなければ、言い残しがあるわけでもない言い終わりの文」であるとしている。

白川（1990）はテ形で言いさす文が、刊行されている漫画やシナリオにおいてどのように使用されているかを整理、分析したものである。まず、この論文では、一般的な言いさし文と一線を画する「省略された文」には、復元可能性（recoverability）の存在が前提になるとして、以下の様な例をあげている（[例3-3] から [例3-6] の用例中の下線は筆者による。なお、同論文では用例中においてそこに言語表現が現れないことを示す場合には「φ」により表している）：

[例3-3]
A：どこ行くの？
B：ちょっと、そこまでφ。

(白川 1990: 47)

[例3-4]
しばらく外に出ていていただけませんか。床にワックス掛けしますのでφ。

(白川 1990: 47)

　白川によると、上記の例において、φの箇所には一義的に1つの語を復元[50]することができるため、この様な場合には言いさしではなく、省略と考えなければならないとしている。
　これに対し、テ形による言いさし文には、①事情の説明、②感嘆、③陳謝、④感謝、⑤非難を表す5つの用法を見出すことができ、これらは一見するとあたかも終助詞的にみえるが、実際にはそうではなく、単語や文脈、イントネー

---

[50] 復元というと、元の（発話）文というものがあり、それを前提として実際の発話文に現れていない部分を句や節、文レベルで精密に構築することを意味することになる。例えば、[例3-3] の場合は、意味レベルまでは発話者の意図を構築することはできても、精密に復元するのは難しいだろう。そのため、ここは「復元」というよりも、「意味的構築」ぐらいの言葉に置き換えた方がいいかもしれない。

ションという手がかりがあって初めて意味が成立する文脈依存的なものであるとしている。

　　［例3-5］
　　　栗　　　田：海原雄山が食べに来たですって！？
　　　山　　　岡：またイヤミを言ったのか！
　　　カレー屋の妻：（感激醒めやらぬ顔つきで）その逆です、主人のポーク
　　　　　　　　　カレーをとてもほめてくださって……。

（白川 1990: 41）

　下線部分はテ形で終わる表現になっているが、後に続く「……」の部分に何が入るかは文脈からは推し量ることができない。つまり、このような場合には（白川式に言うと）現れていない部分を一義的に復元することができない、ということになる。よって、まずこのような発話は、いわゆる省略とみなすことはできないわけだ。さらに、同論文では、上述のとおり単語や文脈、イントネーションという手がかりに支えられて、①〜⑤の意味を持つものを言いさし文としているが、ここでは上記分類のうち②感嘆を表すものであると解釈ができる。よって、このような発話文こそが言いさし文として認定される資格を持つことになる。
　さらに、以下のようなテ形で終わる発話文もあるとしている。

　　［例3-6］
　　　刑　　事：いい加減に白状しないか？A子ちゃんに声を掛けて、それでど
　　　　　　　　うした？
　　　被疑者：A子ちゃんに、「ドライブに行かないか？」と誘って……。
　　　刑　　事：誘って、それで、どうした？
　　　被疑者：無下に断られて、カッとなって殺しました。

（白川 1990: 40）

　この場合には、「……」の部分の言外の意味は、復元（構築）はおろか推測

すら不可能である。よって、こういった発話文は何かが省略された文でないことはもちろん、言いさし文としての認定もされないため、同論文ではその分析対象から除外している。

このように白川説では、「省略された文」にしても「言いさし文」にしても、それらを決定付ける重要な要素のうちの1つに、＜出現部分と非出現部分の意味関係＞があるということができるだろう。しかし、意味による分類は研究者による恣意的なものになりやすいだけでなく、本書では発話文の形式を分析項目の1つとして取り入れているため、本書における中途終了発話文の認定にあたっては、最も客観的な判断が可能な形態的な基準を最優先させることにし、意味や復元の可能性といったことは一次的には問題にしないことにする。つまり、先にみた例で言うならば、[例3-3]、[例3-4]、[例3-5]のような例だけではなく、[例3-6]の「誘って……」のような例も本書では中途終了発話文として認定され、分析の対象となることになる。

3.1.3.2.2. 終助詞／丁寧化のマーカー終了発話文との関係

中途終了発話文に日本語の終助詞（「-よ」、「-ね」、「-さ」など）や朝鮮語の丁寧化のマーカー（「-요/이요」、野間（2006））がついて終わる発話文は、終止形語尾が文末に現れないため完全文とみなせないことはもちろん、（特に朝鮮語の場合）スピーチレベルおいて中途終了発話文と同等の発話効果を持つともみなしにくいため、本書ではそれぞれ「終助詞／丁寧化のマーカー終了発話文」として別に扱う[51]。これらの発話形式は、本書における主たる分析対象ではな

51 　丁寧化のマーカー（-요/이요）は、野間（2006）でも述べられているように、文中において終結部や非終結部など様々な位置に現れ、応答、提示、終止、中継ぎの意を表すものである。これは、体言のみならず助詞や接続形、終止形にも付きうるものであることから、形態論的には日本語の終助詞に類似しているといえる。例えば、用言の接続形に結合した例としては、「가고」（行って）に対する「가고요」（行ってですね）、「하는데」（しますけれど）に対する「하는데요」（しますけれどですね）などが文の末尾に現れる場合があるが、これらは朝鮮語の待遇法の範疇に当てはめて考えれば、それぞれ例えば前者は해体（非敬意体）、後者は해요体（敬意体）相当の文末形式として扱うこととも可能である。もし、これらを終止形として扱うのであれば、この形式で終わる発話文は、完全文と

いが、談話において、いかなる出現の特徴を示すのかについては注目しておき、3.1.3.3.1.、4.2.1.でみることにする。

3.1.3.2.3. 非述語文との関係

　金珍娥（2006）は日本語と朝鮮語の文末形式を扱った論考で、文末が述語で統合される文を述語文（predicate sentence）、統合されない文を非述語文（non-predicate sentence）として、以下のような例をあげている。

(1) 述語文
「何を踊ってたんですか」、
「最近ちょっとお休みしちゃってるみたいですけど」、
「이탈리아어 막 까먹지 않아요？」
（イタリア語、すぐに忘れちゃいませんか？）、
「어학연수는 기본이 돼 버려 가지구」（語学留学は基本になってしまって）

(2) 非述語文
「去年？」－「今年」、「今は別に」－「専門知識とか」－「ね」、
「지금 막 막 패닉상태」（今、もうまさにパニック状態）、
「이름 읽는 거」（名前読むこと）

（金珍娥 2006: 82-83）筆者訳

　上記の例をみると、述語文は発話文末に終止形語尾が現れるものだけでなく、接続形（接続助詞）で終わるものなど、述語が現れているものについては幅広く認定していることがわかる。また、非述語文の例には、本書で中途終了発話

して認定されることになるが、実際には丁寧化のマーカーは、発話文中の様々な要素に付きうるなど、単純に語尾と同類のものであるとは考えにくい。そのため、本書では中途終了発話文に「-요/이요」(-ですね) がついた発話文については、「丁寧化のマーカー終了発話文」とし、1つの独立した発話形式として扱うことにする（ただし、完全に終助詞、丁寧化のマーカーが付加された発話文は、統語論的には文末に述語が現れているとみられるため、「完全文」に分類しておく）。

文と認定するような発話形式の他に「ね」といった終助詞が単独で現れる例も
あげられている。

　このように文の要である述語の有無が両言語においていかなる出現差を示す
かをみることは、発話文の特徴の本質を記述するうえで1つの有効な方法にな
りえるものであるが、本研究の主たる目的はあくまで文文法において文の終止
条件とされる終止形語尾が末尾に現れない発話が、談話においてどのような出
現をみせ、いかなる機能を有するかをみるところにあるため、本書では中途終
了発話文の認定にあたっては、述語の有無というよりは、文終止機能を持つ形
態の有無に着目し分析を行なうことにする。すなわち、本書では文末に述語が
現れる場合であっても、それが終止形語尾を伴うのか、終止形語尾以外を伴う
のかという観点に着目し、分類を行なうことになる。

3.1.3.3. 発話形式による発話文の出現様相

　ここでは、3.1.1.3.でみた発話形式の分類の中でも中途終了発話文が、いかな
る出現様相を示すのかについて、実際のデータ（生起比率）をみながら分析す
ることにする。その際に、他の発話形式との出現の差異はもちろん、発話者の
属性（性別、年代）、対話者との関係（親疎、年齢差）による出現の差異にも
注目することにする。

3.1.3.3.1. 発話形式とその出現様相

　まずは、3.1.1.3.でみた発話形式が、本書で分析対象とする日本語と朝鮮語の
談話全体（各21談話）において、いかなる出現を示すかをみてみることにし
よう。談話全体における発話形式ごとの発話文の出現様相は、**表3-4**のようで
あった[52]。

　表3-4をみると、談話全体における4つの発話形式は、両言語ともに、完全
文→中途終了発話文→フィラー→終助詞／丁寧化のマーカー終了発話文という

52　談話全体における中途終了発話文のうち倒置により現れた用例をみると、日本
　　語では271例（18.3%）、朝鮮語では191例（16.9%）と、両言語でほぼ同じ生起
　　比率を示すことが確認された。

【表3-4】発話形式ごとの発話文の出現数と生起比率

		日本語	朝鮮語
非中途終了発話文	完全文	1,603 (38.5%)	1,705 (43.1%)
	終助詞／丁寧化のマーカー	136 (3.3%)	122 (3.1%)
	フィラー	946 (22.7%)	1,005 (25.4%)
中途終了発話文		1,477 (35.5%)	1,127 (28.5%)
計		4,162 (100%)	3,959 (100%)

各セル内：発話文の出現数（生起比率）

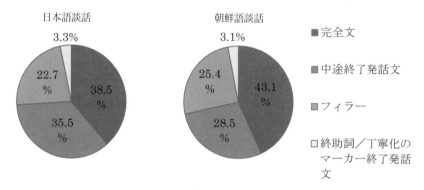

同様の出現順を示していることがわかる。ただし、個別の項目について両言語を比較してみると、完全文の生起比率は朝鮮語で高く、日本語で低いこと、中途終了発話文の生起比率は日本語で高く、朝鮮語で低いことが確認され、カイ二乗検定の結果でもそれぞれ0.1%水準の有意差が認められた（$p<0.001$）。また、単独のターンとしてのフィラーは朝鮮語談話において若干、高い生起比率を示しており[53]、1%水準の有意差が認められること（$p<0.01$）、終助詞／丁寧化のマ

53　上掲の表に示したとおり、談話全体におけるフィラーは朝鮮語で多く現れているが、これは金志宣（2000）や金珍娥（2004a）などで報告されている、朝鮮語より日本語であいづち発話が多く現れるという結果とは対照的なものである。こうした差異は、本書ではターンとしての独立したフィラーのみを分析しているということに起因するものであると思われるが、後でみるように、発話者の属性などによっては異なった出現をみせる可能性もあるので、注意する必要がある。

ーカー終了発話文は日本語と朝鮮語でほぼ同程度の生起比率をみせることも確認された[54]。

次に、上掲の表でみた発話形式による発話文の出現様相を親疎関係、性別、年代、年齢の上下差という観点から整理し、それぞれの出現状況をみていくことにする。

3.1.3.3.1.1. 親疎関係による考察

まず、親疎関係による出現差についてみることにする。親疎関係による発話形式ごとの発話文の出現様相は、**表3-5**のとおりである。

表3-5をみると、日本語談話では完全文は初対面談話で、終助詞終了発話文は友人談話で高い生起比率をみせていることが確認できる。また、フィラー、中途終了発話文は親疎による大きな出現の差異がないことがわかる。一方、朝鮮語談話では完全文や中途終了発話文はともに友人談話で、丁寧化のマーカー終了発話文やフィラーは初対面談話で高い生起比率をみせていることがわかる。

なお、両言語の比較では、初対面談話では丁寧化のマーカー終了発話文、フ

---

54 表2-1で示したように、本書における調査ではベース被験者（JNB、KNB）1名とその人物に対する対話者1名を設定し、2者による談話を採録している。ただし、このうち初対面談話のベース被験者については、J1〜J3／K1〜K3（20代女性）、J4〜J6／K4〜K6（20代女性）、J7〜J9／K7〜K9（20代男性）、J10〜J12／K10〜K12（20代男性）において同一人物を話者として設定しているため、談話全体における特定話者の参与率が相対的に高くなるという状況になっている。そのため、ベース被験者は初対面談話の採録を3回経験することになり（データが破棄になった場合は、それ以上依頼したこともあった）、後半の採録では本調査における採録方法にある種の慣れが生じてきていた可能性がある。このような理由から、本来はベース被験者とベース被験者以外の発話の出現状況を比較し、そのデータの信頼性を検証する必要が出てくるが、本調査では各言語12談話と限られた談話数しか確保されておらず、20代男性、20代女性という属性の話者が全く同じ属性の対話者と話す談話（比較対象となりうる談話）は、それぞれ最大1サンプルずつしか設定されていない。そこで、本書では慣れが発話に与える影響、あるいは調査における均質性確保の問題については今後の課題とし、両言語ともにフォローアップアンケートにおいて録音を「意識した」と答えた被験者がいなかったことに鑑み（また、日本語と朝鮮語において、同一条件下で調査が実施されたことを前提として）、分析を進めていくことにしたい。

【表3-5】親疎関係による発話形式ごとの発話文の出現数と生起比率

日本語談話

		初対面（24話者）	友人（18話者）
非中途終了発話文	完全文	950 (40.1%)	653 (36.5%)
	終助詞終了発話文	42 (1.8%)	94 (5.3%)
	フィラー	549 (23.1%)	397 (22.2%)
中途終了発話文		831 (35.0%)	646 (36.1%)
計		2,372 (100%)	1,790 (100%)

朝鮮語談話

		初対面（24話者）	友人（18話者）
非中途終了発話文	完全文	963 (39.8%)	742 (48.2%)
	丁寧化のマーカー終了発話文	122 (5.0%)	0 (0.0%)
	フィラー	739 (30.5%)	266 (17.3%)
中途終了発話文		595 (24.6%)	532 (34.5%)
計		2,419 (100%)	1,540 (100%)

各セル内：発話文の出現数（生起比率）

ィラーは朝鮮語で、中途終了発話文は日本語で高い生起比率をみせていること、友人談話では完全文は朝鮮語で、終助詞終了発話文、フィラーは日本語で高い生起比率をみせており、カイ二乗検定の結果でもそれぞれ0.1%水準の有意差が認められた（$p<0.001$）[55]。このように朝鮮語の初対面談話では、中途終了発話文が日本語ほど高い生起比率をみせていないことが確認されたが、これは同談話においてフィラーや丁寧化のマーカー終了発話文の出現が多いことと関係していると考えられる。

3.1.3.3.1.2. 性別による考察

次に、性別による出現差についてみることにする。性別による発話形式ごとの発話文の出現様相は、**表3-6**のとおりである。

55　本章におけるデータ分析では、基本的にカイ二乗検定の結果において0.1%水準の有意差が認められた項目を特徴的な差異を持つものとして記述していく。

第3章 │ 理論的枠組みと形式・機能の出現様相

【表3-6】性別による発話形式ごとの発話文の出現数と生起比率

日本語談話

		男性（24話者）	女性（18話者）
非中途終了発話文	完全文	792（38.7%）	811（38.3%）
	終助詞終了発話文	60（2.9%）	76（3.6%）
	フィラー	492（24.1%）	454（21.4%）
中途終了発話文		700（34.2%）	777（36.7%）
計		2,044（100%）	2,118（100%）

朝鮮語談話

		男性（24話者）	女性（18話者）
非中途終了発話文	完全文	834（43.2%）	871（42.9%）
	丁寧化のマーカー終了発話文	56（5.0%）	66（3.3%）
	フィラー	466（24.2%）	539（26.6%）
中途終了発話文		573（29.7%）	554（27.3%）
計		1,929（100%）	2,030（100%）

各セル内：発話文の出現数（生起比率）

表3-6をみると、各言語の内部において性別による発話形式の差は、大きくは認められないことがわかる。

なお、両言語の比較では、女性談話においてフィラーが朝鮮語で、中途終了発話文が日本語で高い生起比率をみせており、カイ二乗検定の結果でもそれぞれ0.1％水準の有意差を示すことが確認された（$p<0.001$）。

3.1.3.3.1.3. 年代による考察

続いて、年代による出現差についてみることにする。年代による発話形式ごとの発話文の出現様相は、**表3-7**のとおりである。

表3-7をみると、日本語談話では完全文は20代、フィラーは40代、中途終了発話文は10代で高い生起比率をみせるということ、一方、朝鮮語談話では完全文はどの年代でも変わらず高い生起比率をみせながらもフィラーは40代、中途終了発話文は20代で高い生起比率をみせること、中途終了発話文の40代における生起比率は低いことなどが確認できるだろう。

【表3-7】年代*による発話形式ごとの発話文の出現数と生起比率

日本語談話

		10代 (9話者)	20代 (9話者)	40代 (9話者)
非中途終了発話文	完全文	388 (36.3%)	415 (44.0%)	340 (34.6%)
	終助詞終了発話文	26 (2.4%)	38 (4.0%)	49 (5.0%)
	フィラー	248 (23.2%)	204 (21.6%)	270 (27.4%)
中途終了発話文		406 (38.0%)	287 (30.4%)	325 (33.0%)
計		1,068 (100%)	944 (100%)	984 (100%)

朝鮮語談話

		10代 (9話者)	20代 (9話者)	40代 (9話者)
非中途終了発話文	完全文	376 (39.9%)	379 (42.7%)	368 (42.4%)
	丁寧化のマーカー終了発話文	21 (2.2%)	21 (2.4%)	9 (1.0%)
	フィラー	244 (25.9%)	158 (17.8%)	268 (30.9%)
中途終了発話文		301 (32.0%)	330 (37.2%)	222 (25.6%)
計		942 (100%)	888 (100%)	867 (100%)

各セル内：発話文の出現数（生起比率）

*分析資料の量的バランスを統制するため、本書で年代に関する分析を行なう際はJ1～J12（日本語）およびK1～K12（朝鮮語）のベース被験者は分析対象から除き、10代、20代、40代それぞれ9話者ずつの発話を分析対象とする。なお、今回の調査では、10代は年下との、40代は年上との対話が設定されていないため、分析に際してはこの点に注意しておく必要がある。

　また、両言語の比較では、40代の話者において特に顕著な差をみせていることがわかる。すなわち、完全文は朝鮮語で、終助詞終了発話文、中途終了発話文は日本語で高い生起比率をみせており、カイ二乗検定の結果でもそれぞれ0.1%水準の有意差が認められた（$p<0.001$）。以上のような出現様相から、結果として朝鮮語では完全文が、日本語では中途終了発話文が、比較的幅広い年代で使用される発話形式であることが確認できる。なお、朝鮮語の40代話者における中途終了発話文は、日本語に比べて低い生起比率をみせているが、これはこの年代で完全文の出現が多いことと関係があるものと思われる。

3.1.3.3.1.4. 年齢の上下差による考察

　最後に、年齢の上下差による出現差についてみることにする。年齢の上下差

【表3-8】年齢の上下差＊による発話形式ごとの発話文の出現数と生起比率

日本語談話

非中途終了発話文		対年上(8話者)	対同年(8話者)	対年下(8話者)
非中途終了発話文	完全文	309 (37.9%)	368 (45.2%)	273 (36.8%)
	終助詞終了発話文	6 (0.7%)	10 (1.2%)	26 (3.5%)
	フィラー	217 (26.6%)	164 (20.1%)	168 (22.6%)
中途終了発話文		284 (34.8%)	272 (33.4%)	275 (37.1%)
計		816 (100%)	814 (100%)	742 (100%)

朝鮮語談話

非中途終了発話文		対年上(8話者)	対同年(8話者)	対年下(8話者)
非中途終了発話文	完全文	262 (33.2%)	344 (43.5%)	357 (42.5%)
	丁寧化のマーカー終了発話文	38 (4.8%)	46 (5.8%)	38 (4.5%)
	フィラー	306 (38.8%)	178 (22.5%)	255 (30.4%)
中途終了発話文		183 (23.2%)	222 (28.1%)	190 (22.6%)
計		789 (100%)	790 (100%)	840 (100%)

各セル内：発話文の出現数（生起比率）

＊本書における調査では、親疎関係のうち、親（友人同士）の談話については、対同年の談話のみを採録しているため、本書で年齢の上下差に関する分析を行なう際はJ1～J12（日本語）、K1～K12（朝鮮語）の初対面談話のみを分析対象とし、J13～J21（日本語）およびK13～K21（朝鮮語）の談話は、分析対象から除くことにする。

による発話形式ごとの発話文の出現様相は、**表3-8**のとおりである。

　表3-8をみると、日本語談話では完全文は対同年で高い生起比率をみせる一方、その他の発話形式は対話者との年齢差によって大きな差をみせていないこと、朝鮮語談話では完全文は対同年のほか、対年下で、フィラーは対年上で、中途終了発話文は対同年で高い生起比率をみせることなどが確認できる。

　なお、両言語の比較では、対年上の談話では丁寧化のマーカー終了発話文、フィラーは朝鮮語で、中途終了発話文は日本語で高い生起比率をみせること、対同年の談話では丁寧化のマーカー終了発話文は朝鮮語で高い生起比率をみせること、対年下の談話ではフィラーは朝鮮語で、中途終了発話文は日本語で高い生起比率をみせていることが確認され、カイ二乗検定の結果でもそれぞれ0.1％水準の有意差が認められた（$p<0.001$）。

以上では、日本語と朝鮮語の談話に現れる発話文を発話形式により分類し、その出現様相のデータをみてきた。データの分析の結果、発話者の属性、対話者との関係という観点からみたときに、日本語談話では朝鮮語談話に比べ、中途終了発話文が相対的に広い使用域 (register) を持つということが明らかになり、具体的には、40代の話者や、初対面、対年上／年下といった関係における発話においてより高い生起比率をみせることが確認された。ここでは、出現の傾向をみるために主に計量化したデータをみるにとどまったが、このような出現の差異が相互作用の中でどのような意味を持つのかについては、次章でも注目して分析を行なっていくことにしたい。

3.1.3.3.2. 中途終了発話文の下位分類とその出現様相
　3.1.3.3.1.でみたデータにより、談話における中途終了発話文は日本語でより高い生起比率を示すことが確認されたが、続いてここでは、それらの発話文が持つより具体的な文末形態についてみてみることにする。両言語における中途終了発話文の文末形式を形態論的観点から分類した結果、以下に示すような類型が確認されることがわかった[56]。

【日本語の中途終了発話文の形態論的下位分類】
①接続形、②名詞、③助詞、④連体形、⑤副詞、⑥引用形、⑦間投詞、⑧非境界、⑨接続詞

【朝鮮語の中途終了発話文の形態論的下位分類】
①接続形、②名詞、③助詞、④副詞、⑤間投詞、⑥引用形、⑦接続詞、⑧非境界、⑨連体形

56　本書における調査では3.1.1.1.でみた品詞のうち連体詞で終わる発話文、および3.1.1.2.でみた活用形のうち名詞形で終わる発話文は確認されなかった。また、ここに提示した項目のうち、「間投詞」は3.1.1.3.でみたように、それが単独で現れているもの（「はい」、「ええ」や、「네」（はい）、「응」（うん）といった「単純応答」、あいづちなど）は中途終了発話文に含めておらず、何らかの発話の末尾に現れ、全体としてターンを構成しているもののみが含まれている。

上記をみると、両言語ともに9つの類型が確認されており、大分すると（1）名詞、助詞、副詞、間投詞、接続詞などの用言以外の品詞で終わるもの、（2）接続形、連体形、引用形などの終止形以外の用言の活用形で終わるもの、さらには（3）非境界[57]と、項目としても並行した体系を持つことがわかる。これは両言語の文文法における体系が、基本的枠組みにおいては類似していることを反映したものである。

　ところで、菅野（1981, 2007）、菅野他（1988）で用言の分析的な形（analytic form）とよばれる形[58]については、文中の意味、機能という点においては、노마［野間］（1996）も指摘するように、事実上、その構造全体を単位として、用言の語形の一種とみなすのが妥当であろう。しかし、本書ではあくまで文末の形態論的観点から中途終了発話文の分類を試みるという立場をとるため、その非出現部分の判定が恣意的になることを防ぐために、分析的な形についても（形態論的な境界で発話が終了した場合においては）、意味的な点は考慮せずに、あくまで文末形式の形態により分類を行なうことにする。

　また、言いよどみや対話者による割り込み（同時発話）などの結果、菅野（1981, 2007）、菅野他（1988）で用言の総合的な形（synthetic form）とよばれる形[59]や任意の語が句や語を構成する境界以外の位置で終了した場合に関しては、「非境界」として認定することにする。

　例えば、以下の［例3-7］の「→」によって示されたような発話も、本書では中途終了発話文として認定されることになる。

［例3-7］（日本語談話）
　　JNB：でも、特に、そこまで、それで出てけー、みたいなことには特

57　非境界とは、形態論的、統語論的区切りで終わらない発話をさす。
58　後置詞、形式名詞、補助用言など、補助的な単語を含む2単語以上からなる文法的な形。例えば「するかもしれない」、「してもよい」、「해 주다」（してくれる）、「한 적이 있다」（したことがある）など。
59　1単語（用言）に種々の付属形式（助動詞や接尾辞、各種語尾類）が結合したもの。例えば、「行かれましたよ」、「大きくない」、「먹었어요」（食べました）、「보였지요」（見えたでしょう）など。

【表3-9】中途終了発話文の形態論的下位分類ごとの出現数と生起比率

日本語談話		
①接続形	467	(31.6%)
②名詞	312	(21.1%)
③助詞	239	(16.2%)
④連体形	131	(8.9%)
⑤副詞	127	(8.6%)
⑥引用形	91	(6.2%)
⑦間投詞	46	(3.1%)
⑧非境界	40	(2.7%)
⑨接続詞	24	(1.6%)
総発話文数	1,477	(100%)

朝鮮語談話		
①接続形	432	(38.3%)
②名詞	296	(26.3%)
③助詞	184	(16.3%)
④副詞	83	(7.4%)
⑤間投詞	39	(3.5%)
⑥引用形	29	(2.6%)
⑦接続詞	26	(2.3%)
⑧非境界	24	(2.1%)
⑨連体形	14	(1.2%)
総発話文数	1,127	(100%)

各セル内：当該発話文の出現数（生起比率）

```
       に…。
  JN3：あー、ゆるいんで…。
→JNB：あー、ゆる…。    ※⑧非境界(中途終了発話文)
  JN3：なんか、おじちゃんがいつも＜笑いながら＞笑ってる感じなの
       で…。
```

　ここで、上記の各項目が本書で分析対象とする談話全体において、いかなる出現を示すかをみてみることにしよう。談話全体における中途終了発話文の形態論的下位分類ごとの出現様相は、**表3-9**のようである。

　表3-9をみてわかるように、日本語でも朝鮮語でも上位3種には、接続形、名詞、助詞が現れており、類似した出現傾向をみせていることがわかる。その一方で、4番目に多い項目をみると、日本語では（朝鮮語では最も少ない）連体形が、朝鮮語では副詞が現れており、異なる出現を示していることがわかる。このように日本語において連体形の出現が多いのは、「-みたいな」という特定形式が談話において多く現れていることによる（113回（7.7%））。

　また、両言語の生起比率の比較では、接続形、名詞は朝鮮語で、連体形、引用形は日本語でそれぞれ高い数値を示していることがわかり、カイ二乗検定の結果でも接続形、連体形、引用形では0.1%水準の有意差が（$p<0.001$）、名詞で

第3章　理論的枠組みと形式・機能の出現様相

【表3-10】接続形の形態論的下位分類ごとの出現数と生起比率＊

日本語談話

「-テ」	209	(44.8%)
「-ケド」	105	(22.5%)
「-ノデ」	56	(12.0%)
「-カラ」	32	(6.9%)
「-シ」	18	(3.9%)
「-バ」	13	(2.8%)
「-ト」	10	(2.1%)
中止形	8	(1.7%)
その他の接続形	16	(3.4%)
接続形 総発話文数	467	(100%)

朝鮮語談話

「-고」	143	(33.1%)
「-(으)ㄴ데/는데/던데」	136	(31.5%)
「-아/어서」	49	(11.3%)
「-(으)니까」	42	(9.7%)
「-(으)면」	15	(3.5%)
「-는지/ㄹ지/던지」	8	(1.9%)
「-지만」	8	(1.9%)
その他の接続形	31	(7.2%)
接続形 総発話文数	432	(100%)

各セル内：当該発話文の出現数（生起比率）

＊以降の表において当該項目の出現が確認されなかった場合は、空欄により示す。また、接続形で終わる発話の中で出現回数が8回未満のものは「その他の接続形」にまとめたが、この項目には日本語では「-ナガラ」、「-ノニ」などが、朝鮮語では「-면서」(-ながら)、「-다가」(-している途中で) などが確認されている。なお、朝鮮語における接続形の日本語との対応は、おおよそ以下のとおりである。
-고 (-て)、-(으)ㄴ데/는데/던데 (-けど)、-아/어서 (-て、-ので)、
-(으)니까 (-から)、-(으)면 (-たら)、-는지/ㄹ지/던지 (-(の)か)、
-지만 (-けど)

は1%水準の有意差が（$p<0.01$）認められることが確認された。

　なお、両言語で最も高い生起比率を示した「接続形」における具体的形態の出現様相をみると、**表3-10**のとおりである。

　表3-10をみると、日本語では「-テ」が圧倒的に多く、次に続く「-ケド」と比較しても2倍の出現をみせている。これは、小田（2002）の接続助詞で終わる発話文の出現に関する調査結果とも符合するもので、日本語のいわゆるテ形が談話の中で並列や原因・理由、先行動作など幅広い文法機能を持つことによるものであると考えられる。一方、朝鮮語では日本語のテ形のように幅広い文法機能を持つ接続形である「-고」(-て) の出現が相対的に多いことに加えて、「-(으)ㄴ데/는데/던데」(-けど) の出現の多さも際立っており、朝鮮語における接続形で終わる発話文の生起比率を高めている[60]。

60　小田（2002）において、韓国人の上級日本語学習者の談話には「-テ」のほかに

上ではまず、談話全体における中途終了発話文の形態論的下位分類とそれぞれの出現状況についてみたが、以降ではこれらを親疎関係、性別、年代、年齢の上下差という観点から整理し、それぞれの出現状況をみていくことにする（ここでは主に両言語の比較という観点から分析する）。

3.1.3.3.2.1. 親疎関係による考察

まずは、親疎関係による出現状況をみる。親疎関係による中途終了発話文の形態論的下位分類の出現様相は、**表3-11**のとおりである（以降では、接続形における下位項目の出現状況も共に示す）。

表3-11をみると、初対面談話では接続形が、友人談話では名詞がそれぞれ朝鮮語で高い生起比率をみせていること、親疎を問わず、連体形、引用形は日本語で高い生起比率をみせていることがわかり、カイ二乗検定の結果をみても初対面談話における接続形、連体形、友人談話における名詞、連体形、引用形ではそれぞれ0.1％水準の有意差が（$p<0.001$）、初対面談話における引用形では5％水準の有意差が（$p<0.05$）認められた。

また、接続形の出現を言語ごとにみてみると、日本語では「-ケド」、「-ノデ」が、朝鮮語では「-고」(-て) や「-아／어서」(-て、ので) が初対面談話で多く現れることがわかる。また、両言語の差異に着目すると、接続形の中で順接（並列、原因・理由、先行動作）を表す形式は、日本語（「-テ」）では親疎ともに40％以上と比較的高い生起比率をみせるのに対し、朝鮮語（「-고」(-て)）ではどちらかというと初対面談話で高い生起比率をみせるということ、逆接／前置きを表す形式は日本語（「-ケド」）では初対面談話でより高い生起比率をみせるのに対して、朝鮮語（「-(으)ㄴ데／는데／던데」(-けど)）では親疎ともに比較的高い生起比率をみせるといった違いをみせている。

「-ケド」の出現が多いとの報告があるが、これは、朝鮮語談話において「-(으)ㄴ데／-는데／-던데」(-けど) の出現が多いことと関係がありそうである。なお、「-는데」(-けど) 系の接続形語尾の文法化に関しては、김지혜（2004）、임규홍（2010）などに詳しい。

【表3-11】親疎関係による中途終了発話文の形態論的下位分類ごとの出現数と生起比率

日本語談話

文末形式	初対面 (24話者)	友人 (18話者)
①接続形	298 (35.9%)	169 (26.2%)
②名詞	163 (19.6%)	149 (23.1%)
③助詞	134 (16.2%)	105 (16.3%)
④連体形	77 (9.2%)	54 (8.3%)
⑤副詞	63 (7.6%)	64 (9.9%)
⑥引用形	34 (4.1%)	57 (8.8%)
⑦間投詞	23 (2.8%)	23 (3.6%)
⑧非境界	29 (3.5%)	11 (1.7%)
⑨接続詞	10 (1.2%)	14 (2.2%)
総発話文数	831 (100%)	646 (100%)

〈接続形〉

文末形式	初対面 (24話者)	友人 (18話者)
「-テ」	123 (41.3%)	86 (50.9%)
「-ケド」	76 (25.5%)	29 (17.2%)
「-ノデ」	56 (18.8%)	—
「-カラ」	8 (2.7%)	24 (14.2%)
「-シ」	6 (2.0%)	12 (7.1%)
「-バ」	4 (1.3%)	9 (5.3%)
「-ト」	8 (2.7%)	2 (1.2%)
中止形	8 (2.7%)	—
その他の接続形	9 (3.0%)	7 (4.1%)
接続形総発話文数	298 (100%)	169 (100%)

朝鮮語談話

文末形式	初対面 (24話者)	友人 (18話者)
①接続形	267 (44.9%)	165 (31.0%)
②名詞	114 (19.2%)	182 (34.2%)
③助詞	106 (17.8%)	78 (14.7%)
④副詞	44 (7.4%)	39 (7.3%)
⑤間投詞	19 (3.2%)	20 (3.8%)
⑥引用形	11 (1.8%)	18 (3.4%)
⑦接続詞	11 (1.8%)	15 (2.8%)
⑧非境界	13 (2.2%)	11 (2.1%)
⑨連体形	10 (1.7%)	4 (0.8%)
総発話文数	595 (100%)	532 (100%)

〈接続形〉

文末形式	初対面 (24話者)	友人 (18話者)
「-고」	97 (36.3%)	46 (27.9%)
「-(으)ㄴ데/는데/던데」	76 (28.5%)	60 (36.4%)
「-아/어서」	39 (14.6%)	10 (6.1%)
「-(으)니까」	18 (6.7%)	24 (14.5%)
「-(으)면」	10 (3.7%)	5 (3.0%)
「-는지/ㄹ지/던지」	5 (1.9%)	3 (1.8%)
「-지만」	6 (2.2%)	2 (1.2%)
その他の接続形	16 (6.0%)	15 (9.1%)
接続形総発話文数	267 (100%)	165 (100%)

各セル内：当該発話文の出現数（生起比率）

3.1.3.3.2.2. 性別による考察

　次に、性別による出現状況をみる。性別による中途終了発話文の形態論的下位分類の出現様相は、**表3-12**のとおりである。

　表3-12をみると、女性では名詞が朝鮮語で高い生起比率をみせていること、男女を問わず、接続形は朝鮮語で、連体形、引用形は日本語で高い生起比率をみせていることがわかり、カイ二乗検定の結果をみても男性話者における連体形、引用形、女性話者における連体形ではそれぞれ0.1%水準の有意差が（$p<0.001$）、男性話者における接続形では1%水準の有意差が（$p<0.01$）、女性話者における接続形、名詞、引用形では5%水準の有意差が（$p<0.05$）認められた。

　また、接続形についてみると、日本語でも朝鮮語でも「-カラ」や「-(으)니까」といった原因・理由の表現を女性話者が多用する傾向があること以外は、性別の違いは中途終了発話文における文末形式の選択に大きな影響を与えていないことがわかる。

3.1.3.3.2.3. 年代による考察

　続いて、年代による出現状況についてみる。年代による中途終了発話文の形態論的下位分類の出現様相は、**表3-13**のとおりである。

　表3-13をみると、10代では名詞は朝鮮語で、連体形、間投詞は日本語で、20代では接続形は朝鮮語で、連体形、副詞は日本語で、40代では引用形は日本語で、間投詞は朝鮮語で高い生起比率をみせていることがわかり、カイ二乗検定の結果をみても10代、20代における連体形、40代における引用形では0.1%水準の有意差が（$p<0.001$）、10代における名詞では1%水準の有意差が（$p<0.01$）、10代における間投詞、20代における接続形、副詞、40代における間投詞では5%水準の有意差が（$p<0.05$）それぞれ認められた。

　また、接続形の出現を言語ごとにみてみると、日本語談話では20代において、接続形「-テ」の出現が相対的に少ないことがわかる。また、顕著な違いとして、日本語の連体形は年代が下がるにつれてその出現が増加しているが、これは日本語では若年層の談話においては「-みたいな」といういわば文法化した形式が多用されることによる。このように若年層ほど多く使う表現には、他にも「-とか」が確認された。

【表3-12】性別による中途終了発話文の形態論的下位分類ごとの出現数と生起比率

日本語談話

文末形式	男性（21話者）	女性（21話者）
①接続形	210（30.0%）	257（33.1%）
②名詞	157（22.4%）	155（19.9%）
③助詞	111（15.9%）	128（16.5%）
④連体形	63（9.0%）	68（8.9%）
⑤副詞	60（8.6%）	67（8.6%）
⑥引用形	52（7.4%）	39（5.0%）
⑦間投詞	21（3.0%）	25（3.2%）
⑧非境界	17（2.4%）	23（3.0%）
⑨接続詞	9（1.3%）	15（1.9%）
総発話文数	700（100%）	777（100%）

〈接続形〉

文末形式	男性（21話者）	女性（21話者）
「-テ」	105（50.0%）	104（40.5%）
「-ケド」	43（20.5%）	62（24.1%）
「-ノデ」	24（11.4%）	32（12.5%）
「-カラ」	10（4.8%）	22（8.6%）
「-シ」	5（2.4%）	13（5.1%）
「-バ」	9（4.3%）	4（1.6%）
「-ト」	6（2.9%）	4（1.6%）
中止形	2（1.0%）	6（2.3%）
その他の接続形	6（2.9%）	10（3.9%）
接続形総発話文数	210（100%）	257（100%）

朝鮮語談話

文末形式	男性（21話者）	女性（21話者）
①接続形	212（37.0%）	220（39.7%）
②名詞	155（27.1%）	139（25.1%）
③助詞	90（15.7%）	93（16.8%）
④副詞	33（5.8%）	50（9.0%）
⑤間投詞	24（4.2%）	15（2.7%）
⑥引用形	16（2.8%）	13（2.3%）
⑦接続詞	17（3.0%）	10（1.8%）
⑧非境界	18（3.1%）	8（1.4%）
⑨連体形	8（1.4%）	6（1.1%）
総発話文数	573（100%）	554（100%）

〈接続形〉

文末形式	男性（21話者）	女性（21話者）
「-고」	68（32.1%）	75（34.1%）
「-(으)ㄴ데／는데／던데」	70（33.0%）	66（30.0%）
「-아／어서」	27（12.7%）	22（10.0%）
「-(으)니까」	15（7.1%）	27（12.3%）
「-(으)면」	6（2.8%）	9（4.1%）
「-는지／ㄹ지／던지」	6（2.8%）	2（0.9%）
「-지만」	4（1.9%）	4（1.8%）
その他の接続形	16（7.5%）	15（6.8%）
接続形総発話文数	212（100%）	220（100%）

各セル内：当該発話文の出現数（生起比率）

【表3-13】年代による中途終了発話文の形態論的下位分類ごとの出現数と生起比率

日本語談話

文末形式	10代（10話者）	20代（10話者）	40代（10話者）
①接続形	127（31.3%）	73（25.4%）	114（35.1%）
②名詞	86（21.2%）	71（24.8%）	58（17.8%）
③助詞	51（12.6%）	52（18.1%）	61（18.8%）
④連体形	52（12.8%）	26（9.1%）	6（1.9%）
⑤副詞	25（6.2%）	31（10.8%）	32（9.8%）
⑥引用形	26（6.4%）	17（5.9%）	27（8.3%）
⑦間投詞	19（4.7%）	10（3.5%）	6（1.8%）
⑧非境界	14（3.4%）	5（1.7%）	9（2.8%）
⑨接続詞	6（1.5%）	2（0.7%）	12（3.7%）
総発話文数	406（100%）	287（100%）	325（100%）

〈接続形〉

文末形式	10代（10話者）	20代（10話者）	40代（10話者）
「-テ」	67（52.8%）	30（41.1%）	51（44.7%）
「-ケド」	21（16.5%）	12（16.4%）	28（24.6%）
「-ノデ」	19（15.0%）	3（4.1%）	10（8.8%）
「-カラ」	6（4.7%）	14（19.2%）	9（7.9%）
「-シ」	4（3.1%）	5（6.8%）	6（5.3%）
「-バ」	3（2.4%）	3（4.1%）	4（3.5%）
「-ト」	2（1.6%）		3（2.6%）
中止形	1（0.8%）		1（0.9%）
その他の接続形	4（3.1%）	6（8.2%）	2（1.8%）
接続形総発話文数	127（100%）	73（100%）	114（100%）

朝鮮語談話

文末形式	10代（10話者）	20代（10話者）	40代（10話者）
①接続形	108（35.9%）	114（34.5%）	88（39.6%）
②名詞	95（31.6%）	100（30.3%）	48（21.6%）
③助詞	40（13.3%）	53（16.1%）	40（18.0%）
④副詞	22（7.3%）	19（5.8%）	22（9.9%）
⑤間投詞	5（1.7%）	12（3.6%）	13（5.9%）
⑥引用形	13（4.3%）	10（3.0%）	1（0.5%）
⑦接続詞	9（3.0%）	10（3.0%）	2（0.9%）
⑧非境界	6（2.0%）	7（2.1%）	6（2.7%）
⑨連体形	3（1.0%）	5（1.5%）	2（0.9%）
総発話文数	301（100%）	330（100%）	222（100%）

〈接続形〉

文末形式	10代（10話者）	20代（10話者）	40代（10話者）
「-고」	30（27.8%）	35（30.7%）	36（40.9%）
「-(으)ㄴ데／는데／던데」	45（41.7%）	37（32.5%）	13（14.8%）
「-아／어서」	7（6.5%）	9（7.9%）	12（13.6%）
「-(으)니까」	9（8.3%）	16（14.0%）	13（14.8%）
「-(으)면」	2（1.9%）	7（6.1%）	2（2.3%）
「-는지／ㄹ지／던지」	4（3.7%）		1（1.1%）
「-지만」	1（0.9%）	3（2.6%）	3（3.4%）
その他の接続形	10（9.3%）	7（6.1%）	8（9.1%）
接続形総発話文数	108（100%）	114（100%）	88（100%）

各セル内：当該発話文の出現数（生起比率）

【表3-14】年齢の上下差による中途終了発話文の形態論的下位分類ごとの出現数と生起比率

日本語談話

文末形式	対年上（8話者）	対同年（8話者）	対年下（8話者）
①接続形	112（39.4%）	83（30.5%）	103（37.5%）
②名詞	44（15.5%）	66（24.3%）	53（19.3%）
③助詞	45（15.8%）	45（16.6%）	44（16.0%）
④連体形	21（7.4%）	33（12.1%）	23（8.4%）
⑤副詞	28（9.9%）	19（7.0%）	16（5.8%）
⑥引用形	9（3.2%）	12（4.4%）	13（4.7%）
⑦間投詞	7（2.5%）	10（3.7%）	6（2.2%）
⑧非境界	15（5.3%）	4（1.5%）	10（3.6%）
⑨接続詞	3（1.1%）		7（2.5%）
総発話文数	284（100%）	272（100%）	275（100%）

〈接続形〉

文末形式	対年上（8話者）	対同年（8話者）	対年下（8話者）
「-テ」	46（41.1%）	36（43.4%）	41（39.8%）
「-ケド」	27（24.1%）	20（24.1%）	29（28.2%）
「-ノデ」	31（27.7%）	12（14.5%）	13（12.6%）
「-カラ」		3（3.6%）	5（4.9%）
「-シ」	1（0.9%）	1（1.2%）	4（3.9%）
「-バ」		3（3.6%）	1（1.0%）
「-ト」	1（0.9%）	2（2.4%）	5（4.9%）
中止形	4（3.6%）	2（2.4%）	2（1.9%）
その他の接続形	2（1.8%）	4（4.8%）	3（2.9%）
接続形総発話文数	112（100%）	83（100%）	103（100%）

朝鮮語談話

文末形式	対年上（8話者）	対同年（8話者）	対年下（8話者）
①接続形	87（47.5%）	89（40.1%）	91（47.9%）
②名詞	31（16.9%）	46（20.7%）	37（19.5%）
③助詞	30（16.4%）	44（19.8%）	32（16.8%）
④副詞	16（8.7%）	19（8.6%）	9（4.7%）
⑤間投詞	3（1.6%）	7（3.2%）	9（4.7%）
⑥引用形	5（2.7%）	4（1.8%）	2（1.1%）
⑦接続詞	7（3.8%）	3（1.4%）	1（0.5%）
⑧非境界	3（1.6%）	3（1.4%）	7（3.7%）
⑨連体形	1（0.5%）	7（3.2%）	2（1.1%）
総発話文数	183（100%）	222（100%）	190（100%）

〈接続形〉

文末形式	対年上（8話者）	対同年（8話者）	対年下（8話者）
「-고」	35（40.2%）	30（33.7%）	32（35.2%）
「-(으)ㄴ데/는데/던데」	23（26.4%）	26（29.2%）	27（29.7%）
「-아/어서」	14（16.1%）	12（13.5%）	13（14.3%）
「-(으)니까」	6（6.9%）	8（9.0%）	4（4.4%）
「-(으)면」	3（3.4%）	5（5.6%）	2（2.2%）
「-는지/ㄹ지/던지」	2（2.3%）		3（3.3%）
「-지만」		3（3.4%）	3（3.3%）
その他の接続形	4（4.6%）	5（5.6%）	7（7.7%）
接続形総発話文数	87（100%）	89（100%）	91（100%）

各セル内：当該発話文の出現数（生起比率）

3.1.3.3.2.4. 年齢の上下差による考察

最後に、年齢の上下差による出現状況をみる。年齢の上下差による中途終了発話文の形態論的下位分類の出現様相は、**表3-14**のとおりである。

表3-14をみると、対同年、対年下では接続形が朝鮮語で高い生起比率をみせていること、年齢の上下差を問わず、連体形は日本語で高い生起比率をみせていることがわかり、カイ二乗検定の結果をみても対同年における連体形では0.1％水準の有意差が（$p<0.001$）、対年上、対年下における連体形では1％水準の有意差が（$p<0.01$）、対同年、対年下における接続形では5％水準の有意差が（$p<0.05$）認められた。

また、接続形の出現を言語ごとにみてみると、日本語における「-ノデ」は、対年上で多いこと（一方、「-テ」や「-ケド」は年代によりさほど大きな変化をみせていない）、朝鮮語の「-고」(-テ) は対年上で多いということなどが確認できる。

3.2. 発話機能に関して

3.2.1. 発話機能に関する先行研究

本項では、本書における今一つの分析項目となる談話における発話機能の分類を概観した後、本書における下位分類を提示する。主要な先行研究における発話機能の分類のうち、上位項目の分類は、以下のようになっている[61]。

---

[61] 発話文の持つ機能については、後に4.1.2.で詳しくみることにするが、ここでは「発話機能」をとりあえず「発話文自体が有する機能」という意味で用いる。日本においては、1980年代後半以降、Hallidayの機能文法などの影響を受けながら、日本語の談話研究を中心に「発話機能」という語が多く用いられるようになった。ただし、ここで取り上げた全ての先行研究において必ずしも「発話機能」という術語が用いられているわけではない。そこで、以下では当該論考における本書の「発話機能」に相当する術語については、「表現意図」のように「　」付きで示すことにする。なお、ここでは、紙面の関係上、議論の核心となる上

国立国語研究所（1960）
〈「表現意図」の分類（日）〉
1.詠嘆表現、2.判叙表現、3.要求表現、4.応答表現

国立国語研究所（1987）
〈「発話機能」における「文末の表現意図」の分類（日）〉
1.叙述要素文、2.伝達要素文、3.疑問要素文、4.要求要素文、5.意志要素文、6.単語文、7.言いさし文

※「場面を形成する要因」による分類
〈「働きかけの種類」（聞き手メアテの条件）による分類〉
・没対者性：独語、聞かせ
・対者性
　　要求：1.情報要求、2.行為要求、3.注目要求
　　非要求：4.情報提供、5.意志表示、6.注目表示

ザトラウスキー（1993）
〈「発話機能」の分類（日）〉
1.注目要求、2.談話表示、3.情報提供、4.意志表示、5.同意要求、6.情報要求、7.共同行為要求、8.単独行為要求、9.言い直し要求、10.言い直し、11.関係作り・儀礼、12.注目表示

曹英南（2004）
〈言いさし表現の「機能」の分類（日・朝）〉
1.行為要求、2.情報要求、3.情報提供、4.意志表示

位分類を中心に示しているが、下位分類までを含めて図式化したものは、本書の末尾に［付録4］として付してある。また、各論考の＜見出し部分＞における（　）は、分析対象となる言語を示しており、「日」は日本語を、「朝」は朝鮮語をさす。

鈴木（2007）
〈「発話機能」の分類（日）〉
1.注目要求／間投詞的表現、2.談話表示、3.要求、4.提供、5.受容

李恩美（2008）
〈中途終了型発話の「発話機能」の分類（日）〉
1.情報要求、2.情報伝達、3.情報応答・情報提供、4.あいづち、
5.その他

　まず、日本語の発話機能に関する論考の中で最も早い時期のものとして、国立国語研究所（1960）をあげることができる。この論考は文法研究が主に書きことばを分析対象としていた時代にあって、話しことばを対象に定めた先駆的な研究である。この中では4種の「表現意図」を設定し、それを「言語主体が文全体にこめるところの、いわゆる命令・質問・叙述・応答などの内容のこと」(p.87)と定めているが、この4つの表現意図項目の下位分類をみると、態、相、時といった文法範疇による分類や、断定、希求、推定、意志といった命題や相手に対する話者の心的態度などモダリティ（modality）による分類が混在しており、不統一さを感じさせる部分もある。
　国立国語研究所（1987）は、日本語教育の枠組みの中における論考で、「発話機能」のうち「文末の表現意図」による分類として、7種の分類を設定している。この中で叙述要素文や伝達要素文、疑問要素文といった項目は、（その認定基準に文法的側面を取り入れたものであるとしても）発話機能の一部を成すものであることがわかるが、単語文や言いさし文などは発話文を統語論的基準により分類したものであり、パラダイグマティックな分類を成していない。なお、同論考では「文末の表現意図」による分類のほかに「場面を形成する要因」[62]のうち、「働きかけの種類」（聞き手メアテ）、「対者性」による分類として6種を設定している。

62　「発話の動機」（場面メアテ）、「働きかけの種類」（聞き手メアテ）、「発話内容に対する態度」（素材メアテ）の3つ。

ザトラウスキー（1993）は、日本語の電話による勧誘の談話構造を分析したもので、「発話機能」として12種の分類を行なっている。これは、国立国語研究所（1987）の分類を参考にしたものであると考えられるが、この中では、注目要求、同意要求、共同／単独行為要求、言い直し要求など要求系の項目を細分化しているほか、談話表示、言い直しなどの項目を新たに加えている。ただし、この分類では、全体の半数である6項目が要求系で占められており、やや偏った項目設定がされているという印象を与えるほか、12種の発話機能のうち下位分類を認めているのは注目表示のみで、その他の項目に関しては、より精密な分類を行なう余地が残されている[63]。また、情報と意志の項目を分けているが、その認定基準は研究者の主観に左右されやすいという点[64]、要求と提供、表示項目の関係をどのように扱うのかという点、言い直しが他と異なる基準による分類であるという点など、さらなる議論が必要な部分もある。

曹英南（2004）は、日本語と朝鮮語の言いさし表現の使用状況と生起理由、

---

[63] なお、ザトラウスキー（1997）では、「かかわりあい」という概念から、ザトラウスキー（1993）における12の発話機能の分類に対し、I.要求、II.表示・提供、III.受容というさらなる上位分類を設定している。具体的には、以下のように分類されている。

　I.要求（1.注目要求、5.同意要求、6.情報要求、7.共同行為要求、8.単独行為要求、9.言い直し要求）
　II.表示・提供（2.談話表示、3.情報提供、4.意志表示、10.言い直し）
　III.受容（11.関係づくり・儀礼、12.注目表示）

この3つの分類は、発話そのものが単独で持つ発話機能における共通性を抽出する形での命名となっている。ただし、後に李恩美（2008）についてみる際にも述べるように、II.の表示と提供という概念は、談話展開や発話連鎖という観点からみた場合は、分けて扱う必要があるため、このような分類法は必ずしも有効とはいえない。

[64] Searle（1969）のいう命題内容条件（発話の内容が満たすべき条件：propositional content condition）を文末の述語の品詞の文法的範疇（例えば、状態動詞、感情表出動詞など）により同定することも場合によっては可能であろう。しかし、実際の談話に現れる発話は、そのように単純な分類ができるものばかりではない。例えば、日本語の「いや、私が…。」（作例）という述語動詞の現れない発話文を（とりあえず文脈を考えずに）分類する場合、それが意志であるのか情報（事実、状態など）であるのかの認定は非常に難しい。

発話者の意識などについて分析した論考である。この論文の中では国立国語研究所 (1987) における分類を援用しつつ、言いさし表現の「機能」を4種に分類している。同論文は、日本語と朝鮮語の対照研究という枠組みの中で両言語の発話機能の相違を捉えようとした数少ない研究であるが、やはり情報と意志の区分に妥当性を与えられるかという点、要求と提供、表示項目をどのように体系的に扱うのかという点において再考の余地がある。また、映画のスクリプト、(話者の属性や発話時間が一定ではない) 電話による会話を分析対象としているため、話しことばという言語事実に基づいたより体系的、かつ精密な記述をする必要があるともいえる。

　鈴木 (2007) は、機能文型という観点から、日本語の相談談話の構造について分析したもので、「発話機能」を5種に分類している。この論文では、それまでの研究における問題点を分析しつつ、より精密な下位分類の構築をしているが、同論文の元となった鈴木 (2003) においては扱っていた応答 (要求に対する提供) という概念を分類に取り入れておらず、そのため発話者の意図が機能の中で考慮されにくくなってしまったという点が惜しまれる。また、この中では国立国語研究所 (1987) の疑問と要求、ザトラウスキー (1993) の同意要求、情報要求、行為要求、言い直し要求を、大項目として1つの「要求」にまとめている。

　李恩美 (2008) は、日本語の中途終了型発話について表現形式と発話機能という観点から分析したもので、5種の「発話機能」を設定している。この論文では、発話機能の中では情報伝達、情報要求の2項目が高い生起比率をみせており、それは同発話形式が働きかけや相手の領域を侵すことへの躊躇の機能を持つためであるとしている。ただし、この論文では5種の発話機能の下位分類については、いずれについても記述がされておらず、また分析範囲が日本語の初対面談話に限定されているため、より詳細かつ広範囲な分析を行なう必要があるといえる。なお、同論文では前原 (2001) の概念を参考にし、「働きかけるタイプ」、「反応するタイプ」という分類法を採用し、「自発的に発言する発話」と「要求に答える発話」という観点から、「情報伝達」と「情報応答・情報提

供」をそれぞれ区別しており、より正確な言語記述を可能にしている[65]。

　以上、主要な先行研究における発話機能の分類、分析についてみてきたが、ここまでみてきた議論の中で問題となった主要な点を改めて整理すると、次のようになる。

【発話機能の分類における問題点】
・異なるレベルのものが、同列の分類に混在している。
・情報と意志の区別をしているが、その認定基準が曖昧かつ恣意的である。
・要求と提供、表示の関係が不明瞭である。
・応答という概念が考慮されていない。
・情報系と行為系が同一項目にまとめられている。

【発話機能の分析における問題点】
・機能を発話者の属性や話者間の関係に注目して分析していない。
・自然談話における文脈や音声に依拠した発話文の分析が行なわれていない[66]。
・朝鮮語談話における発話機能に関する記述は、ほとんど見当たらない。

---

[65] このように談話展開や発話連鎖という観点も考慮し分類に取り入れている点は、注目に値するといえる。なお、このような応答という概念自体は、早くは国立国語研究所（1960）における「表現意図」の分類に既に現れており、その中では対話における文は「相手に対して、あらたに何かを表現しようとする意図」と「相手のことばに対して、何かを表現しようとする意図」に分類されるとの説明がされている。なお、Halliday（1985）は、Schegloff and Sacks（1973）の隣接ペアの概念を適用し、すべての発話はまず要求（demanding）と付与（giving）に分けられるとしている。

[66] 特に朝鮮語の研究においてその傾向が強い。朝鮮語の研究においても임규홍（2010）、박재희（2012）、김수태（2013）などのように特定の形態を扱った研究や、김지현（2002）、정명숙, 최은지（2013）などのように中間言語（第二言語学習者の言語）を扱った研究においては、それを機能という観点からみる試みが行なわれているが、それをより広い談話という視座から捉えた研究は、今もって少ない状況にある。

次項では、これらの内容をふまえたうえで、本書における発話機能の分類を設定し、談話における言語事実に即したより詳細な記述を試みることにする。

3.2.2. 本書における発話機能の分類と出現様相

3.2.2.1. 発話機能の分類

続いて、本書における発話機能の分類と定義についてみることにする。本書では、3.2.1.でみた先行研究における分類上の不備を補完し、発話機能に以下のような下位分類を立てることにする。ここでは、日本語による作例とともに示す。

【本書における発話機能の分類】
①注目要求

　呼びかけなど、発話者や発話、事物の存在・状況への認識を求める発話。
　（例）すみません！／あのー…。／ほら、あれ…。／えーっとですね。

②注目提供

　対話者による**注目要求に対する直接的な応答発話として**、対話者や先行発話、事物の存在・状況への認識を提供する発話。また、情報要求（行為要求）に対し、実質的内容を含まない認識のみを提供する発話。フィラー（あいづち）など。
　（例）はい。／ええ。／あー。／うーん。／そうですね。／いえいえ。

③注目表示

　対話者による明示的な**注目要求によらず**、対話者や先行発話、事物の存在・状況への認識を表示する発話[67]。フィラー（あいづち）など。
　（例）②に同じ

④情報要求

　情報や評価、意志などの実質的内容に関する説明などを求める発話。

---

[67] 情報要求（行為要求）に対するフィラー（あいづち）による応答発話がこの項目に含まれることについては、6.2.3.2.で扱う。脚注109も参照。

(例) 面白いですよね。/あ、名古屋ですか？/それは、どういうことですか？/お名前は…？

⑤**情報提供**

対話者による**情報要求（行為要求）に対する直接的な応答発話として**、情報や評価、意志などの実質的内容を提供する発話。

(例) A：お名前は…？　　【情報要求】
　　 B：徳川と申します。【情報提供】

⑥**情報表示**

対話者による明示的な情報要求によらず、情報や評価、意志などの実質的内容を表示する発話。

(例) A：大須観音に一度行ってみたいなぁ。　【情報表示】
　　 B：でも、名古屋といえばやっぱり名古屋城でしょう。開府400年の歴史は、一見の価値ありですよ。【情報表示】(2文とも)

⑦**行為要求**

勧誘、依頼、勧告、命令などをする発話。

(例) 一緒に行こうよ！/ちょっとここに書いてもらえませんか。/早く教えろって…！

⑧**談話表示**

談話の展開そのものに言及する発話。談話標識（discourse marker）となる。

(例) あ、だから…。/うーん、でも…。/じゃあ…。

　このように、本書における発話機能の分類では、情報と意志を「情報」項目に合流させたほか、**図3-2**のモデルが示すように、**要求を表す発話に対する発話を「提供」、要求を表す発話によらず出現した発話を「表示」として区別する**ことにする。具体的には、①注目要求に対する発話を②注目提供、④情報要求に対する発話を⑤情報提供として項目化し、それぞれの発話機能間の関係を明確にする。

　なお、本書では上述のとおり、発話機能の分類において注目、情報、行為を区別しているが、意志については情報項目の中に含めており、この両者を区別

【図3-2】本書における要求、提供、表示認定の基本的モデル

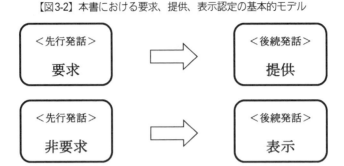

していない。ただし、このうち情報要求を表すものについては、第4章で談話機能という観点からさらなる細分化をすることにする。

3.2.2.2. 発話機能による発話文の出現様相

続いて、発話機能の各項目が、3.1.1.3.でみた発話形式により、いかなる出現を示すかをみることにする。発話形式による発話機能ごとの出現状況は、**表3-15**のとおりである。

発話機能の出現分布を形式ごとにみてみると、まず、完全文は両言語ともに⑥情報表示、④情報要求で高い生起比率を示していることがわかる。両言語の比較では、⑥情報表示は朝鮮語で特に高い比率をみせており、カイ二乗検定の結果でも0.1%水準の有意差がみられることが確認された（$p<0.001$）。

次に、終助詞／丁寧化のマーカー終了発話文は、形態論的な特徴においては類似した特徴を持つ一方で、発話機能という観点からみた場合には、大きく異なる特徴を持つことが確認される。つまり、日本語の終助詞終了発話文は⑥情報表示で高い生起比率をみせる一方で、朝鮮語の丁寧化のマーカー終了発話文は④情報要求で高い生起比率をみせており、カイ二乗検定の結果でもそれぞれ0.1%水準の有意差がみられることが確認された（$p<0.001$）。

さらに、フィラーについてみると、両言語ともに③注目表示で圧倒的に高い生起比率を示していることが確認される。また、両言語の比較では、②注目提供は日本語で高い生起比率をみせており、カイ二乗検定の結果でも5%水準の有意差がみられることが確認された（$p<0.05$）。

【表3-15】発話形式による発話機能ごとの出現数と生起比率

日本語談話

	非中途終了発話文			中途終了発話文	計
	完全文	終助詞終了発話文	フィラー		
①注目要求	30（1.9%）	2（1.5%）	3（0.3%）	17（1.2%）	52（1.2%）
②注目提供	51（3.2%）		163（17.2%）	34（2.3%）	248（6.0%）
③注目表示	167（10.4%）	5（3.7%）	767（81.1%）	92（6.2%）	1,031（24.8%）
④情報要求	500（31.2%）	6（4.4%）	7（0.7%）	343（23.2%）	856（20.6%）
⑤情報提供	157（9.8%）	11（8.1%）	5（0.5%）	227（15.4%）	400（9.6%）
⑥情報表示	690（43.0%）	110（80.9%）	1（0.1%）	739（50.0%）	1,540（37.0%）
⑦行為要求	8（0.5%）			11（0.7%）	19（0.5%）
⑧談話表示		2（1.5%）		14（0.9%）	16（0.4%）
計	1,603（100%）	136（100%）	946（100%）	1,477（100%）	4,162（100%）

朝鮮語談話

	非中途終了発話文			中途終了発話文	計
	完全文	丁寧化のマーカー終了発話文	フィラー		
①注目要求	9（0.5%）		1（0.1%）	19（1.7%）	29（0.7%）
②注目提供	21（1.2%）		136（13.5%）	23（2.0%）	180（4.5%）
③注目表示	95（5.6%）	9（7.4%）	839（83.5%）	59（5.2%）	1,002（25.3%）
④情報要求	510（29.9%）	72（59.0%）	20（2.0%）	228（20.2%）	830（21.0%）
⑤情報提供	192（11.3%）	24（19.7%）	7（0.7%）	160（14.2%）	383（9.7%）
⑥情報表示	837（49.1%）	17（13.9%）	2（0.2%）	610（54.1%）	1,466（37.0%）
⑦行為要求	41（2.4%）			18（1.6%）	59（1.5%）
⑧談話表示				10（0.9%）	10（0.3%）
計	1,705（100%）	122（100%）	1,005（100%）	1,127（100%）	3,959（100%）

各セル内：当該発話文の出現数（生起比率）

　最後に、中途終了発話文は、両言語ともに⑥情報表示、④情報要求で高い生起比率を示していることがわかる。また、両言語の比較では、④情報要求は日本語で、⑥情報表示は朝鮮語で比較的高い生起比率を示していることが確認される。**表3-4**で中途終了発話文は、そもそも実数の比較において日本語において朝鮮語より350例多い用例が確認されることをみたが、このように日本語談

話で中途終了発話文が選択されやすい要因については、本書における分析内容とも大きく関わるもので、第4章から第8章において詳細な議論を行なっていくことになる。

　以上、発話形式による発話機能の出現様相をみてきたが、これらの中でも談話全体における⑥情報表示、④情報要求、⑤情報提供の出現数に注目してみると、日本語談話では2,796発話（67.2%）、朝鮮語談話では2,679発話（67.7%）の出現が確認されており、それぞれ総発話文数の7割弱を占めていることがわかる。これらはいずれも情報の授受に関わる項目であり、両言語の談話における発話文の機能が相互作用の本質と大きく関わっていることを示すものである。本書では、次章以降において、本項でみたデータがいかなる意味を持つのかを解明するために、情報の授受を担う発話群にみられる形式と機能の関係についてより詳細な議論を行なっていくことにしたい。

3.3. まとめ

　本章では、日本語と朝鮮語の談話における品詞分類、用言の活用形、発話形式に関する理論的枠組みを構築した後、主要な先行研究において、中途終了発話文、発話機能がどのように論じられてきたかを概観し、それらに対する本書の定義、下位分類を示した。また、それだけでなく、それぞれの出現状況について計量化したデータもともにみた。

　本書における中途終了発話文の定義は、形態論、統語論、談話文脈、音声といった観点を取り入れており、発話に関わるより広い要素を考慮した精密な同定を可能にするものである。

　データの分析では、中途終了発話文の談話全体における生起比率は、日本語では35.5%、朝鮮語では28.5%を示し、日本語でより高い数値をみせること、形態論的下位分類は日本語、朝鮮語ともに9種の類型が確認されることが明らかになった。また、談話における中途終了発話文の出現は、発話者の属性や対話者との関係という観点からみたときに、日本語談話で相対的に広い使用域を持つということも確認された。これは、日本語談話では40代の話者や初対面、

対年上／年下といった関係において、中途終了発話文が多く出現することと関係するものである。

　さらに、本書における今一つの分析項目である発話機能については、8種の機能項目が確認され、日本語と朝鮮語の発話文が、相互作用において情報の授受に関わる発話機能を強く有していることも確認した。

　以上のように、本章では本書における分析項目について理論の前提を確立するとともに、具体的データを概観してきた。このうち3.2.2.2.では、談話における発話文は、情報の授受という相互作用の根幹に関わる機能を相対的に多く持つことを確認したが、このことはつまり発話文の分析にあたっては、情報の授受に関する機能項目に特に注目することで両言語の談話の本質に接近することが可能になるということを意味するものである。本書では、こうした事実をふまえたうえで、第4章では情報の授受のうち情報要求を表す発話について、それに続く第5章では情報要求発話と先行発話との関係について、さらに第6章では情報要求（質問）発話とそれに後続する応答発話との関係について分析を行なうことで、中途終了発話文をはじめとする発話文が、両言語の相互作用においていかなる発話装置として機能しているかを探っていくことにする。

　本章で先行諸研究についてみた際にも述べたように、これまでのところ日本語と朝鮮語の談話にみられる中途終了発話文（相当形式）を扱った対照研究は、まだそう多くないのが現状である。また、研究が少ないこととも関連して、発話文を記述する際に形式と機能の関係について詳細な分析を行なった論考、さらには発話者の属性や対話者との関係までを視野に入れて分析を行なった論考なども、ほとんど存在していないといってよい。本書では、これらの既存の研究の問題点を補完しうる実証的かつ、体系的な言語記述を行なっていくことにしたい。

第 4 章 形式と機能の関係

情報要求発話を中心に

本章では、第3章でみた発話形式と発話機能の定義を前提として、日本語と朝鮮語の談話における両者の関係についてみていく。具体的には、形式は談話に特徴的な形式である中途終了発話文を、機能は情報の授受に関わる発話として両言語の談話に多く現れ、対話者への強い働きかけを表す情報要求発話を取り上げ、その出現様相を対照することにする[68]。

　分析に際しては、(1) 発話者の属性（性別、年代）、および対話者との関係（親疎、年齢差）によって、形式と機能はいかなる出現の差異をみせるのか、(2) それらの発話におけるポライトネス（発話意図）は、いかなる特徴を持つのか、という2つの観点を取り入れる。本章の分析を通じて、日本語と朝鮮語の談話に現れる発話文の形式と機能がいかなる関係を持ち、相互作用の促進に貢献しているのか、その一端を示すことが可能になるはずである。

4.1. 情報要求に関する先行研究と分類

4.1.1. 情報要求に関する先行研究

　本項では、議論の前提として、発話機能の一部を成す情報要求が、主要な先行研究においてどのように分類されてきたかを概観する。既存の研究における情報要求の下位分類と記述は、以下のとおりである[69]。

---

[68] Fishman (1978) や細川 (1987)、増田 (2006) などでも情報要求（質問）は、対話者を対話、あるいは相互作用に巻き込む強力な手段として機能する発話であるとの指摘がある。本書で情報の授受に関する発話を分析する際して、まず情報要求に注目したのもこの発話が他者への働きかけを最も強く持つものであるからに他ならない。

[69] 以下では、当該論考における本書の「情報要求」に相当する術語については、「要求表現」のように「　」付きで示すことにする。なお、各論考の〈見出し部分〉における（　）は、分析対象となる言語を示しており、「日」は日本語を、「朝」は朝鮮語をさす。定義に関する具体的な記述がない論考に関しては、分類項目のみを提示する。

国立国語研究所（1960）
〈「要求表現」（質問的表現）の分類（日）〉
①確認要求の表現：自己の判断について、相手の確認を求めることの明瞭な表現。
②判定要求の表現：相手に「yesかnoか」の判定を求める表現。
③選択要求の表現：「AかAではないか」、「AかBか」を問う表現。
④説明要求の表現：特定の時・所・人などをさだめえない「不定詞」を含み、その内容を説明することを相手に求めるもの。

国立国語研究所（1987）
〈「疑問要素文」の分類（日）〉
①質問：尻上がり。カナ・カシラなどの自問を含む。
②納得・詰問：尻下がり。

佐々木（1996）
〈「情報要求」の分類（日）〉
①会話進行のテクニカルな側面を促進させる機能
　会話展開：相手のメッセージを理解する為の情報要求機能（明確化、確認、聞き返し、先取り確認）
　表現スタイル：自分のメッセージを理解し易くする為の情報要求機能（共有確認、理解確認、知識確認、自問、間接話法、言い換え、否定言い換え、例示言い換え、言語知識援助）
②話題や相手の情報を収集する機能
　事実情報：外界の事実を要求する機能（個人情報、一般情報、状況情報、勧誘・要求）
　意見・感想：相手に意見や感想を要求する機能（意見、感想）

曺英南（2004）
〈言いさし表現の「情報要求」の分類（日・朝）〉

①質問、②確認要求

鈴木（2007）
〈「要求」の分類（日）〉
①確認要求：自己の判断について相手に確認を求める表現。文末に「ネ」、「ナ」などの終助詞を伴うもののほか、「〜デショウ？」、「〜ジャナイ？」、「〜ジャナイカ？」などの文末助辞を伴うものがある。
②判定要求：相手に肯定か否定かの判定を求める表現。
③選択要求：AかBかを提示し、相手に選択させる表現。
④説明要求：特定の時・所・人をさだめえない不定詞を含み、その内容を説明することを相手に求めるもの。
⑤単独行為要求：話し手が参加しない、聞き手単独の行為を求める発話で、「依頼」・「勧告」・「命令」などがある。
⑥共同行為要求：「勧誘」などのように、話し手自身も参加する行為への参加を求める発話。

吉田（2008）
〈「情報要求表現」の談話展開機能の分類（日）〉
①同意・同調を求める機能：文脈や内容面で相手に同意・同調を求める。
②意味交渉を求める機能：不明瞭な意味を確認するための相互交渉を求める。
③事実の情報を求める機能：相手や話題に関する事実の情報を求める。
④「意見や感想」を求める機能：相手の意見や感想を求める。

国立国語研究所（1960）では、日本語談話における表現意図の中でも「要求表現」（さらにその中でも「質問的表現」）の下位分類として確認要求、判定要求、選択要求、説明要求の4種を認めている。これらは、発話文の談話機能により名付けられたものであるが、実際には、例えば確認であれば「「ネ」「ナ」などの終助詞」、「〜ダロウ？」、「〜デショウ？」、「〜ジャナイ？」といったよう

に、それぞれの項目に特徴的な言語形式が示されており、形態・統語論的側面からの規定ともいえるものになっている。

　国立国語研究所（1987）では、日本語談話における7種の文末の表現意図のうち、「疑問要素文」を「終助詞カ、上昇音調、聞き手に向けられたダロウ・デショウ、などのいずれかで終わる」発話文として、質問と納得・詰問の2種に分けているが、この中では例えば「日本には、いつー…［→］」（作例）といった発話文は想定されておらず、あくまで形態・統語論レベル、あるいは音声的に疑問文と判断されるもののみが、その範疇に入れられている[70]。

　佐々木（1996）は、英語談話におけるquestions（質問）を分類したFreed（1994）の説[71]を援用し、日本語の「情報要求」を機能論的観点から19種に細分化している。しかし、同論文では分類項目をあげるのみにとどまっており、それぞれの項目の生起比率や用例については明示されていない。このように分類項目を細分化して設定することは、理論上は可能であっても、実際に談話に現れる発話の機能は重層性を有しており、それらの有機的な関係を説明しない限り、いずれかの項目へ分類することは困難であると考えられる。

　曹英南（2004）では、日本語と朝鮮語の言いさし表現の機能のうち、「情報要求」の下位分類として、質問、確認要求の2種を設定している。ただし、同論文で分析対象としている談話資料においては、情報要求を表す言いさし表現は、日本語で11例、朝鮮語で8例しか確認されておらず、各言語における出現の特徴を分析するにはあまりに少ない用例となっている。

　鈴木（2007）では、日本語談話における発話機能の中でも「要求」について、6種の下位分類を設定している。しかし、これはよくみると、やや範疇の異なるものが混在している印象を受ける。具体的には、①〜④は国立国語研究所（1960）を援用したもので、情報（把握）について、やはり形態・統語論的側面

---

[70]　鈴木（2007）や山岡（2008）も指摘しているように、分析対象が会話の映像教材のシナリオであることによるところが大きいようである。この他にも発話文の同定に際して、フィラー（あいづち）が考慮されていない点も問題となりえよう。

[71]　Freed（1994）では、Taxonomy of question functions（p.626：質問機能の分類）として16種の下位分類を設定している。

から分類したものである。ところが、国立国語研究所（1987）を援用した⑤・⑥は、行為というレベルからの分類となっており[72]、異なる範疇のものが並列におかれた分類となっている。

　吉田（2008）は、中上級の日本語学習者と日本語母語話者の談話展開を「情報要求表現」に着目して分析したもので、この中では、Freed（1994）や佐々木（1998）における分類を参考に同意・同調、意味交渉など、意味・機能論的なレベルから4種の談話展開機能を設定している。

　以上、主に日本語を対象とした主要先行研究における情報要求の下位分類を概観してきたが[73]、これらの分類をみると、国立国語研究所（1960, 1987）、鈴木（2007）などのように形態・統語論（形式）レベルに着目して分類したものもあれば、佐々木（1996）や吉田（2008）などのように意味・機能論レベルに着目して分類したものもあり、その分類法は様々であることがわかる。先に3.2.1.で概観した主要先行研究における発話機能の分類でも、そのすべてに（情報）要求項目が立てられていたように、情報要求発話は談話という相互作用の場において、最も頻繁に現れる可能性の高い発話の1つである。また、それだけでなく同発話は、ターンの交替や話題転換に大きな役割を果たすものでもある。そのため、同機能を談話の中で適切に抽出、分類し、言語事実に即した記述をしていくことにより、両言語の相互作用そのものの本質に迫ることが可能になると考える。

4.1.2. 本書における情報要求の分類

　発話機能を小泉編（2000）や佐久間（2006）などに従い、「言語の『意味』と

72　「働きかけの種類（聞き手メアテの条件）」の中の「行為要求」における下位分類である。

73　脚注66で朝鮮語においては、談話における発話機能を扱った論考が少ないことを指摘したが、発話機能の一部を成す情報要求についても状況は同様である。見当たるものとしては、박선옥（2003）、배승주（2011）といった朝鮮語教育（教室談話）に関するものがほとんどである。

『形式』が結びつくことで生じる言語的コミュニケーションを遂行する『働き』であるとしたときに、その同定に際しては、それをどの側面から捉え、記述していくかということが問題になる。4.1.1.でみた情報要求の分類に関しても、形式なら形式、意味なら意味といった異なる次元の分類がむやみに混在することは分析の客観性を失わせる原因になるが、これらの有機的な関係（あるいは機能の重層性といってもよいだろう）をどのように記述するかについては十分に考慮されなければならない[74]。

例えば、試みに［例4-1］のような相互作用について考えてみよう。発話者Bによる情報要求表現は、次の異なる3つのレベルを持つということができよう。

　　　　［例4-1］（作例）
　　　　　A：ちょっと、それとってもらえない？
　　　→B：これ…？　［↑］
　　　　　A：いや、その右の…！

　　　　1. 発話機能：情報要求〈（発話文そのものの）機能レベル〉　⇒　3.2.2.1.
　　　　2. 文法機能：疑問文（真偽疑問文）〈形態・統語論、音声レベル〉
　　　　3. 談話機能：意味交渉・確認〈（意味的）語用論、発話意図レベル〉

ここで発話者Bは、言語表現上は情報要求を表す疑問文による発話を行なっているが、実際にはAがとってほしいと考えているもの（＝それ）が、Bの考えるもの（＝これ）で合っているかを確認することを意図して行なわれた発話であると理解することができる。すなわち、実際の談話に現れる情報要求の発話文は、ある種の発話意図を伝達するために用いられていると考えることがで

---

[74] 日本語教育における教材開発に関して述べた佐久間（2006）では、「機能文型」の構成要素として、実質（内容）機能、構文（文法）機能、談話（文章・談話）機能の3種をあげており、これらの3つの機能は、対立や排除しあう種類のものではなく、相互補完的に機能するものであるとしている。

きるわけであるが、本書ではこうした談話における複数の機能レベルの存在を認めたうえで、上記の1.～3.のレベルを厳密に区別し、1.情報要求を表す発話が、どのような3.談話機能（発話意図）で使われているかを分析していくことにする。

以上のような点をふまえ、本書では3.2.2.1.において提示した発話機能の中でも、情報要求の「談話機能」を次のように定めることにする。以下では、日本語の作例とともに示す[75]。

【本書における情報要求発話の談話機能の分類】
①同意、同調を求める発話
　　発話者による情報や評価、意志などの説明に対する、対話者の同意や同調を求める発話。
　　（例）久屋大通ですよね。／難しいじゃないですか。
②意味交渉、確認を求める発話
　　先行する対話者の発話において一度示された情報や評価、意志などの説明について、意味の明確化や理解の確認のために再説明を求める発話。繰り返しや間投詞（フィラー）、指示代名詞の使用などを典型的な用例とする。
　　（例）えっ、名古屋…？［↑］／それは、どういうことですか？
③情報を求める発話
　　対話者に任意の話題に関する新たな情報や評価、意志などの説明を求め、談話を展開する発話。
　　（例）お名前は…？／どう思われますか？

75　情報要求文の文法機能について、例えば、宇佐美（1995）では、1.真偽疑問文（Yes-No Question）、2.補充疑問文（WH Question）、3.選択疑問文（Alternative Question）に分類している。ただし、本章では談話文法という立場から形式と機能の関係について論じることを主たる目的としているため、文法機能そのものについては、深くは立ち入らないことにする。

4.2. 情報要求を表す発話文の出現様相

本節では、4.1.でみた情報要求を表す中途終了発話文が両言語の談話において、いかなる出現様相をみせるかを分析していくことにする。なお、本研究では、談話における中途終了発話文の出現についてみる際には、他の発話形式との比較を通じてその出現の特徴を解明していくという方法をとる。そのため、ここではまず、各言語の談話全体において情報要求の発話が現れる際にどのような発話形式が選択されているかを改めてみておくことにしよう。**表3-15**をもとに、全情報要求発話に対する各発話形式の出現様相を示すと**表4-1**のようになる。

表4-1をみると、情報要求を表す発話文のうち、丁寧化のマーカー終了発話文は朝鮮語で、中途終了発話文は日本語でより高い生起比率を示していることがわかり、これらの項目はカイ二乗検定の結果でも0.1%水準の有意差があることが認められた（$p<0.001$）。一方で、完全文は日本語と朝鮮語で大きな差を示していないこと、フィラーが単独で現れて情報要求を行なう例は、両言語ともにそう多くないことも確認される。

【表4-1】発話形式による情報要求発話の出現数と生起比率

		日本語		朝鮮語	
非中途終了発話文	完全文		500 (58.4%)		510 (61.4%)
	終助詞／丁寧化のマーカー	513 (59.9%)	6 (0.7%)	602 (72.5%)	72 (8.7%)
	フィラー		7 (0.8%)		20 (2.4%)
中途終了発話文		343 (40.1%)		228 (27.5%)	
計		856 (100%)		830 (100%)	

各セル内：当該発話文の出現数（生起比率）

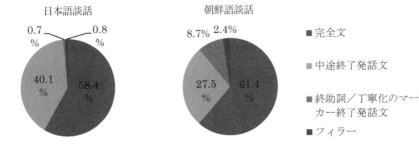

また、談話における情報要求発話は、日本語でも朝鮮語でもその9割ほどが完全文、または中途終了発話文により現れており、終助詞／丁寧化のマーカー終了発話文、フィラーはそう多くないことも確認することができる。特に日本語においては、終助詞終了発話文とフィラーの出現が極めて少なくなっており、このような出現状況を考えたときに、情報要求発話について記述するにあたって、終助詞／丁寧化のマーカー終了発話文、フィラーという個別の項目の出現に注目することは、あまり重要な意味を持たないことがわかる。そこで、本書ではこうした言語事実をふまえ、以降において上記の発話形式についてみる際には、完全文、終助詞／丁寧化のマーカー終了発話文、フィラーの3項目については、「非中途終了発話文」として上位項目にまとめ、基本的には、中途終了発話文と非中途終了発話文という対比の中で分析を行なっていくことにする[76]。

　次に、情報要求発話の談話機能別の出現様相を発話形式ごとにみてみることにしよう。

　表4-2をみると、日本語でも朝鮮語でも発話形式を問わず、情報要求発話の談話機能は、③情報で高い生起比率をみせていることが確認される。また、両言語の比較では発話形式を問わず、①同意・同調は日本語で、②意味交渉・確認、③情報は朝鮮語で高い生起比率をみせており、両言語の出現をカイ二乗検定にかけた結果をみても、非中途終了発話文は①同意・同調では0.1%水準の有意差が（$p<0.001$）、②意味交渉・確認では1%水準の有意差が（$p<0.01$）、③情報では5%水準の有意差が（$p<0.05$）認められること、また、中途終了発話文は①同意・同調で5%水準の有意差が（$p<0.05$）認められることが確認された。

　以上のように、日本語では①同意・同調、朝鮮語では②意味交渉・確認、③情報で相対的に高い生起比率を示すのは、신원선（2010）においても言及があるように、日本語母語話者は同意・同調を伴いながら対話者の私的領域を侵す

76　なお、朝鮮語の丁寧化のマーカー終了発話文は、相対的に高い生起比率をみせているが、3.1.3.3.1.1.の**表3-5**でも示したとおり、すべての用例は初対面談話の中でのみ確認されており、友人談話においては1例も確認されていない。そのため、同発話形式が初対面談話においてどのような出現様相を示すかについては、注目しておき、4.2.1.でふれることにする。

【表4-2】情報要求発話の談話機能別出現数と生起比率

日本語談話

	非中途	中途
①同意・同調	202（39.4%）	66（19.2%）
②意味交渉・確認	93（18.1%）	76（22.2%）
③情報	218（42.5%）	201（58.6%）
計	513（100%）	343（100%）

朝鮮語談話

	非中途	中途
①同意・同調	149（24.8%）	27（11.8%）
②意味交渉・確認	153（25.4%）	61（26.8%）
③情報	300（49.8%）	140（61.4%）
計	602（100%）	228（100%）

セル内：当該発話文の出現数（生起比率）
中　途：中途終了発話文
非中途：非中途終了発話文

ことに配慮した話題展開を好むのに対し、朝鮮語母語話者は対話者の発話内容に関する意味の明確化や理解の確認、情報や評価、意志などに関する直接的な質問を伴った話題展開を好むというコミュニケーションスタイルの相違を表したものだといえる。また、発話形式という点からみたときに非中途終了発話文においてより強い有意差を示すのは、いずれの言語においても発話者が明示的な文末形式を持つ発話形式により、①〜③の発話意図をより明確に伝達しようとしていることに起因するものと考えられ、両言語のコミュニケーションスタイルの相違をより如実に表したものであるということができるだろう[77]。

4.2.1. 親疎関係による考察

　ここからは、両言語の情報要求発話が、親疎関係、性別、年代、年齢の上下差といった諸要因により、いかなる出現の差異をみせるかを発話形式に注目し

77　①〜③の各用例については、次項以降で随時、提示することにする。

て分析していく。まず、本項では対話者との親疎関係による情報要求発話の出現様相について分析する。親疎関係による情報要求発話、およびその談話機能別の出現様相は、**表4-3**、**表4-4**のとおりである。

　まず、**表4-3**に示された親疎関係による両言語の情報要求発話の出現を比較すると、初対面談話において、非中途終了発話文は朝鮮語で、中途終了発話文は日本語で相対的に高い生起比率をみせていることがわかり、これらの項目はカイ二乗検定の結果でも0.1%水準の有意差が認められた（$p<0.001$）。一方で、友人談話においては、発話形式による大きな出現の差異はみられないことも確認される。

　なお、発話形式ごとの出現についてもみてみると、中途終了発話文は両言語ともに友人談話においてより高い生起比率をみせていることが確認されるが、それは以下の［例4-2］、［例4-3］にみられるように、友人という気心が知れた間柄の会話では中途終了発話文がポジティブ・フェイス[78]に配慮したストラテジー、すなわちポジティブ・ポライトネス（positive politeness）として機能し、気軽さや相手への親近感を生み出すことに寄与するためである。

　　［例4-2］（日本語談話・友人）[79]
　　　　JNB：あと泣き上戸になるから…。
　→JN16：えっ、＜笑いながら＞えっ、なんで、なんで…？。［→］
　　　　　　　　　　　　　　　　　　　　　　　　　③情報
　　　　JNB：なんかね、歌いながら泣き出すの、私…。
　→JN16：＜笑いながら＞飲んだ時に…？。［↑］②意味交渉・確認
　　　　JNB：そう、何か歌ってる自分に悲しくなっちゃうんだよね。

78　Brown and Levinson（1987）におけるポライトネス理論を援用している。
79　第2章で述べたとおり、本研究では談話の文字化にあたって、宇佐美（2007）における「基本的な文字化の原則」を採用しているが、以降で具体的な用例を提示する際には紙面の関係上、便宜的にその中から発話者と発話内容に関わる部分のみを抽出して表記することにする。

第4章 形式と機能の関係

【表4-3】親疎関係による情報要求発話の出現数と生起比率

日本語談話

	初対面	友人
非中途終了発話文	316（63.8%）	197（54.6%）
中途終了発話文	179（36.2%）	164（45.4%）
計	495（100%）	361（100%）

朝鮮語談話

	初対面	友人
非中途終了発話文	390（82.1%）	212（59.7%）
中途終了発話文	85（17.9%）	143（40.3%）
計	475（100%）	355（100%）

各セル内：当該発話文の出現数（生起比率）

【表4-4】親疎関係による情報要求発話の談話機能別出現数と生起比率

日本語談話

	初対面		友人	
	非中途	中途	非中途	中途
①同意・同調	100（31.6%）	28（15.6%）	100（50.8%）	38（23.2%）
②意味交渉・確認	69（21.8%）	35（19.6%）	26（13.2%）	41（25.0%）
③情報	147（46.5%）	116（64.8%）	71（36.0%）	85（51.8%）
計	316（100%）	179（100%）	197（100%）	164（100%）

朝鮮語談話

	初対面		友人	
	非中途	中途	非中途	中途
①同意・同調	68（17.4%）	6（7.1%）	80（37.7%）	21（14.7%）
②意味交渉・確認	119（30.5%）	21（24.7%）	34（16.0%）	40（28.0%）
③情報	203（52.1%）	58（68.2%）	98（46.2%）	82（57.3%）
計	390（100%）	85（100%）	212（100%）	143（100%）

各セル内：当該発話文の出現数（生起比率）

[例4-3]（朝鮮語談話・友人）
　　KNB：나 우리집에서 저기 성남에서 일해, 성남에서….
→KN18：뭐 하는데［↑］, 거기서…？．［↑］③情報
　　KNB：마케팅, 기획….
→KN18：마케팅…？．［↑］②意味交渉・確認
　　KNB：응, 마케팅기획부….
（日本語訳）
　　KNB：俺、うちから、あの、城南（ソンナム）で働いてるんだ、城南（ソンナム）で…。
→KN18：何してるの［↑］、そこで…？［↑］
　　KNB：マーケティング、企画…。
→KN18：マーケティング…？［↑］
　　KNB：うん、マーケティング企画部…。

ただし、その一方で両言語の初対面談話における中途終了発話文の出現を比べてみると、上述のとおり、その生起比率は日本語の方で高い数値を示しており（出現の実数基準では、朝鮮語の約2倍）、日本語で中途終了発話文がより多く出現していることがわかる。具体的には、以下のような場合である。

[例4-4]（日本語談話・初対面）
　　JN4：まぁ、今の制度はあんまよく体験はしてないんで…。
　　JNB：うーん。
　　JN4：まぁ、聞く話ぐらいでは知ってるって感じで…。
→JNB：あ、じゃあ、今は弁護士さん…？。［↓］③情報
　　JN4：弁護士になる最終の試験を一＜笑いながら＞来月控えてるっていう…。

宇佐美（1995）でスピーチレベルが常体レベルに分類されることが多いとされている中途終了発話文が、このように日本語談話の初対面談話において高い

生起比率を示すのはなぜであろうか[80]。それは以下の2つの理由によるところが大きいと考えられる。

　1つめは、日本語の初対面談話においては、対話者の私的領域に踏み込む可能性のある直接的な情報要求を避けるとともに対話者にターンを譲渡することにより、相互作用を促進させようとする意識が働くことによるものである。上掲の［例4-4］の場合を考えてみると、「弁護士さん…？。［↓］」という中途終了発話文による情報要求発話は、例えば「今は弁護士さんなんですか？」といった完全文による発話と比べたとき、対話者の私的領域に踏み込むことへの発話者のためらいや遠慮を表しており、対話者の心的負担の軽減を可能にする表現になっている。このような場合、中途終了発話文は、対話者のネガティブ・フェイスに配慮したストラテジー、すなわちネガティブ・ポライトネス（negative politeness）として機能しているとみることができる。

　また、2つめは、初対面の話者との対話においては、敬体による発話を基本としながらも一部に常体レベル（寄り）の発話を交えることにより、対話者との心的距離を縮めようとすることがあるという日本語談話の特徴に起因するものである[81]。これは主となる敬体発話の中に効果的に常体発話を挿入することにより、対話者への一定の待遇表示をしつつも、より親密な関係の中で談話を展開することが可能になるというもので、このような場合、中途終了発話文は（友人談話に現れるものほど強くはないにせよ）、ポジティブ・ポライトネスとして機能しているとみることができる。

　以上のように、日本語の初対面談話においては、情報要求を表す中途終了発話文がある時には対話者との距離を縮めるためのストラテジーとして選択され、そしてまたある時には対話者の私的領域に踏み込むことを避けるためのストラテジーとして選択されており、広い使用域を持つことから、高い生起比率を示

80　中途終了発話文のスピーチレベルの同定に関して、金珍娥（2002）では言いよどみによるものは「no-marker」に、話し手の意志による発話終了の場合は、述部があれば「non-polite form」に、述部がなければ「no-marker」に分類しうるが、これらは研究者の主観に流れやすいとしている。

81　陳文敏（2000）でも報告されたことがある。

すのである。中途終了発話文という同一の発話形式が一見、相反する2つのストラテジーとして機能しながらこのように対話者と微妙な関係を維持し、円滑な相互作用の促進に関わっているということは興味深い現象だといえよう[82]。

ところで、今みたように、朝鮮語の初対面談話では中途終了発話文の生起比率が相対的に低くなっているが、これは朝鮮語の初対面談話において非中途終了発話文、その中でも特に中途終了発話文に「-요/이요」（丁寧化のマーカー）が接続した丁寧化のマーカー終了発話文が多く出現していることと関係があると思われる（390例中72例：18.5%）。すなわち、発話者が中途終了発話文により情報要求をすることによって、対話者に丁寧さに欠ける発話であると受け止められることを回避しようとした結果である可能性が高い。

[例4-5]（朝鮮語談話・初対面）
→KNB：네＜웃음＞, 아, 그럼 전공이 어떤 거세요？. ③情報
　KN8：생명공학과요.
→KNB：생명공학과요？. [↑] ②意味交渉・確認　※非中途終了発話文
　　　　　　　　　　　　　　　（丁寧化のマーカー終了発話文）

（日本語訳）
→KNB：はい＜笑い＞、あ、じゃあ、専攻は何ですか？
　KN8：生命工学科です。
→KNB：生命工学科ですか？［↑］

さらに、**表4-4**により、情報要求発話の談話機能別の生起比率の分布をみると、非中途終了発話文の①同意・同調は、親疎を問わず日本語で高い生起比率をみせており、カイ二乗検定の結果でも初対面談話では0.1%水準の有意差が（$p<0.001$）、友人談話では5%水準の有意差が（$p<0.05$）確認された。その他に

82　申媛善（2006）では、日本語母語話者による初対面談話において情報要求発話が現れる際には、〈中途終了〉のほか、発話の最後の〈いいよどみ〉、「あ」、「え」など対話者の発話に対して承認を暗示するマーカーをつける〈承認表示〉が現れる場合が多く（〈　〉内は、いずれも申媛善の術語）、これらにより情報要求発話の唐突さを軽減しようとしているとの分析がある。

も非中途終了発話文は、初対面談話における②意味交渉・確認や、友人談話における③情報において朝鮮語で高い生起比率をみせており、ともに5%水準の有意差が確認された（$p<0.05$）。

4.2.2. 性別による考察

次に、本項では発話者の性別による情報要求発話の出現様相について分析する。発話者の性別による情報要求発話、およびその談話機能別の出現様相は、**表4-5**のとおりである。

まず、**表4-5**に示された性別による両言語の情報要求発話の出現を比較すると、男性、女性ともに非中途終了発話文は朝鮮語で、中途終了発話文は日本語で相対的に高い生起比率をみせており、換言すれば、男女の差は形式の差に大きく関与していないことがわかる（なお、それぞれカイ二乗検定の結果では0.1%水準の有意差が認められた（$p<0.001$））。

また、情報要求発話の談話機能別の出現を示した**表4-6**をみると、非中途終了発話文の①同意・同調は、男女を問わず日本語で高い生起比率をみせており、男性では中途終了発話文においても日本語で高い生起比率をみせていることがわかる。これらは、カイ二乗検定の結果でも非中途終了発話文は男女ともに0.1%水準の有意差が（$p<0.001$）、中途終了発話文は1%水準の有意差が（$p<0.01$）確認されている。さらに、発話形式を問わず男性の③情報や女性の非中途終了発話文の②意味交渉・確認は、朝鮮語で生起比率が高くなっており、いずれも5%水準の有意差が確認された（$p<0.05$）。

[例4-6]（日本語談話・男性）
→JNB：＜笑い＞これ日大じゃなくて良かったね、ここ…。[→]
　　　　　　　　　　　　　　　　　　　　　　　　　①同意・同調
　JN18：あいつら何してんだと思われるもんな。
　JNB：これだから明大だったから、言ったけど…。

【表4-5】性別による情報要求発話の出現数と生起比率

日本語談話

	男性	女性
非中途終了発話文	269（59.6%)	244（60.2%)
中途終了発話文	182（40.4%)	161（39.8%)
計	451（100%)	405（100%)

朝鮮語談話

	男性	女性
非中途終了発話文	290（72.1%)	312（72.9%)
中途終了発話文	112（27.9%)	116（27.1%)
計	402（100%)	428（100%)

各セル内：当該発話文の出現数（生起比率）

【表4-6】性別による情報要求発話の談話機能別出現数と生起比率

日本語談話

	男性		女性	
	非中途	中途	非中途	中途
①同意・同調	103（38.3%)	43（23.6%)	98（40.2%)	23（14.3%)
②意味交渉・確認	55（20.4%)	42（23.1%)	40（16.4%)	34（21.1%)
③情報	111（41.3%)	97（53.3%)	106（43.4%)	104（64.6%)
計	269（100%)	182（100%)	244（100%)	161（100%)

朝鮮語談話

	男性		女性	
	非中途	中途	非中途	中途
①同意・同調	71（24.5%)	9（8.0%)	78（25.0%)	18（15.5%)
②意味交渉・確認	73（25.2%)	26（23.2%)	79（25.3%)	35（30.2%)
③情報	146（50.3%)	77（68.8%)	155（49.7%)	63（54.3%)
計	290（100%)	112（100%)	312（100%)	116（100%)

各セル内：当該発話文の出現数（生起比率）

[例4-7]（朝鮮語談話・男性）
　　KNB：참, 반에서 몇 등 정도예요?.
　　KN12：네?.
→KNB：내신은 얼마 정도 나오는⋯. ③情報
　　KN12：아-, 많이 떨어졌어요, 지금⋯.
　　　　　좀 곤란해요, ＜웃으면서＞말하기가⋯＜웃음＞.
　　KNB：아, ＜웃으면서＞곤란⋯＜웃음＞.
（日本語訳）
　　KNB：そうだ、クラスで（成績は）何位くらいなんですか？
　　KN12：はい？
→KNB：内申は、どのくらいある⋯。
　　KN12：あー、かなり下がりました、今⋯。
　　　　　ちょっと困りますね、＜笑いながら＞言うのは⋯＜笑い＞。
　　KNB：あ、＜笑いながら＞困る⋯＜笑い＞。

[例4-8]（朝鮮語談話・女性）
　　KN2：남자친구 있으세요?.
　　KNB：헤어졌어요, 또⋯＜웃음＞.
→KN2：또 헤어졌어요?. ②意味交渉・確認 ※非中途終了発話文
　　　　왜 자꾸 헤어지시지＜웃음＞?.
　　KNB：나이트를 한번 갈까＜웃음＞?.
（日本語訳）
　　KN2：彼氏はいますか？
　　KNB：別れました、また⋯＜笑い＞。
→KN2：また別れたんですか？
　　　　なんでいつも別れちゃうんでしょう＜笑い＞？
　　KNB：クラブに一度行こうかな＜笑い＞？

4.2.3. 年代による考察

　続いて、本項では発話者の年代による情報要求発話の出現様相について分析する。発話者の年代による情報要求発話、およびその談話機能別の出現様相は、**表4-7**、**表4-8**のとおりである。

　まず、**表4-7**に示された発話者の年代による両言語の情報要求発話の出現をみてみると、際立った有意差を示す年代、発話形式は確認されないことがわかる。しかし、これを出現数にも注目してみた場合には、日本語の40代における中途終了発話文の出現数は、朝鮮語の同年代の約2倍の実数を示しているほか、やはり日本語の10代においては中途終了発話文が同年代における情報要求発話の出現の約半数を占めており、中途終了発話文が相互作用の中でいかに大きな役割を果たしているかを知ることができる。なお、日本語談話では、40代話者においても中途終了発話文の出現が多く認められたが、朝鮮語では、年代が上がるほど中途終了発話文の使用比率が低くなっていることも確認することができる。

　また、情報要求発話の談話機能別の出現を示した**表4-8**をみると、非中途終了発話文の中で、10代、20代の①同意・同調は日本語で比較的高い生起比率をみせていることがわかり、カイ二乗検定による検定の結果でも1%水準の有意差が認められている（$p<0.01$）。その他にも20代の非中途終了発話文の③情報は朝鮮語談話で、20代の中途終了発話文の①同意・同調は日本語談話で高い生起比率を示しており、ともに5%水準の有意差が確認された（$p<0.05$）。

　　　[例4-9]（日本語談話・10代）
　　　　JN13：うーん、何か、友達が呼ばれてー、それに付いて行った。
　　　　JNB：あー。
　　→JN13：だけど、でも、みんなにさ、テレビ収録したんだから、映るって思うじゃん。[↓]　①同意・同調　※非中途終了発話文
　　　　JNB：うん。
　　→JN13：みんなに自慢するじゃん。[↓]
　　　　　　　　　　　　　　　　　　①同意・同調　※非中途終了発話文

【表4-7】年代による情報要求発話の出現数と生起比率

日本語談話

	10代	20代	40代
非中途終了発話文	97 (53.0%)	124 (65.3%)	113 (60.1%)
中途終了発話文	86 (47.0%)	66 (34.7%)	75 (39.9%)
計	183 (100%)	190 (100%)	188 (100%)

朝鮮語談話

	10代	20代	40代
非中途終了発話文	125 (62.2%)	135 (65.9%)	92 (71.3%)
中途終了発話文	76 (37.8%)	70 (34.1%)	37 (28.7%)
計	201 (100%)	205 (100%)	129 (100%)

各セル内：当該発話文の出現数（生起比率）

【表4-8】年代による情報要求発話の談話機能別出現数と生起比率

日本語談話

	10代		20代		40代	
	非中途	中途	非中途	中途	非中途	中途
①同意・同調	39 (40.2%)	17 (19.8%)	51 (41.1%)	19 (28.8%)	48 (42.5%)	14 (18.7%)
②意味交渉・確認	15 (15.5%)	22 (25.6%)	25 (20.2%)	16 (24.3%)	20 (17.7%)	15 (20.0%)
③情報	43 (44.3%)	47 (54.7%)	48 (38.7%)	31 (47.0%)	45 (39.8%)	46 (61.3%)
計	97 (100%)	86 (100%)	124 (100%)	66 (100%)	113 (100%)	75 (100%)

朝鮮語談話

	10代		20代		40代	
	非中途	中途	非中途	中途	非中途	中途
①同意・同調	28 (22.4%)	7 (9.2%)	31 (23.0%)	9 (12.9%)	36 (39.1%)	9 (24.3%)
②意味交渉・確認	25 (20.0%)	19 (25.0%)	34 (25.2%)	19 (27.1%)	22 (23.9%)	12 (32.4%)
③情報	72 (57.6%)	50 (65.8%)	70 (51.9%)	42 (60.0%)	34 (37.0%)	16 (43.2%)
計	125 (100%)	76 (100%)	135 (100%)	70 (100%)	92 (100%)	37 (100%)

各セル内：当該発話文の出現数（生起比率）

JNB：うん。
→JN13：映らないじゃん。［↓］　①同意・同調　※非中途終了発話文
　　　JNB：＜笑い＞。
　　　JN13：マジ最悪だった、せつなっ。

［例4-10］（朝鮮語談話・20代）
　　　KN11：아-, 대학신문보다 쫌 더 위에…?. ［↑］
　　　KNB：아, 쫌 더 위 쪽이에요 ［↑］, 아-.
　　　KN11：예-, 폭, 폭포 있는 데….
　　　KNB：폭포 있는 데….
→KN11：＜웃으면서＞저 말고 이전 분하고는 무슨 대화를 하셨어요?.
　　　　　　　　　　　　　　　　　　③情報　※非中途終了発話文
　　　KNB：그-, 고시에 대한 대화（＜웃음＞.）, 고시….
　　　KN11：관심 있으세요 ［↑］, 고시에 대해서…?. ［↑］
　　　　　　고시공부….
（日本語訳）
　　　KN11：あー、大学新聞社よりもう少し上に…？［↑］
　　　KNB：あ、もうちょっと上の方ですか ［↑］、あー。
　　　KN11：はい、た、滝のあるところ…。
　　　KNB：滝のあるところ…。
→KN11：＜笑いながら＞私の前の方とは、どんな話をされたんですか？
　　　KNB：あのー、公務員試験についての会話＜笑い＞、公務員試験…。
　　　KN11：興味があるんですか ［↑］、公務員試験に…？［↑］
　　　　　　公務員試験の勉強…。

［例4-11］（日本語談話・20代）
　　　JN11：僕ね、「ＴＶ局名」でバイトしてたんですよ、学生の時に…。
　　　JNB：あ、ほんとですか？。
→JN11：そう、もう何か制作会社とか、もうすっごいみんな死にそうに
　　　　　なってるじゃないですか、みんな…。①同意・同調

JNB：＜笑いながら＞なってますね。

JN11：大変だなーと思って…＜笑い＞。

4.2.4. 年齢の上下差による考察

　最後に、本項では発話者と対話者の年齢の上下差による情報要求発話の出現様相について分析する。年齢の上下差による情報要求発話、およびその談話機能別の出現様相は、**表4-9**、**表4-10**のとおりである。

　まず、**表4-9**に示された両言語の年齢の上下差による情報要求発話の出現を比較すると、対年上、対同年、対年下ともに非中途終了発話文は朝鮮語で、中途終了発話文は日本語で相対的に高い生起比率をみせており、換言すれば、年齢の上下差は形式の差に大きく関与していないことがわかる（なお、これらはカイ二乗検定の結果では対年上、対年下では0.1％水準の有意差が（$p<0.001$）、対同年では1％水準の有意差が（$p<0.01$）認められた）。

　また、中途終了発話文は、両言語ともに対年下で最も多く現れているが、日本語の中途終了発話文は、幅広い年代の相手に対して概ね30％以上の生起比率を維持していることを確認することができる。これは、4.2.1.（親疎関係の分析）においてもみたように、日本語の中途終了発話文はポジティブ・ポライトネス（対年上、対同年、対年下）だけでなくネガティブ・ポライトネス（特に対年上）としても機能しているのに対して、朝鮮語の中途終了発話文はポジティブ・ポライトネス（対年下）としてのみ機能する傾向が強いことに起因する結果であると考えられる。

　なお、両言語において、対同年において中途終了発話文が予想以上に高い生起比率を示さなかったという点にも注目しておきたい。一般にポジティブ・ポライトネスとして機能すると認識される中途終了発話文の生起比率が、対同年の談話において相対的に高い数値を示さないということは、本項における分析対象が初対面における談話に限定されているということと関連がある[83]。特に日本語の初対面談話においては、中途終了発話文は年齢差のある対話者との談

83　**表3-8**の注を参照。

【表4-9】年齢の上下差による情報要求発話の出現数と生起比率

日本語談話

	対年上	対同年	対年下
非中途終了発話文	80 (62.5%)	118 (70.2%)	118 (59.3%)
中途終了発話文	48 (37.5%)	50 (29.8%)	81 (40.7%)
計	128 (100%)	168 (100%)	199 (100%)

朝鮮語談話

	対年上	対同年	対年下
非中途終了発話文	92 (86.8%)	148 (84.6%)	150 (77.3%)
中途終了発話文	14 (13.2%)	27 (15.4%)	44 (22.7%)
計	106 (100%)	175 (100%)	194 (100%)

各セル内：当該発話文の出現数（生起比率）

【表4-10】年齢の上下差による情報要求発話の談話機能別出現数と生起比率

日本語談話

	対年上		対同年		対年下	
	非中途	中途	非中途	中途	非中途	中途
①同意・同調	20 (25.0%)	7 (14.6%)	42 (35.6%)	10 (20.0%)	37 (31.4%)	11 (13.6%)
②意味交渉・確認	18 (22.5%)	9 (18.8%)	30 (25.4%)	10 (20.0%)	19 (16.1%)	16 (19.8%)
③情報	42 (52.5%)	32 (66.7%)	46 (39.0%)	30 (60.0%)	62 (52.5%)	54 (66.7%)
計	80 (100%)	48 (100%)	118 (100%)	50 (100%)	118 (100%)	81 (100%)

朝鮮語談話

	対年上		対同年		対年下	
	非中途	中途	非中途	中途	非中途	中途
①同意・同調	19 (20.7%)	1 (7.1%)	23 (15.5%)	2 (7.4%)	26 (17.3%)	3 (6.8%)
②意味交渉・確認	26 (28.3%)	2 (14.3%)	50 (33.8%)	9 (33.3%)	43 (28.7%)	10 (22.7%)
③情報	47 (51.1%)	11 (78.6%)	75 (50.7%)	16 (59.3%)	81 (54.0%)	31 (70.5%)
計	92 (100%)	14 (100%)	148 (100%)	27 (100%)	150 (100%)	44 (100%)

各セル内：当該発話文の出現数（生起比率）

話の中で比較的多く現れ、発話装置として強く機能しており、同年の話者に対して情報要求が行なわれる際にはむしろ非中途終了発話文が選択されることが多いのである[84]。

　また、情報要求発話の談話機能別の出現を示した**表4-10**をみると、非中途終了発話文の中で、対同年、対年下の①同意・同調は日本語で高い生起比率をみせること、対年下の②意味交渉・確認は朝鮮語で高い生起比率をみせていることが確認され、これらの項目は、カイ二乗検定の結果においても対同年①は0.1%水準の有意差が（$p<0.001$）、対年下①、②は5%水準の有意差が（$p<0.05$）みられることが確認された：

　　［例4-12］（日本語談話・対年下）
　　　JNB：弁護士とかもそうですけどね。
　　　JN9：はい。
　→JNB：大変ですよ、でも、30とかになってもやってる人いるじゃないですか。[→]　①同意・同調　※非中途終了発話文
　　　JN9：いますね＜笑い＞。
　→JNB：結構、狭き門ですもんね。[→]
　　　　　　　　　　　　　　　　①同意・同調　※非中途終了発話文
　　　JN9：3%…。
　　　JNB：ううっ、な…。

　　［例4-13］（朝鮮語談話・対年下）
　　　KNB：물리과, 물리학과에 제가 , 아는 형이 있는데 02학번에….
　→KN7：02학번이요？.　②意味交渉・確認　※非中途終了発話文
　　　KNB：예.
　　　KN7：잘 모를 텐데 누구예요？.

84　荻原（2011）では、先輩、友人、後輩という設定で対話者の選定（2者間談話）を行なっているが、この中でも言いさし発話の出現は、友人同士よりも先輩・後輩という改まり度の高い談話においてより多く確認されるという報告がある。

KNB：'인명'라고….

（日本語訳）
　　KNB：物理科、物理学科に私が、知っている年上の男性がいるんですが、2002年入学に…。
→KN7：2002年入学ですか？
　　KNB：はい。
　　KN7：よくわからないと思いますけど、誰ですか？
　　KNB：「人名」って…。

4.2.5. 両言語の出現の差を形成する要因

　4.2.1.から4.2.4.まででは、情報要求を表す発話文が親疎関係、性別、年代、年齢の上下差といった要因ごとにいかなる出現様相を示すかを中途終了発話文、非中途終了発話文という発話形式に注目して分析してきた。本項では、上記のうちいかなる要因が両言語における発話文の出現の差異に最も強く関わっているかを分析し、実現形態としての中途終了発話文の生成メカニズムに迫ることにする。なお、4.2.4.まででは例えば初対面や友人といった各要因の構成要素における発話文の出現状況をみてきたが、ここでは、中途終了発話文、非中途終了発話文という発話形式ごとに各要因内における出現分布をみることにより、任意の発話形式の出現における各要因の関与の強さを明らかにする。それぞれの発話形式に関し、本書において分析項目とした4つの要因内部における出現分布の有意差をみるために、カイ二乗検定を用いそれぞれのp値とv値[85]を求めたところ、**表4-11**のような数値を示すことがわかった。

　表4-11のデータから、情報要求を表す中途終了発話文の出現に関し、両言語の差異を形成する要因として深く関わっているのは、年代と親疎関係であり、強さは劣るものの年齢の上下差もそれに続いているということ、それに対して

85　クラメールの連関係数（Cramer's coefficient of association）。変数間の関連性を測る指標で、0≤V≤1の値をとり、1に近いほど関連が強い。サンプルサイズnと、カイ二乗値χ^2から得られる。

第4章　形式と機能の関係　　　　　　　　　　　　　　　　　　　　　*117*

【表4-11】談話要因ごとのp値とv値

中途終了発話文

	年代	親疎	年齢の上下差	性別
	発話者要因	対話者要因	対話者要因	発話者要因
*p*値	*p*=0.011	*p*=0.001	*p*=0.180	*p*=0.403
*v*値	*v*=0.148	*v*=0.146	*v*=0.114	*v*=0.039
現れやすい言語	日本語	日本語	―	―
有意差	あり		なし	

非中途終了発話文

	年代	性別	親疎	年齢の上下差
	発話者要因	発話者要因	対話者要因	対話者要因
*p*値	*p*=0.064	*p*=0.174	*p*=0.299	*p*=0.866
*v*値	*v*=0.090	*v*=0.043	*v*=0.033	*v*=0.020
現れやすい言語				
有意差	なし			

　　　　　　　　　　　対話者要因：発話者と対話者の関係により、規定される要因
　　　　　　　　　　　発話者要因：発話者の属性により、規定される要因

　性別による違いはかなり小さいということが確認できる。また、要因として強い有意差がある項目をみると、発話者自身の属性や対話者との関係など、複雑な要因が絡み合っていることもわかる。一方、非中途終了発話文の生成に関しては、発話者の属性や対話者との関係という要因は、中途終了発話文ほど深く関わっていないことも確認される。

　このように両言語の発話文の出現に影響を与える要因は、中途終了発話文の方でより大きな差異をみせるが、こうした差異をもたらす理由としては、本章で分析したように、以下の2点との関わりが大きい。①まず、1つめは日本語の中途終了発話文は、友人、同年／年下の話者に対してポジティブ・ポライトネスとして機能するのみならず、初対面、年上の話者に対してもポジティブ・ポライトネス、さらにはネガティブ・ポライトネスとして機能するということ。一方、朝鮮語の中途終了発話文は友人や年下といった話者に対してより多く使用されており、その機能はポジティブ・ポライトネスがほとんどであるということ。②また、2つめは日本語の情報要求を表す中途終了発話文が幅広い年代

の話者によって使用される発話装置として機能しているのに対して、朝鮮語のそれは10代、20代を中心に使用されるものであるということである。特に前者に関しては、スピーチレベルシフトという観点から考えたときに、日本語では情報要求をする際に中途終了発話文が敬体から常体（寄り）へのスピーチレベルシフトに大きく関与しているのに対し、朝鮮語ではその変動に日本語ほどは大きく関与しないということを意味するものである。このようにストラテジーとしての情報要求の中途終了発話文は、日本語の方が朝鮮語より広い使用域を持っており、その結果、日本語で40.1%、朝鮮語で27.5%という生起比率の差異をもたらすのである。

4.3. まとめ

　本章では、日本語と朝鮮語の談話に現れる中途終了発話文と発話機能の関係について、対話者への働きかけにおいて最も強く機能し、出現数も多くみられる情報要求を表す発話に焦点を当てて分析を行なった。具体的には、まず本書における情報要求発話の談話機能による分類（①同意・同調、②意味交渉・確認、③情報）を設定した後で、それらの談話における出現様相について、発話者の属性や対話者との関係という要因、発話形式（中途終了発話文、非中途終了発話文）という観点から分析を行なった。

　分析の結果、談話における実現形態としての情報要求の中途終了発話文は、両言語の談話文脈の中でそれぞれ異なる発話効果を生み出す装置として機能しており、話者はそれらを相互作用の中でポライトネスやスピーチレベルを調整するためのストラテジーとして異なる場面で選択、使用していることが確認された。具体的には、両言語の差異を形成する要因として深く関わっているのは、発話者の年代と親疎関係であり、そのあとに年齢の上下差が続き、発話者の性別による違いは小さいということが明らかになった。また、非中途終了発話文については、発話者の属性や対話者との関係といった要因が両言語の出現の差異に与える影響は弱いということも確認された。上記の結果は、日本語と朝鮮語で並行した形式であっても実際の言語使用のレベルにおいては異なる機能を

持ち、異なる出現を示すということ、換言すれば、ある場面や状況において発話行為を行なう際に選択される形式は言語によって異なりうるということを意味するもので、両言語の談話の特徴を記述するうえで注目すべき現象であるといえよう。

　このように形式と機能の関係は、両言語で異なりうることが示唆された。ただし、本章で行なった分析は、単独のターンとしての中途終了発話文の機能に関するものが主であった。本章に続く第5章では、このことを周辺発話というより大きい枠組みの中で捉えなおし、さらなる分析を行なっていくことにしたい。

第 5 章 | 談話構成と発話文生成メカニズム

先行発話と質問[*]を表す
中途終了発話文出現の関係を中心に

---

[*] 第3章、第4章では、主に単独の発話文が持つ発話機能について分析を行なったため、「情報要求」という術語を用いたが、本章以降で発話連鎖（周辺発話との関係）について分析を行なう際には、慣例に従って「質問」という語を用いることにする。

【質問→応答】という発話連鎖は、言語を媒介とした相互作用において普遍的に存在するもので、情報の授受という言語そのものの存在の根幹にかかわる最も基本的な談話構成である。本書でも第4章において日本語と朝鮮語の談話に現れる質問（情報要求）発話について考察を試みており、その結果、日本語では朝鮮語に比べ、質問（情報要求）の中途終了発話文がより多く出現すること、その違いは発話者のポライトネスレベルにおけるストラテジーの相違に起因するものであることなどが明らかになった。これらの分析を通じて、両言語の自然談話では、完全文のみならず中途終了発話文による質問発話が発話装置として存在しており、それらは言語により異なった機能を担っていることが示されたが、その分析過程においては主に発話を産出する話者の意図に焦点が当てられており、任意の発話が産出される文脈的環境との関係については、十分な分析を行なうことができなかったという課題も残った。また、既存の研究をみても日本語と朝鮮語の談話における中途終了発話文をはじめとする発話文の生成について、先行発話、後続発話との関係から扱ったものは、ほとんど存在していないようである。そこで本章以降では、相互作用における質問発話を周辺発話というより大きな枠組みの中で捉え直すことで、その動的な特性を解明していきたい。具体的な手順としては、以下の2つの〈課題〉を設定し、〈課題1〉を第5章で、〈課題2〉を第6章でそれぞれ扱うことにする。

〈課題1〉 質問発話としての中途終了発話文の生成メカニズムに関する分析

　中途終了発話文がターンの交替を促進し、質問発話として機能することを可能にする装置は何であるかを解明する。その際に先行発話との関わりにも着目し、それらの装置の出現が日本語と朝鮮語の談話において、いかなる特徴をみせるかを明らかにする。

〈課題2〉 質問発話から始まる連鎖に関する分析

　日本語と朝鮮語の談話において、質問から始まる発話連鎖がいかなる出現様相をみせるかを明らかにする。具体的には、両言語の質問に対する応答発話は、形式や機能という観点からみたとき、いかなる出現の差異をみせ、相互作用の中で周辺発話と有機的関係を構築しているのかを

【図5-1】 第5章、第6章における〈課題〉のモデル

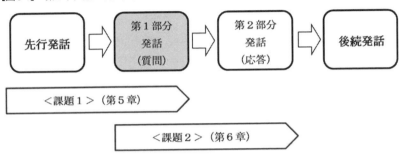

示す。

　〈課題1〉は、中途終了発話文の出現に注目し、質問の要素を持たない発話文がいかに質問発話として機能することが可能になるのかを発話文そのものの特性のみならず、先行発話との関係も視野に入れて分析しようとするものである。また、〈課題2〉は、質問発話とそれに対する応答発話の出現を形式や機能の連鎖という観点から分析し、質問発話が以降の談話展開にいかなる影響を与えているかを分析するものである。

　第5章、第6章で行なう〈課題〉のモデルを整理すると、**図5-1**のようになる。なお、以降では、質問の発話を「第1部分」(first pair part)、第1部分に直接後続する応答の発話を「第2部分」(second pair part)、さらにそれに続く発話を「第3部分」(third pair part) として論を進めていくことにする。

　このモデルが示すとおり、〈課題1〉は［先行発話〜第1部分（質問）］に関する研究、〈課題2〉は［第1部分（質問）〜第2部分（応答）］に関する研究である。これら2つの課題に取り組むことにより、質問を表す発話が談話という動的な相互作用の中で、先行発話、後続発話とどのような有機的関係を持ち、機能しているのかをより正確に記述することが可能になるものと期待される。

5.1. 質問発話生成に関する先行研究

　冒頭で示したように、本章では談話において文末に終止形語尾を持たない中途終了発話文が質問発話として機能するとき、その発話の出現にあたっては、どのような条件、特徴を持つのか、また、それらは日本語と朝鮮語においてどのような差異をみせるのかについて分析を行なっていく。まず、本節では議論の前提として、日本語の談話を対象とした先行研究において質問発話生成の条件がどのように扱われてきたかを概観しておくことにしよう。なお、本書では質問発話の中でも、中途終了発話文という文末に終止形語尾が現れない発話の出現に注目して分析を行なうため、質問発話の生成がターンの終了とどのような関係を持つのかにも注目しておく必要がある。そこで、ここでは金珍娥 (2013) で「文の完結条件」とされる3つの条件、すなわち、音声的条件 (phonetic condition)、形態論的条件 (morphological condition)、統辞論的条件 (syntactical condition) を援用し、いくつかの先行研究における質問発話の生成条件に関する記述がこの完結条件といかなる関係を持つのか（一致するのか）を整理することにする。既存の研究における質問発話生成に関する記述を表にまとめると、**表5-1**のようになる。なお、この表では、縦の欄に示された先行研究における質問発話生成に関するいくつかの条件が横の欄に示した金珍娥 (2013) の「文の完結条件」のどれに該当するかを表示しているが、この3つの条件のうち、いずれにも該当しないものは「その他」に分類している。

　斉藤 (1989) は、日本語教育における「疑問文・質問文」[86]をコミュニケーション上の機能という観点から分析したものである。この中では、ある文が表中の5種の要素のうち1つ以上を持つ場合、「疑問文・質問文」として認められるとしている。ただし、この5つの項目をみると、南 (1983, 1985) など国語学の論考にみられる文文法の質問文の分類を踏襲したものとなっており、談話文法として発話文の特性を十分に反映したものとはなっていない。

　田中 (1998) は、会話における「質問発話」の効果について対人的効果と会

---

[86] 以下では、当該論文における本書の「質問発話」に相当する術語については、「疑問文」のように「　」付きで示すことにする。

第5章 談話構成と発話文生成メカニズム

【表5-1】主要先行研究における質問発話の生成条件

		金珍娥 (2013) の分類			その他
		音声	形態	統辞論	
斉藤 (1989)	1. 文末に特定の助詞「か」を添える		○		
	2. 文中に疑問詞を用いる				○
	3. 文末の音調を上げる	○			
	4. 終助詞「な」「ね」を文末に追加して確認要求を表す		○		
	5.「かしら」「かな(ぁ)」を文末に添える		○		
田中 (1998)	1. (疑問詞＋) 〜カ、〜ノ (カ) ？：一般的な質問		○		(○)
	2. 〜カシラ、〜カナ、〜ダロウカ：疑い		○	○	
	3. 〜デハナイカ、〜 (ヨ) ネ、〜 (ヨ) ナ、〜ダロウ？：同意要求・確認要求		○	○	
	4. 〜カ (↓)：納得・詠嘆		○		
	5. 繰り返し				○
	6. 聞き返しのための感動詞				○
	7. 話を促すための接続詞			○	○
	8. 間接的な質問発話				○
中井 (2003)	1.「〜か？」(発話＋終助詞「か」＋上昇イントネーション)	○	○		
	2.「〜ね？」「〜な？」(発話＋終助詞「ね」「な」＋上昇イントネーション)	○	○		
	3.「〜かしら」「〜かな (ぁ)」(発話＋終助詞「〜かしら」「〜かな (ぁ)」＋下降イントネーション)	○	○		
	4.「〜でしょう／だろう？」(発話＋「でしょう」＋上昇イントネーション)	○		○	
	5. 疑問詞＋「でしょう／だろう。」＋下降イントネーション	○		○	
	6. 文中に疑問詞を用いる				○
	7. 文末上昇イントネーション	○			
	8. 言い差しの文で、文末が平坦なイントネーション	○		○	
黄英哲 (2003)	1. 発話の末端で「ね／よね」が付く場合		○		
	2. 発話の末端で「だろう↑／でしょう↑／でしょうか↑」が付く場合	○		○	
	3. 発話の末端で「じゃない↑／じゃないですか↑／〜はなかったんですか↑」などのような否定の形が付く場合	○		○	
	4. 発話の冒頭に「じゃ／じゃあ／つまり」などの標識が用いられ、それに続いて情報要求者が応答者のことについて、推測や確認の発話を提示する場合			○	○
	5. 疑問詞の付かない「〜んですか」という疑問発話			○	

話発展上の効果に分けて分析したものである。この中では8種が示されているが、感動詞や接続詞という項目を新たに導入したという点が注目される。そもそも疑問・質問の要素を持たない発話がなぜ質問発話として機能しうるのかは、本書における分析とも大きな関わりを持つものである。ただし、これらの品詞の具体的な出現項目については明確な記述がないので、より体系的な記述をする必要があるともいえる。

　中井（2003）は、話題開始部で用いられる「質問表現」について分析したもので、南（1985）、斎藤（1989）などにおける分類をふまえ、質問文を8種に再分類している。この中で8.「言い差しの文」は、中井（2003）で新たに加えられた項目で、「じゃ、今はー、有給でー、」（p.40）といった用例があげられている。このように完全文以外の発話形式を分類項目に取り入れたことは、言語事実の正確な記述に資するものと考えられるが、「言い差しの文」の定義や範囲については詳細な記述がされていないため、さらなる分析が必要であるともいえる。

　黄英哲（2003）は、「情報要求」に対する応答発話の出現を準備と展開という点から分析したもので、5種が示されている。この分類をみると（インタビューという特殊な談話状況を分析対象としているためだと考えられるが）、基本的に完全文を前提としたものとなっており、本書で分析対象としている中途終了発話文に相当する発話に関する記述はみられない。

　以上、既存の研究における質問発話生成に関する記述を概観した。一連の研究は、基本的に共通して、1回性のターンとしての発話文に観察される特徴に着目したものが多く、金珍娥（2013）で「文の完結条件」としている音声、形態論、統辞論という観点のいずれかに分類されるものがほとんどであった。また、分析対象が完全文や終助詞で終わる発話文に限定されがちで、中途終了発話文を分析したものや朝鮮語との対照を行なった研究は、ほとんど存在していない。第4章で述べたように、質問（情報要求）を表す発話は、日本語では40.1％、朝鮮語では27.5％が中途終了発話文により現れている。本書では、こうした言語事実をふまえて、両言語における質問の中途終了発話文を談話という枠組みの中で捉え直し、その生成を可能にする要因について詳細な分析を行なっていきたい。

5.2. 中途終了発話文が質問発話として機能する要因

　本節では、中途終了発話文が質問発話として機能することを可能にする要因について分析していく。これらの要因は実現体としての発話文が持つ何らかの要素に見出されることになるが、こうした要素のことを本書では「質問表示」と称することにする。本書では、この質問表示を①発話文の表層に質問を表す要素が現れる明示的質問表示と、②発話文の表層に質問を表す要素が現れない非明示的質問表示に分類し、両言語において、それぞれの質問表示がいかなる出現をみせるかを分析していくことにする[87]。

5.2.1. 明示的質問表示

　まず、本項では明示的質問表示についてみることにする。これは、発話文の何らかのレベルに質問を表す要素を付加することにより、対話者への明確な発話意図の伝達を志向するものである。この明示的質問表示には、①倒置、②疑問詞、③イントネーション［上昇］が確認されたが、**表5-2**により、これらの

【表5-2】質問を表す中途終了発話文における質問表示〈1〉(明示的質問表示) *

	日本語	朝鮮語
①倒置	110 (32.1%)	60 (26.3%)
②疑問詞	46 (13.4%)	48 (21.1%)
③イントネーション［上昇］	103 (30.0%)	110 (48.2%)
①〜③の合計発話文数／分析発話文数	259/343	218/228

各セル内：当該発話文の出現数（分析発話文数に対する生起比率）　※重複あり。
* 表中の最下段の「分析発話文数」は、分析対象となる中途終了発話文の総発話文数を示し、「①〜③の合計発話文数」は、表中の各項目に含まれる発話文の重複を問わず、すべてを合計した数を示している。また、各項目の生起比率は、「①〜③の合計発話文数」に対するものではなく、「分析発話文数」に対する比率により算出したものである。本章では、この後で提示する【表5-3】、【表5-7】においても同様の方法で数値を示すことにする。

---

[87]　なお、本書では音声を媒介とした言語行動による相互作用の分析を主たる目的としているため、非言語行動についての項目は立てていない。

出現様相をみてみると、①倒置は日本語で生起比率が高く、②疑問詞、③イントネーション［上昇］は朝鮮語で生起比率が高いこと、全体として明示的質問表示は朝鮮語談話において現れやすいことがわかる。

以降では、①〜③の質問表示ごとに用例をみながら、各項目の特徴について、さらなる分析を加えていくことにする。

まずは、①倒置についてみてみよう。倒置は発話文の表層に疑問形の語尾が現れる場合を含むもので、実数の比較では、日本語で朝鮮語の約2倍の出現を示しており、日本語談話における特徴的な質問表示となっている。

［例5-1］（日本語談話）
  JNB：2つ年上ですね。
 → ：そっか、じゃ、大台じゃないですか、今年…。［→］
  JN8：そうです。大台ですけど、何か…＜笑い＞？。

次に、②疑問詞についてみる。発話文の表層に疑問詞を用いることによって、質問表示を行なうという最も明示的な表示方法である。

［例5-2］（朝鮮語談話）
  KNB：뭐, 처음 보는 사람을 찾느라고, 차라리 저랑 아는 사람이면 쉬운데 (아-.), 처음 보는 사람 찾아야 돼서 (아-.) 어렵게 연구하고 있어요＜웃음＞.
→KN4：몇 명이나…?. ［→］
  KNB：예, 지금은 2번째….
  KN4：아, 2번째요?.
（日本語訳）
  KNB：あの、初対面の人を探すのに、いっそのこと私の知り合いだったら楽なんだけれど（あー）、初対面の人を探さなければならなくて（あー）、苦労して研究しています＜笑い＞。
→KN4：何人くらい…？［→］
  KNB：はい、今は2人目…。

KN4：あ、2人目ですか？

　続いて、③イントネーション［上昇］は、朝鮮語において特に高い生起比率をみせる項目である。朝鮮語談話における③イントネーション［上昇］の出現の中で特徴的なものとしては、倒置文における発話文末の上昇をあげることができる。具体的には、【主節、倒置要素】という統語論的構成における各部分のイントネーションについてみると、朝鮮語においては日本語でも確認される【上昇［↑］、非上昇［→／↓］】というパターンに加え、【上昇［↑］、上昇［↑］】、【非上昇［→／↓］、上昇［↑］】というパターンが確認されており、発話文末が上昇イントネーションにより実現されうることが確認された。このように朝鮮語話者は、発話文末において音声による明示的質問表示をすることによって対話者により強く働きかけ、発話意図の明確化、ターン譲渡の促進を図っているものと考えられる。

　　［例5-3］（朝鮮語談話）
　　　KN11：＜웃으면서＞저 말고 이전 분하고는 무슨 대화를 하셨어요？.
　　　KNB：유-, 고시에 대한 대화 (＜웃음＞.), 고시….
　→KN11：관심 있으세요 ［↑］, 고시에 대해서…？. ［↑］
　　　　　　고시공부….
　　　KNB：아니요, 아니요, 전에 대화했던 분이 (네.) 고시생이어서….
　　（日本語訳）
　　　KN11：＜笑いながら＞私の前の方とは、どんな話をされたんですか？
　　　KNB：あのー、公務員試験についての会話（＜笑い＞）、公務員試験…。
　→KN11：興味があるんですか［↑］、公務員試験に…？。［↑］
　　　　　　公務員試験の勉強…。
　　　KNB：いえ、いえ、前に話した方が（はい）、試験を受ける方で…。

　以上、中途終了発話文に明示的質問表示がなされ、質問の発話文が生成される場合について概観した。これらはいずれも発話文を質問発話として機能させるため、より明確な質問表示をする装置であるが、上記の項目だけで談話に現

れるすべての分析発話形式の質問表示について説明ができるわけではない。すなわち、文の表層に質問を表示する何らかの装置を持たない中途終了発話文については、依然として説明ができないままになる。そこで、次項ではこれを解明するための今ひとつの観点として非明示的質問表示により質問を表す中途終了発話文が生成される場合を取り上げ、さらなる分析を行なう。単独の発話文は、相互作用という文脈の中でその意味が規定され、機能するものである。そのため、分析発話を先行発話との関係の中で捉えることによって、文法的には必ずしも質問文としての機能を持たない発話が相互作用の中で質問文として機能することが可能になる要因は何であるかを解明することが可能になるはずである。

5.2.2. 非明示的質問表示

　続いて、本項では非明示的質問表示についてみることにする。これは、本来、形式としては質問の意味が付与されていない発話であるにも関わらず、相互作用において質問発話として機能することを可能にする要素で、具体的には、④言いよどみ、⑤イントネーション［非上昇］、⑥間投詞（フィラー）、⑦接続詞、⑧指示代名詞、⑨先行発話の言い換え、⑩先行発話の繰り返し、⑪とりたて助詞、⑫含意の9項目が確認された。**表5-3**により、これらの出現状況をみてみると、⑤イントネーション［非上昇］、⑥間投詞（フィラー）、⑦接続詞、⑧指示代名詞、⑨先行発話の言い換え、⑪とりたて助詞の6項目は日本語で高い生起比率、出現実数の数値を示しており、全体として非明示的質問表示は、日本語談話で現れやすいことが確認できる。

　以降では、④〜⑫の質問表示ごとに用例をみながら、各項目の特徴について、分析を加えていくことにする。

　まず、④言いよどみについてみてみよう。これは、つっかえ（定延、中川2005）などともよばれ、流暢な発話を妨げる非流暢性（disfluencies）を持つ発話であるとされるが、その一方で先行発話者がターンを保持することが困難な状況に陥った場合に使用されると、結果としてターンの交替を促進し、命題についての対話者の発話を誘発する機能を持つことがある。この言いよどみには、

【表5-3】質問を表す中途終了発話文における質問表示〈2〉(非明示的質問表示)＊

	日本語	朝鮮語
④言いよどみ	19（ 5.5%）	4（ 1.8%）
⑤イントネーション［非上昇］	40（11.7%）	9（ 3.9%）
⑥間投詞（フィラー）	139（40.5%）	64（28.1%）
⑦接続詞	53（15.5%）	17（ 7.5%）
⑧指示代名詞	49（14.3%）	22（ 9.6%）
⑨先行発話の言い換え	37（10.8%）	9（ 3.9%）
⑩先行発話の繰り返し	34（ 9.9%）	28（12.3%）
⑪とりたて助詞	28（ 8.2%）	7（ 3.1%）
⑫含意	23（ 6.7%）	17（ 7.5%）
④〜⑫の合計発話文数／分析発話文数	422/343	177/228

各セル内：当該発話文の出現数（分析発話文数に対する生起比率）　※重複あり。
＊③イントネーション［上昇］に関してはすべての発話を計量化したが、⑤イントネーション［非上昇］に関しては他の質問表示とともに選択され、必ずしも明確に質問・疑問を表す装置として機能しているとは言い切れないものもあるため、その他のいずれの項目にも当てはまらないもののみをここに入れてある。

発話者が(1)発話につまりつつもターン保持への意志を示している場合、(2)言いかけて発話につまった場合が特徴的に確認された。本書で分析対象としたデータでは、若干ではあるが日本語において多く出現している。

　　　［例5-4］（朝鮮語談話：言いよどみ①－ターン保持への意志[88]）
　　　KNB：아-, 정말요？．
　　　KN3：네＜웃음＞．
　　　KNB：＜웃음＞．기자는 분야 있어야 되잖아요？．
→　　　　　어떤, 그-…．［→］
　　　KN3：대체로 기자는 전문 분야가 있다기 보다는（네-．），들어가서
　　　　　　여러가지 분야를 다…．

88　朝鮮語で確認された例をみると、全4例とも［例5-4］の例にみられるように、疑問詞と共起したものであった。

（日本語訳）
 KNB：あー、本当ですか？
 KN3：はい＜笑い＞。
 KNB：＜笑い＞。記者は分野がなくてはならないじゃないですか？
→   どういう、その一…。［→］
 KN3：だいたい、記者は専門分野があるというよりは（はい）、色々な分野を全部…。

［例5-5］（日本語談話：言いよどみ②－言いかけて発話につまる）
 JNB：｝｝＜あー、なるほどー＞{＞}。
 JN3：まー。日常生活を送っていこうって感じです。
→JNB：バイトとかも始め…？。［→］
 JN3：バイトはことーし'今年'の夏［↑］、っていうか、もうアルバイト情報誌読んで…。
 JNB：あー、これから…。

　［例5-4］（①）、［例5-5］（②）におけるターン移行関連場所（TRP：Transition Relevance Place）は、3.1.3.3.2.で示した本書における中途終了発話文の形態論的下位分類によれば、前者は間投詞、後者は非境界で終わる発話に該当するが、これらの形式で終わる中途終了発話文が談話全体においてどの程度現れているかを**表3-9**により確認した結果、**表5-4**のような数値を示すことがわかった[89]。このデータをみてわかるように、日本語では朝鮮語に比べ、そもそも言いよどみによるターンの交替が多く起こりやすいことが確認される。
　次に、⑤イントネーション［非上昇］についてみてみよう。これは、本来、質問発話としての音声的特徴を持つものではないが、ターンを対話者に譲渡し、さらなる発話を引き出そうとする際に用いられるものである。このような質問表示は、日本語談話における「形式は「ダ体」発話だが、音声的には「ダ体」

---

[89] 3.1.3.3.2.でも述べたように、間投詞の中には、「はい」、「ええ」や、「네」（はい）、「응」（うん）といった単純応答、あいづちは含まれていない。

【表5-4】談話全体における間投詞、非境界で終わる中途終了発話文の出現数＊（【表3-9】をもとに作成）

	日本語	朝鮮語
間投詞	46	39
非境界	40	24
計	86	63

各セル内：当該発話文の出現数

＊非境界は、特定の形態により分類された項目ではないため、ここでは一定時間における出現をみるために、出現の実数基準により示している。

と認められない発話」（陳文敏 2000）に特徴的に認められる。以下の［例5-6］は、日本語の初対面談話からの引用であるが、「→」で示された質問の中途終了発話文は、ためらいや遠慮を示すと同時に、あえて文末語尾による敬体表示を避けることにより対話者との心的距離を縮めることにも貢献しており、ストラテジーとしてのネガティブ・ポライトネス、ポジティブ・ポライトネスに同時に関与しているといえる。

　　［例5-6］（日本語談話：初対面）
　　　JNB：あー、ちなみに、こう、何をやられるんですか、こう、事務員をされて…。
　　　JN10：あー、私はじ、人事なん＜笑いながら＞ですよ。
　　　JNB：あー、人事なんですね。
　　　JN10：ええ、あんまり、あれなんですけど…。
　→JNB：＜笑い＞人をこう、異動させて…？。　→
　　　JN10：とか、採用とか、いろいろですね。
　　　JNB：あー、そうなんですか。

ここから先、⑥間投詞（フィラー）から⑫含意の7項目では、非明示的質問表示の中でも先行発話との一貫性[90]を持ち、文脈からの意味的つながりに依存

90　一貫性、結束性（cohesion）に関する解釈は、研究者により様々である。例え

【表5-5】質問を表す中途終了発話文 開始部における間投詞（フィラー）の出現数

日本語談話 (139)	あ／あー (66)、え／えー (34)、う (—) ん (7)、へー (6)、あの (—) (5)、ね (4)、はぁ (4)、いや (4)、ふーん (3)、あれ (2)、えっと (1)、おっ (1)、ほう (1)、まぁ (1)
韓国語談話 (64)	아／아- (38)、네 (5)、뭐 (4)、그 (4)、아니 (3)、음 (3)、저기 (3)、어 (1)、응 (1)、오 (1)、하 (1) 【日本語訳】あ／あー (38)、はい (5)、なんか (4)、その (4)、いや (3)、うーん (3)、あの (3)、あ (1)、うん (1)、おー (1)、はぁ (1)

（ ）：出現数

して質問発話の生成がなされる場合についてみていく。

まず、⑥間投詞（フィラー）についてみてみよう。杉戸 (1987) で「実質的な発話中にあらわれる感動詞類」とされているもので、発話者自身の談話への関心や参与といった積極的態度のみならず、情報要求行為へのためらいや遠慮をも表しうるものである[91]。日本語においては全12項目中、最も出現の多い項目で、全体の約4割は何らかの間投詞（フィラー）を伴うという結果となった。発話開始部に現れる間投詞（フィラー）の出現様相を整理すると、**表5-5**のようになる。

表5-5をみると、中途終了発話文内部における質問表示としての間投詞（フィラー）の出現は、日本語談話において多く、特に「あ／あー」、「え／えー」という2つの間投詞（フィラー）の出現が目立って多いことがわかる。

［例5-7］（日本語談話）
　JN19: それまで、今の環境で、<精一杯しなくっちゃいけないなと（なんか、うん。）は思って…>{<}【。

ばHalliday and Hasan (1976) では、それを意味論上の概念であるとしているが、本書では児玉 (2004) に従い、結束性を統語論上の概念、一貫性を意味上の概念として捉え、論を進めていく。

91　④言いよどみで取り上げた間投詞（フィラー）は、発話文末における出現をみたものであったのに対し、本項目で取り上げる間投詞（フィラー）は、先行発話との関係を示すものに限定するために、発話開始部に現れるもののみを分析対象としている。

【表5-6】質問を表す中途終了発話文 内部における接続詞の出現数

日本語談話 (53)	じゃあ (21)、でも (14)、で／それで (9)、だから (5)、だって (2)、そして (1)、だけど (1)
韓国語談話 (17)	그럼/그러면 (9)、근데/그런데 (6)、그러니까 (2) 【日本語訳】じゃあ/それなら (9)、ところで (6)、だから (2)

（　）：出現数

```
       JNB：}】<ひ、ひみつ主義じゃないけど…>{>}。
            なんか、うん、うん、なんかこう組み入れない、<笑い>、感
            じがあるじゃない。
    →JN19：あ、私…？。[↑]
       JNB：うん。
```

　次に、⑦接続詞についてみる。（発話）文と（発話）文を結びつける文法的機能を担う接続詞が、発話文中の任意の位置で使用されると、意味的機能としての談話標識機能が強く作用することにより、発話者の先行発話への態度、以降の談話展開への意図が推測可能になり、応答発話の出現を促進する場合がある。実際の談話データをみると、中途終了発話文に**表5-6**のような接続詞が用いられ、質問表示がされていることが確認された。

　表5-6をみてわかるように、中途終了発話文内部における質問表示としての接続詞の出現は、日本語談話において多くなっており、出現項目の数も日本語の方で多く確認されている。なお、日本語談話では、以下の［例5-8］のように接続詞が2つ現れる用例が確認されたのに対して、朝鮮語談話では、そのような例は確認されないという違いもみられた。

```
   ［例5-8］（日本語談話）
       JNB：いやー、別にあんま、そんな<おめでとうって感じです>{<}【【。
       JN7：}】】<でも…>{>}。
            あー、あー。
       JNB：はい。
       JN7：優しいねー。
```

```
    JNB：正直…。＜笑い＞
→JN7：でも、じゃあ、お母さんと、お父さんと…？。[→]
    JNB：そうです、3人暮らしで（ふーん。）、とりあえず…。
    JN7：あー。
    JNB：でも、何かちょいちょい帰って来るらしいですけどね…。
```

次に、⑧指示代名詞についてみてみよう。これは、指示代名詞が発話文中で使用され、先行発話の内容に関し言及するというものである。指示代名詞により先行発話との一貫性を強く示すとともに、期待される後続発話の話題を提示し、結果として対話者から命題に関わる情報を引き出すことに貢献するものである。

```
[例5-9]（日本語談話）
    JNB：ご飯、ご飯も出る？。
    JN3：ご飯はありとなしで別れるんですけど…。
→JNB：へー、え、それは、個人でやってる…？。[→]
    JN3：いや、おっきな会社…。
    JNB：おっきな会社がやってる。
    JN3：はい。
```

次に、⑨先行発話の言い換えは、日本語において高い生起比率を示しているが、これは文法化が進んでいるといってもよいような形式が多く出現することに起因するものである。すなわち、日本語では「-みたいな…？」、「-とか…？」、「-ってこと…？」といった比較的、固定化された形式が文末で多く使用されるのに対し、朝鮮語ではそれに並行する諸形式が文末では多く使用されないという違いをみせている[92]。以下は友人談話からの引用であるが、「-みたいな…？」

92 　「-みたいな」（「-みたいだ」の連体形）で終わる発話文について、金珍娥（2013）では、「みたいな文」と名付け、緩衝表現（buffering expression）を生成する1つの装置であると位置づけている。この他にも、加藤（2005）では、「-みたいな」

が連続して使用されることにより、一定のリズムを創り出し、円滑な談話展開を促進していることがわかる。

　　［例5-10］（日本語談話：友人）
　　　JNB：え、なんか、さよならっていうかー（うん。）、なんか、シフト決まってなくてー、行けなくて…。
　　　JN13：うん。
　　　JNB：行って、行きづらくなって（うん。）、みたいな…。
→　JN13：あ、もうそのまま連絡取ってない、みたいな…？。［↑］
　　　JNB：そうそう。
　　　JN13：え、3回分の給料もらった？。
　　　JNB：まだ5月のはもらってないけど（あー。）、15日だから、入ってたらうれしいなって感じ…。

　続いて、⑩先行発話の繰り返しについてみてみよう。これは、対話者による任意の先行発話内容を繰り返しにより取り出すことにより、当該内容に関する追加の説明、言及を対話者に求めるものである。後に第7章でもみるように、繰り返し発話の中で説明・確認要求を表すものは、日本語より朝鮮語でより多く現れることが確認されているが[93]、中途終了発話文の場合も、若干ではあるが朝鮮語の方で高い生起比率を示すという結果になった。

　　に前接しうるものとして、（1）名詞、（2）述語を備えた文相当の発話、（3）文には満たないが、文の構成要素となる名詞以外の単位（節や補語や感動詞等）の発話があることを述べている。なお、この「-みたいな」という発話は、前接部分が持つ命題内容、およびその発話全体が持つ表現効果によって、ある時点における発話者の命題に対する心理状態を示そうとする表現であり、一種の語用論的な効果を狙った発話であると解釈することができる。このように命題（X）を表すためにある言語形式（Y）の形を借りることは「仮託」とよばれており、藤田（2000）や加藤（2005）などに詳細な分析がある。

93　中途終了発話文、非中途終了発話文を問わずに分析している。

［例5-11］（朝鮮語談話）
　　KN6：저 같은 경우는 그（네.）, 그 심리학과에（네.）또 아는 누가 있어 가지고….
→KNB：심리학과…？．［↑］
　　KN6：예, 심리학과요, 심리학과….
　　KNB：아-.
（日本語訳）
　　KN6：私の場合は、その（はい）、あの心理学科に（はい）他に知っている人がいて…。
→KNB：心理学科…？［↑］
　　KN6：はい、心理学科です、心理学科…。
　　KNB：あー。

　次に、⑪とりたて助詞は、日本語では「-は」、「-では」、「-って」など、朝鮮語では「-으/는」(-は)、「-에는」(-には) などを含む発話文である。特定の事物をとりたてて述べることにより、談話文脈に支えられながら新たな話題が提示され、結果としてターンの交替が促進される場合である。

［例5-12］（日本語談話）
　　JN7：いやでも、やっぱし、でもやっぱし、やっぱし大学行ってるからそういうところに行ける（いやいやいやいや。）んでしょうねー。
　　JNB：どうなんですかね、うーん（ふーん。）やっぱでも、高卒とかですと、やっぱ工場とかが多いですね（あー。）、男の場合は…。
→JN7：あー、じゃあ、女子は…？。［→］
　　JNB：女子はどうなんですかね、あんま分かんないですけど…。
　　JN7：うん、＜笑い＞へえ。

　最後に、⑫含意である。含意については、言語的な文脈というよりは、談

話が展開する場における前提となる文脈や状況[94]、談話参与者間の関係などを語の選択に反映させたもので、談話が展開する特定の状況である発話が現れた場合、そこにいる談話参与者にとってはそれが誰に対し、何を意味するものであるかが把握可能な発話のことである。これには、以下の［例5-13］におけるJN2の発話のように、明確な待遇表現（本例では「お名前」）を発話文中において使用することにより、対話者にある種の質問をしていることを明示する場合などがある[95]。

　　　［例5-13］（日本語談話：初対面談話の冒頭部分）
　　　　JN2：どうも、はじめまして。
　　　　JNB：あ、はじめまして。
　　→JN2：あ、えっとー、あのー、じゃあお名前、名前から…。
　　　　JNB：あ、えー、「JNB姓」と申します。
　　　　JN2：あ、「JNB姓」さんですか。
　　　　JNB：はい。
　　　　JN2：あ、じゃあ「JN2姓」と申します。
　　　　JNB：「JN2姓」さん…。
　　　　JN2：はい。

5.3. まとめ

　本章では、質問（情報要求）を表す中途終了発話文の出現について、周辺発話との関係という枠組みの中で分析を行なった。具体的には、任意の発話文が

---

[94] 例えば、談話参与者は大学の教室に対話者と2人でいて、これから数分間、話し続けなければならないといった状況など。

[95] 上掲の例では、「お名前」という待遇マーカーがスピーチレベルを調節するとともに、対話者（の私的領域）に関わる質問であることをより明確に伝達する役割も果たしている。

質問発話として機能することを可能にする要素を「質問表示」と称し、この質問表示が両言語の中途終了発話文にいかに現れているかを談話文脈の中で分析することにより、文末に終止形語尾を持たない発話文やそもそも明示的な質問要素を持たない発話文がターンを構成し、質問発話として機能する要因を探った。

　質問表示には、明示的質問表示、非明示的質問表示という観点から抽出された12の項目が確認された。本章の分析で明らかになった全12の項目の出現を改めて整理するとともに、本章冒頭で示した金珍娥 (2013) の「文の完結条件」との関係を整理すると、**表5-7**、**表5-8**のようになる。

　表5-7、**表5-8**をみてわかるように、中途終了発話文という末尾に文終止形式が現れない発話が質問発話として機能することを可能にするのは、発話文表層における明示的質問表示（①〜③）が現れる場合のみならず、非明示的質問表示（④〜⑫）によるところも大きい。また、これら12種の質問表示は、談話文脈の中で任意に選択、組み合わせされ発話文の生成に寄与しており、生成された質問発話はターンを構成し、談話文脈の中で話題をデザインし、談話を展開していくための装置として機能する。なお、これらの質問表示要素の選択にあたっては、日本語では非明示的質問表示を多用するのに対し、朝鮮語では明示的質問表示を多用するという異なった傾向をみせる。こうした傾向は、日本語では文脈や発話状況に依存した質問の中途終了発話文の生成がされやすく、反対に朝鮮語では形式や音声といったより明示的な要素による質問表示がなされない場合、日本語ほど質問の中途終了発話文が生成されにくいということを意味しており、両言語の発話文生成メカニズムの差異を示すものとなっている。

　さらに、日本語談話においては、特に非明示的質問表示の中でも一貫性を持つ中途終了発話文（⑥〜⑫）が多く現れることが確認されたが、それは**図5-2**のモデルが示すように、日本語では文中に現れる任意の要素（表現や品詞など）が先行発話との一貫性の表示として機能することにより、発話文を質問発話として有標化 (marking) することが可能であるためである。一方で、朝鮮語では同様の要素に質問発話としての有標化機能が日本語ほど付与されていない。朝鮮語でこのような有標化機能が相対的に強く機能しないことは、文末形式により質問表示がなされる非中途終了発話文や明示的質問表示による中途終了発

【表5-7】質問を表す中途終了発話文生成における質問表示〈3〉
（【表5-2】、【表5-3】をもとに作成）

		日本語	朝鮮語
明示的	①倒置	110（32.1%）	60（26.3%）
	②疑問詞	46（13.4%）	48（21.1%）
	③イントネーション［上昇］	103（30.0%）	110（48.2%）
非明示的	④言いよどみ	19（5.5%）	4（1.8%）
	⑤イントネーション［非上昇］	40（11.7%）	9（3.9%）
	⑥間投詞（フィラー）	139（40.5%）	64（28.1%）
	⑦接続詞	53（15.5%）	17（7.5%）
	⑧指示代名詞	49（14.3%）	22（9.6%）
	⑨先行発話の言い換え	37（10.8%）	9（3.9%）
	⑩先行発話の繰り返し	34（9.9%）	28（12.3%）
	⑪とりたて助詞	28（8.2%）	7（3.1%）
	⑫含意	23（6.7%）	17（7.5%）
①〜⑫の合計発話文数／分析発話文数		681/343	395/228

各セル内：当該発話文の出現数（分析発話文数に対する生起比率）※重複あり。

【表5-8】質問を表す中途終了発話文の生成と質問表示 *

		金珍娥（2013）の分類			一貫性	品詞（文中）	現れやすい言語名
		音声	形態	統辞論			
明示的	①倒置			○			日本語
	②疑問詞					○	朝鮮語
	③イントネーション［上昇］	○					朝鮮語
非明示的	④言いよどみ		○		中途終了	○	
	⑤イントネーション［非上昇］	○					日本語
	⑥間投詞（フィラー）					○	日本語
	⑦接続詞					○	日本語
	⑧指示代名詞					○	日本語
	⑨先行発話の言い換え					○	日本語
	⑩先行発話の繰り返し					○	
	⑪とりたて助詞					○	日本語
	⑫含意					○	

*実際の談話に現れる個別の発話文をみると、各質問表示が1つのみならず複数の完結条件を持つことがあるが、本表では、各項目において特徴がよく現れていると考えられる項目を抽出して示してある。また、表中の④言いよどみは、その類型によって完結条件は異なる。なお、【表5-7】に示した質問表示について、言語ごとに①〜⑫の合計発話文数（重複を含めた述べ発話文数）に対する生起比率を算出しカイ二乗検定を行なった結果、日本語では⑤イントネーション［非上昇］（$p<0.05$）、⑦接続詞（$p<0.05$）、⑨先行発話の言い換え（$p<0.05$）といった非明示的質問表示の項目で、朝鮮語では②疑問詞（$p<0.01$）、③イントネーション［上昇］（$p<0.001$）といった明示的質問表示の項目で有意差を示すことが確認された。

【図5-2】 一貫性表示による質問の中途終了発話文 生成のメカニズム

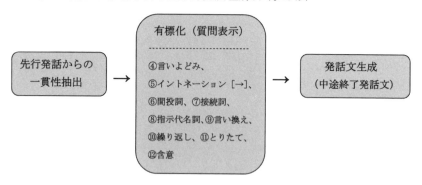

話文が日本語より朝鮮語で多く出現するという言語事実からも窺え、日本語と朝鮮語における発話（文）を介したコミュニケーションスタイルの違いの一部を構成するものとなっている。

　以上の分析から、両言語における中途終了発話文の生成は、必ずしも音声、形態、統語といったレベルのみによって規定されるものではないことが確認された。こうした発話文生成メカニズムの差異は、本章で行なったように、実現形態としての発話文を単独の発話文レベルのみならず、先行発話との有機的な関係に注目して分析することによって、はじめて解明が可能になるものである。本章では、文法体系が並行する両言語にあっても、談話における発話文の生成メカニズムは異なるという言語事実を示したが、今後はこのような事実に立脚して、発話文を談話という枠組みの中でさらに分析しながら、その存在の本質を記述していく必要があるだろう。

第 6 章 発話連鎖と談話構成

質問と応答の連鎖を中心に

第5章では、談話に現れる中途終了発話文を分析する際には、周辺発話の中でそれを捉えるという方法が有効であることを述べたうえで、その中でも特に質問を表す中途終了発話文について、先行発話との関わりから分析を行なった。しかし、考えてみれば、一連の相互作用の中でターンを引き取った後に産出される後続発話としての質問発話もまた、連鎖の開始点となるものである。そこで、本章では質問を表す発話文を後続発話との連鎖組織の中で捉え直し、それらが日本語と朝鮮語の談話において、いかなる出現の差異をみせるかを分析することにより、質問発話のさらなる動的機能について解明することにしたい。第5章の冒頭で示したとおり、本章における研究課題は、以下のようなものである。

　　〈第6章　研究課題〉〈課題2〉（再掲）
　　　日本語と朝鮮語の談話において、質問から始まる発話連鎖がいかなる出現様相をみせるかを明らかにする。具体的には、両言語の質問に対する応答発話は、形式や機能という観点からみたとき、いかなる出現の差異をみせ、相互作用の中で周辺発話と有機的関係を構築しているのかを示す。

　このように本章において発話連鎖という概念を導入するのは、談話を分析する際に任意の発話だけでなく、対話者による応答発話までを併せてみることで、先行発話の話者の意図が対話者にどのように認識され、以降の発話に影響を与えているかをみることが可能になるためである。以降では、まず主要な先行研究における【質問→応答】連鎖に関する記述を概観した後で、実際に両言語の談話において当該連鎖がいかなる出現をみせるのかを分析していくことにする。

6.1.【質問→応答】の発話連鎖とは

6.1.1.【質問→応答】の発話連鎖に関する先行研究

　【質問→応答】の発話連鎖に関する研究は、第1章でみたエスノメソドロジーの流れを汲む研究者らによって開拓された会話分析の中で大きな成果が蓄積されている。また、近年は言語学の枠組みの中でもこれを扱う研究がみられるようになってきた。ここでは、その中でも英語と日本語を扱った主要な論考を概観することにする。先行研究にみられる発話連鎖とそのモデルは**表6-1**のとおりである。

　まず、Jefferson（1972）では、英語談話における副次連鎖（side sequences）について取り上げている。副次連鎖とは、先行発話において現れたある言葉や発話内容について、補足して言及するやりとりが挿入され、この挿入された連鎖が終了すると、先行発話の話者が再び話の本筋に戻って発話を続ける、というものである。なお、西阪（2005）では、この連鎖を日本語談話に適用して論じており、それによると副次連鎖には、対話者からの質問により開始されるA－（B－A）－A型と、発話者自身から開始されるA－（A－B）－A型の2パターンが認められるとしている[96]。

　Schegloff（1972）では、英語談話における挿入連鎖（insertion sequences）[97]を取り上げており、それは、【質問→応答】という連鎖の中にさらなる【質問→応答】の連鎖が挿入され、全体としてA－（B－A）－Bという発話連鎖を形成するものであると説明している。

　Button and Case（1985）では、英語における談話展開のパターンについて分析しており、それには質問から対話者の反応を引き出すことにより、話題化を行

---

[96]　Pomerantz（1984）では、このような連鎖は、先行発話に現れたある言葉や発話内容がその時点において現れることが不適切であるということをマークするための1つの方略であると分析している。なお、西阪（2005, 2006）では、話の本筋に戻る際には、例えば日本語では「それで」、「で」といったマーカーが現れるとしており、こうしたマーカーを「連続子」とよんでいる。

[97]　「側面連鎖」という邦訳もある。

【表6-1】主要先行研究における発話連鎖
　　　　　　　（説明欄のA、Bは発話者（ターン）で、上から下に発話順を示す）*

論文名	言語	連鎖名	連鎖モデル（説明）	
Jefferson (1972)	英	「副次連鎖」①A－(B－A)－A型	A：…………。 B：…………？ A：…………。 A：…………。	【質問1】 【応答1】 ← 話の本筋に戻る。
※西阪 (2005)	※日	「副次連鎖」②A－(A－B)－A型	A：…………。 A：…………？ B：…………。 A：…………。	【質問1】 【応答1】 ← 話の本筋に戻る。
Schegloff (1972)	英	「挿入連鎖」A－(B－A)－B型	A：…………？ B：…………？ A：…………。 B：…………。	【質問1】 【質問2】 【応答2】 【応答1】
Button and Case (1985)	英	質問開始	A：…………？ B：…………。 A：…………。	【質問1】 【応答1】（反応） 【話題化】
		情報提供開始	A：…………。 B：…………。 A：…………。	【情報提供】 【応答】（反応） 【話題化】
宇佐美、嶺田 (1995)	日	「質問－応答型」(A－B)－(A－B)型	A：…………？ B：…………。 A：…………？ B：…………。	【質問1】 ← リード役となる。 【応答1】 【質問2】 【応答2】
		「相互話題導入型」(A－B)－(B－A)－(A－B)型	A：…………？ B：…………。 B：…………？ A：…………。 A：…………？ B：…………。	【質問1】 【応答1】 【質問2】 【応答2】 【質問3】 【応答3】
戸江 (2008)	日	「糸口質問連鎖」	A：…………？ B：…………。 A：…………。	【質問1】←談話展開の「前触れ」としての「糸口質問」 【応答1】 【質問1に対する語り】
梅木 (2009)	日	情報要求の「発話連鎖モデル」	A：…………？ B：…………。 A：…………。	【情報要求1】 【応答1】（提供） 【情報提供】（自己開示など）
신원선 (2010)	日朝	「화제제시를 위한 정보요구」(話題提示のための情報要求)	A：…………。 B：…………？ A：…………。	【情報提供】 【情報要求1】(新しい話題を提示) 【応答1】（展開する発話）
		「화제전개를 위한 정보요구」(話題展開のための情報要求)	A：…………。 B：…………？ A：…………。	【情報提供】 【情報要求1】 （先行発話の話題を展開） 【応答1】（展開する発話）

*表6-1は、言語の線条性（linearity）に従って談話における話者交替をモデル化したものであるが、発話の重なりについては考慮がされていない。表中の「連鎖モデル」欄の【質問1】／【情報要求1】は【応答1】と、【質問2】は【応答2】と、【質問3】は【応答3】とそれぞれ対応する発話となっている。なお、当該論考で情報要求という術語が使用されている場合は、表中、本文中でもそれに従って表記している。

なうパターンと、情報提供から対話者の反応を引き出すことにより、話題化を行なうパターンがあるとしている。

　宇佐美、嶺田 (1995) では、日本語談話における発話導入の仕方とその展開パターンについて分析しており、話題の展開には、質問－応答型（(A－B)－(A－B)型）[98]と相互話題導入型（(A－B)－(B－A)－(A－B)型）があるとしている。

　戸江 (2008) では、日本語談話にみられる糸口質問連鎖 (clue questions sequence) という連鎖を取り上げており、それを質問に対する対話者の応答の後で質問者自身が質問した内容について話し始めるパターンであるとしている[99]。

　梅木 (2009) では、日本語母語話者と朝鮮語を母語とする日本語学習者による接触場面における「情報要求の発話連鎖モデル」を示している。これによると、【情報要求→応答】連鎖の後に続く発話として、日本語母語話者は自ら情報を提供する発話（自己開示など）を多く使用するのに対し、朝鮮語母語話者（の日本語学習者）は、自ら情報を提供する発話と情報要求をする発話を同程度、使用しているという。

　신원선 (2010) では、日本語談話と朝鮮語談話における「정보수신자의 발화」（情報受信者の発話）を発話기능（発話機能）という観点から3種に分類しているが[100]、そのうち정보요구（情報要求）については、さらなる下位分類として「화제제시를 위한 정보요구」(話題提示のための情報要求)、「화제전개를 위한 정보요구」(話題展開のための情報要求) を認めている。これは、それぞれ「その発話によって新しい話題が始まったか」、「話題は変わらず話が発展したか」（ともにp.88）による分類であるが、同論考では、そのうち「話題展開のための情報要

98　水谷 (1983, 1988) において「対話」とよばれるものに近い。

99　Button and Case (1985) の「質問開始」に近い連鎖である。なお、戸江 (2008) では日本語談話における悩みの語りを取り上げて、質問から話題が導入、展開される一連の流れについて分析している。

100　同論考では、日本語と朝鮮語の談話にみられる情報のやりとりの中でも「受信者側の働き」について分析している。その中で受信者側の発話にみられる발화기능（発話機能）としては、정보요구（情報要求）、정보수신（情報受信）、정보제공（情報提供）の3種を認めている。

求」は、朝鮮語においてより多く出現するとしている。

　以上、既存の研究における【質問→応答】の発話連鎖に関する記述を概観した[101]。ここでみたいくつかの記述からもわかるように、質問発話は応答発話の出現を期待するものとして存在し、コミュニケーションの根幹を成す連鎖を作り上げるものである。そのため、質問発話の分析にあたって応答発話の出現をみることは、発話文のみならず談話展開の特性を知るうえでも大きな手がかりになるものと考えられる。本章では、既存の研究における成果をふまえつつ、日本語と朝鮮語の対照研究という枠組みから、これまで明らかにされてこなかった両言語の連鎖の本質的特徴とその差異を解明していくことにしたい。

6.1.2. 分析範囲と方法

　本項では、本格的な分析に入るための前提として、本章における分析範囲と方法についてより具体的に述べておくことにする。我々は前節で先行研究における【質問→応答】の発話連鎖について概観したが、そこでみた連鎖モデルは、質問と応答の発話がいかに有機的関係を構築し発話連鎖を作り上げているかを示したものであった。こうした連鎖モデルの中には、発話文と発話文の関係に注目したものや連鎖と連鎖／発話文の関係に注目したものがみられたが、これらは基本的に分析単位としての発話文の出現を Schegloff and Sacks（1973）における隣接ペアの概念によりモデル化したものであるとみることができる[102]。そこで、本項では連鎖モデルの基本となるこの隣接ペアという概念の談話への適用可能性について改めて考えてみることにより、本章における分析範囲、方法

---

[101] 朝鮮語の研究においても고창규（2001）、주경희（2011）、한미경, 강창임（2011）などの論考においては連鎖に関する記述がみられるが、それぞれ小学生の授業内活動、面接談話、インターネットの掲示板という極めて限定された場面を取り上げたものであり、本章で分析するような自由談話を扱ったものではない。

[102] 必ずしも Schegloff and Sacks（1973）に依っているわけではないが、少なくとも理論としては同概念を前提としていると解釈できる。

を同定するための前提を構築しようと思う。まずは、Schegloff and Sacks（1973）による隣接ペアの特徴の説明をみてみよう。

(1) two utterance length
（2つの発話から成る）
(2) adjacent positioning of the component utterances
（構成要素となる発話が隣り合っている）
(3) different speakers producing each utterance
（それぞれの発話が異なる発話者によって算出されたものである）
(4) relative ordering of parts i.e. first pair parts precede second pair parts
（各部分に適切な順番がある　例：第1部分が第2部分に先行する）
(5) discriminative relations i.e. the pair type of which a first pair part is a member is relevant to the selection among second pair parts
（区別される関係がある　例：第1部分が第2部分の選択に関係する）

(Schegloff and Sacks 1973: 295-256）筆者訳

　ここに示したように、隣接ペアは相互作用の中から隣接性、対話性、（意味的）連続性といった特徴を抽出し、異なる話者による2つの発話文が出現する際にいかなる連鎖を志向するかをモデル化したものである。Schegloff and Sacks（1973）では、隣接ペアを第1部分（ペア内部における先行発話）と、第2部分（ペア内部における後続発話）に分け、例えば、【挨拶→挨拶】、【質問→応答】、【評価→同意／不同意】といったペアが存在することを示しているが、その中でも本章の分析対象となる【質問→応答】連鎖については、談話における最も基本的な発話連鎖であるとしている[103]。
　この【質問→応答】という連鎖モデルは、例えば、以下の［例6-1］のような対話に適用することができる。

103　同論考では、隣接ペアには本文であげたものの他にも【誘い→受諾／拒否】、【申し出→受諾／拒否】、【非難→否認／是認】などのペアが存在するとしている。

［例6-1］（作例）
A：明日は、どこに行くんですか。【質問】
B：明日は、熱田神宮に行ってみようかと思ってます。【応答】
　　　　　　　　　　　　　　　　　　　（実質的回答）

改めて言うまでもないが、この例にみられるように、第1部分の質問の直後に隣接する第2部分に応答としての実質的回答が現れるパターンは、質問から始まる連鎖モデルの中でも、選好される（preferred（Pomerantz 1984））組織を生成するものであり、最も想定されやすい談話展開となるものである[104]。
　しかし、考えてみたい。日常の言語使用の場面に目を向けてみると、我々が算出する発話連鎖の中には、必ずしもこうしたモデルを志向しないものも存在するのではないだろうか。例えば、［例6-2］のような場合をみてみよう。

［例6-2］（作例）
A：明日は、どこに行くんですか。【質問】
B：行きたいところは色々あるんですけどねぇ。（非実質的回答）
A：名古屋は、見るところも色々とありますしね。
B：まぁ、明日は、まず熱田神宮に行ってみようかと思います。【応答】
　　　　　　　　　　　　　　　　　　　　　　　　　（実質的回答）

この例では、Aによる第1部分の質問発話に隣接する第2部分においてBの発話が確認されるが、それは実質的回答を示す発話ではなく、即座の回答を避け、留保をするような曖昧な発話となっている。そして、それ以降では、続く第3部分（第2部分の後続発話）で再びAの発話が現れた後、第4部分（第3部分の後続発話）において、ようやく当初の質問に対する実質的回答としての応

---

[104]　Pomerantz（1984）では、第1部分話者が期待する応答発話が最初の可能な機会に単純な形式で出現したとき、それを「選好される」ものとしている。なお、逆にそれが遅延したり理由説明を伴ったりする場合は、「選好されない」（dispreferred）ものとなる。

答発話が示されている。つまり、質問発話に続いて（予期せぬ、あるいは意図的な）挿入が起こったことにより、質問発話とそれに対する実質的回答を表す発話は、相対的に離れた位置に現れている。こうした連鎖は、［例6-1］にみられるような隣接ペアのモデルにおいて一義的に想定されている発話順からは逸脱するものの、即時的なやりとりを前提とする談話においては、決して例外的なものではないと考えられる。

　以上のような例から、実際の談話に現れる発話連鎖を記述する際には、隣接ペアの概念が想定する質問とそれに対する実質的回答としての応答が隣接する場合のみならず、それらが隣接せずに離れて現れ、相互作用を継続させる場合についても考慮する必要があることが示唆される。しかし、こうした観点に立って改めて先行研究をみてみると、そこで扱われている連鎖モデルは、両者が隣り合っていることを前提としたものが多く、隣り合わずに現れる場合（あるいは実質的回答が現れない場合）について想定したものはそう多くないことがわかる[105]。実際の相互作用において、質問に続く後続発話はいかなる出現をみせるのだろうか。また、それらの発話連鎖において隣接ペアのモデルは、どこまで適用が可能なのであろうか。本章では、こうした問いに答えるために第1部分の質問発話に隣接する第2部分全体を発話連鎖における応答発話とみなし、そこにいかなる発話が現れ、相互作用を促進しているかを明らかにしようと思う。なお、先にも述べたとおり、この第2部分の応答発話には、質問に対する実質的回答の発話のみならず、実質的回答以外の発話が現れることも予想される。そのため、本章では前者を「実質的回答発話」、後者を「非実質的回答発話」と名付け、異なる種類の応答発話として扱ったうえで、連鎖の生成を発話機能、発話形式という観点から分析することにする。以上のことをふまえ、本章における質問に続く第2部分の応答発話の分類、および【質問→応答】連鎖の分析モデルを示すと、**図6-1**のようになる（例は、筆者による作例）。

---

[105]　隣接ペアの構成要素は必ずしも隣接して現れるとは限らないとみる論考も存在する。そのような論考では、この概念について、例えば「応答ペア」（ザトラウスキー 1993）、「隣接応答ペア」（メイナード 1993）などとよんで区別している。

【質問に対する第2部分の応答発話の分類】

1. 実質的回答発話

　第1部分の質問に対する直接的、かつ実質的な回答として、情報や評価、意志を提供する発話。隣接ペアの概念により一義的に想定される発話となる。

(例) A：これは何…？【質問】
　　 B：それは名古屋名物、ういろうだよ。【応答】(実質的回答)

2. 非実質的回答発話

　第1部分の質問に対する直接的、かつ実質的な回答を示さない発話。隣接ペアの概念により一義的には想定されない発話である。

(例) A：これは何…？【質問】
　　 B：何だと思う？【応答】(非実質的回答)

【図6-1】本章における質問→応答連鎖の分析モデル

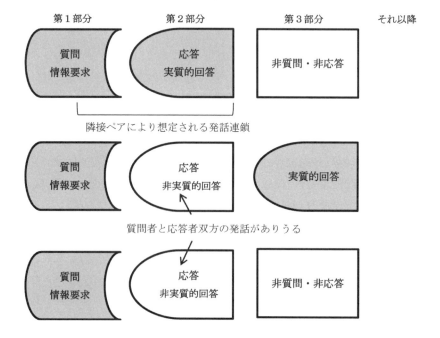

上述のように本章では、質問から始まる連鎖のうち、第1部分、第2部分を分析対象とする。談話内部において発話文が出現し連鎖を形成する際に、ある種のモデルを志向するとみることは、1つの傾向の記述としては正しい理解であるかもしれないが、実際の言語使用における発話文は、必ずしもそうしたモデルにみられるような合理的、かつ理論的な体系に従って出現しているとは限らない。そこで、【質問→応答】連鎖を情報の授受のみによらないより広い観点から捉えることにより、日本語と朝鮮語の連鎖生成の深層に迫っていきたいと思う。

6.2. 第2部分における応答

　本節では、両言語の発話連鎖形成に関する具体的分析を行なう。手順としては、談話全体における第2部分の応答発話の出現様相を計量化したデータにより確認した後で、発話形式、発話機能の項目ごとに用例をみながら、考察を加えていくことにする。

6.2.1. 第2部分における応答発話の出現様相

　本項では、まず談話全体において応答発話がいかなる出現様相を示すかをみておくことにしよう。本書で分析対象とする談話において、質問発話は日本語では856例、朝鮮語では830例が確認されたが、これらに対する応答発話は、**表6-2**のような出現をみせることが明らかになった。
　表6-2に示された生起比率をみると、両言語ともに実質的回答発話は46%台にとどまる一方で、非実質的回答発話は53%台を示しており、非実質的回答発話の方でより高い比率をみせていることが確認される。このことはつまり、実際の談話にあっては、【質問→応答】連鎖のうち、隣接ペアの概念に合致するパターンは全体の半数にも満たないということを示すものであり、既存の諸研究における連鎖モデルとは大きく異なる結果を示すものである。

【表6-2】質問に対する応答発話の出現数と生起比率

		第1部分（質問）	
		日本語	朝鮮語
第2部分（応答）	実質的回答発話	400（46.7%）	383（46.1%）
	非実質的回答発話	456（53.3%）	447（53.9%）
計		856（100%）	830（100%）

各セル内：当該発話文の出現数（生起比率）

　このように実際の談話データをみた結果、日本語でも朝鮮語でも第1部分の質問発話に隣接する第2部分において、非実質的回答発話が実質的回答発話より多く現れるという新たな事実が確認された。こうした事実は、一体いかなる要因によって生成されるものなのであろうか。また、両言語の実質的回答発話、非実質的回答発話は、生起比率としては類似した数値を示しているが、これを細部においてみた場合には、いかなる出現の異同をみせるのだろうか。以降では、上掲のデータが両言語の談話におけるどのような言語事実を反映したものであるかをみるために、【質問→応答】という連鎖の出現を発話形式、発話機能という観点から捉え、分析していくことにする。

6.2.2. 発話形式による出現様相

　本項では、第2部分の応答発話を発話形式という観点からみてみよう。まず、第2部分における発話形式の出現様相を実質的回答発話、非実質的回答発話に分けて示すと、**表6-3**のようになる。

　両言語における連鎖の出現を比較してみると、応答が実質的回答発話であるとき、その第2部分には日本語では中途終了発話文が、朝鮮語では非中途終了発話文がより多く現れていることがわかり、これらはカイ二乗検定の結果でも0.1%水準の有意差があることが確認された（$p<0.001$）。一方で、応答が非実質的回答発話であるときは、その第2部分には両言語ともに非中途終了発話文が多く現れており、両言語に際立った有意差は認められなかった。以上のことから、質問に対する応答発話を発話形式という点からみたときに両言語の差異に

【表6-3】質問に対する応答発話の出現数と生起比率
―― 第2部分の発話形式による分類 ――

〈第2部分が実質的回答発話である場合〉

	日本語	朝鮮語
非中途終了発話文	173（43.2%）	223（58.2%）
中途終了発話文	227（56.8%）	160（41.8%）
計	400（100%）	383（100%）

〈第2部分が非実質的回答発話である場合〉

	日本語	朝鮮語
非中途終了発話文	337（73.9%）	331（74.0%）
中途終了発話文	119（26.1%）	116（26.0%）
計	456（100%）	447（100%）

各セル内：当該発話文の出現数（生起比率）

大きく関わるのは、第2部分が実質的回答発話である場合であるということが確認される。

以下では、上記の結果をふまえ、第2部分の応答が実質的回答発話である場合、非実質的回答発話である場合に分けて分析していくことにする。

6.2.2.1. 実質的回答発話である場合

ここでは、第2部分が実質的回答発話である場合の連鎖の出現についてみてみることにしよう。なお、ここからは談話における発話文の動的特性により接近するために、第2部分のみならず第1部分の発話形式による出現差も同時にみることにする。第1部分の発話形式に対する第2部分の発話形式の出現様相は、**表6-4**のとおりである。

表6-3では、応答に実質的回答発話が現れる際、その第2部分には日本語では中途終了発話文が、朝鮮語では非中途終了発話文が現れやすいことが確認されたが、これを第1部分の発話形式との関係の中でみてみると、日本語では【質問（中途）→応答（実質的回答発話：中途）】で多い出現を示す一方で（出現の実数基準で、朝鮮語の約2.3倍）、朝鮮語では【質問（非中途）→応答（実質的回答発話：非中途）】で多い出現を示すという違いをみせており（出現の

【表6-4】質問に対する応答（実質的回答発話）の出現数と生起比率
　　　　── 発話形式による分類 ──

日本語談話

		第1部分（質問）	
		非中途	中途
第2部分 （応答：実質）	非中途終了発話文	94（42.3%）	79（44.4%）
	中途終了発話文	128（57.7%）	99（55.6%）
	計	222（100%）	178（100%）

朝鮮語談話

		第1部分（質問）	
		非中途	中途
第2部分 （応答：実質）	非中途終了発話文	153（56.7%）	70（61.9%）
	中途終了発話文	117（43.3%）	43（38.1%）
	計	270（100%）	113（100%）

各セル内：当該発話文の出現数（生起比率）

実数基準で、日本語の約1.6倍）、両言語の差異を形成する特徴的な違いになっていることがわかる。

　このように情報の授受がなされる際に日本語においては中途終了発話文が、朝鮮語においては非中途終了発話文が選択されやすいのは、以下の2つの要因が関係しているといえる。1つめは、第4章でも述べたことがあるように、そもそも連鎖の開始点となる第1部分において、日本語では中途終了発話文の、朝鮮語では非中途終了発話文の質問（情報要求）発話が現れやすいという違いによるものである。これは、日本語の中途終了発話文の使用域が朝鮮語に比べ相対的に広いことと関わりを持つもので、**表6-4**の合計欄をみても日本語では中途終了発話文による質問が、朝鮮語では非中途終了発話文による質問が相対的に多く現れていることがわかるだろう。また、2つめは、第2部分において実質的回答発話が現れる際に日本語話者は終止形語尾を文末に明示しない発話形式を選択することでターンの譲渡を促し、談話展開の主導権を対話者に預けようとするのに対し、朝鮮語話者は終止形語尾を明示する発話形式を選択することで求められている情報をより明確に提供しようとするという違いによるものである。このとき、日本語談話における中途終了発話文は発話誘発因子とし

第6章 ｜ 発話連鎖と談話構成　　157

て機能しており、新たな発話や連鎖の生成に貢献しているとみることができる。以下に示す［例6-3］、［例6-4］（ともに初対面談話）における連鎖をみても、その第1部分、第2部分は日本語では中途終了発話文で、朝鮮語では非中途終了発話文（完全文）により現れており、質問と応答の発話形式が両言語のコミュニケーションスタイルにおける相違とも有機的に関係しながら選択されていることを確認することができる。

　　［例6-3］（日本語談話）[106]
　　　　JNB：え、まだ見た、ってか、見たことないですか、授業（ない。）、大学入って…。
　　　　JN6：あ、ないです。
　　　　JNB：あ、そっか。
　　→　　　：あれ、え、大学が…。［→］【質問】　※中途終了発話文
　　⇒JN6：「大学名」…。【応答】（実質的回答発話）　※中途終了発話文
　　　　JNB：「大学名」…。
　　　　JN6：あ、はい。
　　　　JNB：「大学名」、「地名」の…？。
　　　　　　　「地名」っていうか。
　　　　JN6：あそこしかないんで…。

　　［例6-4］（朝鮮語談話）
　　→KN1：그럼, 뭐, 어떤 일 하세요?．【質問】　※非中途終了発話文
　　⇒KNB：저는 증권회사 다니고<웃으면서>있습니다．
　　　　　　　　　　【応答】（実質的回答発話）　※非中途終了発話文
　　　　KN1：좋은 일 하시네．
　　　　KNB：<웃음>．

106　以降、本章において用例を提示する際は、「→」により第1部分を、「⇒」により「第2部分」を示すことにする。

（日本語訳）
→KN1：じゃあ、あの、どんな仕事をされているんですか。
⇒KNB：私は、証券会社に勤めて＜笑いながら＞います。
　KN1：いい仕事されてますね。
　KNB：＜笑い＞。

　なお、【質問（中途）→応答（実質的回答発話：非中途）】の出現をみると、生起比率でこそ朝鮮語の方で高い数値をみせているが、日本語の談話においては共同発話（co-construction）という特徴的な連鎖が多く確認された。これは、髙木（2012）においても述べたことがあるように、第1部分が中途終了発話文であるときに特徴的に確認されるもので、談話における結束性と一貫性の支配のもと、第1部分話者による（いわゆる不完全な）発話に対し、第2部分話者が補足や付け足しを行なうことにより、結果として1つの文（の完成）を志向するものである[107]。このとき、第1部分における中途終了発話文は、発話誘発因子としてより強く機能しており、相互作用における談話参与者間の一体感を創出することに貢献しているといえる。共同発話は、従来から日本語談話における特徴の1つといわれてきたが、本研究の談話データにおいても日本語で19例、朝鮮語で4例と、日本語談話でより多く確認されるという違いをみせた。

［例6-5］（日本語談話）
　JNB：私（わたし）ー、6月でー＜笑い＞、えー、26にー…。
　JN6：あー、そうなんですか。
　JNB：なりましてー…＜笑い＞。

---

[107] こうした発話連鎖は、水谷（1988）では「完結」、堀口（1997）では「先取り発話」などとよばれている。髙木（2012）でも示したとおり、補足や付け足しを行なう後続発話は、必ずしも完全文であるとは限らないが、ここでは典型的な例として完全文が続くことにより、1つの文（の完成）を志向する場合についてみておく。なお、Sacks, Schegloff and Jefferson（1974）、串田、好井（2010）では、以降の発話内容、談話展開を暗示するような発話文が出現することを「投射」（projection）とよんでおり、話者交替のきっかけとなりうることが示されている。

【表6-5】質問に対する応答（非実質的回答発話）の出現数と生起比率
　　　　── 発話形式による分類 ──

日本語談話

		第1部分（質問）	
		非中途	中途
第2部分（応答：非実質）	非中途終了発話文	203（69.8%）	134（81.2%）
	中途終了発話文	88（30.2%）	31（18.8%）
計		291（100%）	165（100%）

朝鮮語談話

		第1部分（質問）	
		非中途	中途
第2部分（応答：非実質）	非中途終了発話文	255（76.8%）	76（66.1%）
	中途終了発話文	77（23.2%）	39（33.9%）
計		332（100%）	115（100%）

各セル内：当該発話文の出現数（生起比率）

　→JN6：あれー、じゃあ、大学に入るときにー…。［→］
　　　　　　　　　　　　　　　　　　　　　【質問】※中途終了発話文
　⇒JNB：一回<浪人をしております>}<}【。【応答】（実質的回答発話）
　　JN6：}}<あっ、そうなん…>}>}。
　　　　　あ、俺もですよ。
　　JNB：あ、本当ですか？。

6.2.2.2. 非実質的回答発話である場合

　続いて、第2部分が非実質的回答発話である場合の連鎖の出現についてみることにしよう。第1部分の発話形式に対する第2部分の発話形式の出現様相は、**表6-5**のとおりである。

　表6-3では、第2部分が非実質的回答発話であるとき、その発話形式は両言語ともに非中途終了発話文が現れやすいことが確認されたが、これを第1部分の発話形式との関係でみると、日本語では【質問（中途）→応答（非実質的回答発話：非中途）】で相対的に多い出現を示す一方で（出現の実数基準で、朝鮮語の約1.8倍）、朝鮮語では【質問（非中途）→応答（非実質的回答発話：非

中途)】で相対的に多い出現をみせており（出現の実数基準で、日本語の約1.3倍)、両言語の差異を形成する特徴的な違いになっていることがわかる。

　このような出現をみせるのは、やはり日本語においては中途終了発話文による質問が、朝鮮語においては非中途終了発話文による質問が多く現れやすいこととの関係が深いが、その一方で、応答発話において、両言語ともに非中途終了発話文が選好されやすいのは、非実質的回答という質問に対する第2部分としては、本来的には想定されない、ある種、有標化された発話内容を明示的に伝達するための発話装置として同発話形式が選択されるためであると考えられる。

6.2.3. 発話機能による出現様相

　本項では、第2部分の応答発話を発話機能という観点からみることにする。第2部分の応答発話を3.2.2.1.でみた発話機能により分類、整理すると、**表6-6**のような出現様相をみせることがわかった。

　質問に対する応答発話に実質的回答発話と非実質的回答発話が現れることは先に述べたとおりだが、このうち実質的回答発話が持つ発話機能には①情報提供が、非実質的回答発話が持つ発話機能には、②注目表示、③情報要求、④(無関係な) 情報表示、⑤行為要求、⑥第1部分話者の発話継続の5種が確認され、連鎖の第2部分において計6種の発話機能が確認されることがわかった。なお、このうち、①～⑤は第1部分～第2部分で発話者が交替する場合、⑥は第1部分～第2部分で発話者が交替しない場合である[108]。

　表6-6により両言語における第2部分の発話機能別出現を比較してみると、前述のとおり、実質的回答発話（①情報提供）に関しては、大きな出現差をみせていないことがわかる。しかし、その一方で、非実質的回答発話の下位項目に関しては、②注目表示は日本語で、③情報要求は朝鮮語で高い生起比率をみせていることがわかり、カイ二乗検定の結果でも前者では0.1%水準の有意差

---

[108] ⑥第1部分話者の発話継続は発話機能による分類ではないが、本書では第2部分に現れる発話の総体を応答とみるため、本項における分析項目に含めている。

【表6-6】質問に対する応答発話の出現数と生起比率
　　　　　── 第2部分の発話機能による分類 ──

			日本語		朝鮮語	
第2部分（応答）	実質的	①情報提供	400（46.7%）		383（46.1%）	
	非実質的	②注目表示		241（28.2%）		169（20.4%）
		③情報要求		87（10.2%）		111（13.4%）
		④（無関係な）情報表示	456 (53.3%)	19（2.2%）	447 (53.9%)	33（4.0%）
		⑤行為要求		19（2.2%）		23（2.8%）
		⑥第1部分話者の発話継続		90（10.5%）		111（13.4%）
		計	856（100%）		830（100%）	

セル内：当該発話文の出現数（生起比率）

【表6-7】質問に対する応答（実質的回答発話）の出現数と生起比率
　　　　　── 発話機能、発話形式による分類 ──

		日本語		朝鮮語	
		第1部分（質問）			
		非中途	中途	非中途	中途
第2部分 （応答：実質的）	①情報提供	222（43.3%）	178（51.9%）	270（44.9%）	113（49.6%）

セル内：当該発話文の出現数（当該発話形式による「質問」文全体に対する生起比率）

が（$p<0.001$）、後者では5%水準の有意差が（$p<0.05$）認められた。このように両言語の質問に対する応答発話は発話機能という観点からみた場合、非実質的回答発話の出現において顕著な差をみせていることが確認できる。以下では、上記の結果をふまえ、第2部分の応答が実質的回答発話である場合、非実質的回答発話である場合に分け、分析を行なっていく。

6.2.3.1. 実質的回答発話である場合

本項では、第2部分が実質的回答発話である場合の連鎖の出現についてみる。なお、本項と次項では、連鎖の生成要因をより多角的に分析するために、それぞれの応答発話が直前の第1部分（質問）の発話形式によって、いかなる出現の差異をみせるかについても併せて考察することにする。第2部分に実質的回答発話が現れる場合は、発話機能としては、①情報提供しかないため、**表6-7**

【表6-8】質問に対する応答（非実質的回答発話）の出現数と生起比率
　　　　　── 発話機能、発話形式による分類 ──

		日本語		朝鮮語	
		第1部分（質問）			
		非中途	中途	非中途	中途
第2部分（応答：非実質的）	②注目表示	147 (28.7%)	94 (27.4%)	124 (20.6%)	45 (19.7%)
	③情報要求	49 (9.6%)	38 (11.1%)	82 (13.6%)	29 (12.7%)
	④(無関係な)情報表示	13 (2.5%)	6 (1.7%)	27 (4.5%)	6 (2.6%)
	⑤行為要求	14 (2.7%)	5 (1.5%)	15 (2.5%)	8 (3.5%)
	⑥第1部分話者の発話継続	68 (13.3%)	22 (6.4%)	84 (14.0%)	27 (11.8%)
	計	291 (56.7%)	165 (48.1%)	332 (55.1%)	115 (50.4%)

セル内：当該発話文の出現数（当該発話形式による「質問」文全体に対する生起比率）

ではその第1部分の発話形式による出現様相を示す。

表6-4でみたように、応答に①情報提供の発話が現れる際は、実数としては、第1部分が日本語では中途終了発話文であるときに、朝鮮語では非中途終了発話文であるときに多い出現を示すが、発話機能全体における比率では大きな差異をみせないことが確認される。

6.2.3.2. 非実質的回答発話である場合

続いて、本項では第2部分が非実質的回答発話である場合の連鎖の出現についてみることにしよう。第1部分の質問の発話形式に対する第2部分の応答の発話機能の出現様相は、**表6-8**のとおりである。

表6-8をみてわかるように、②注目表示は第1部分の発話形式を問わず、日本語で高い生起比率をみせていること、③情報要求は第1部分が非中途終了発話文であるときに朝鮮語で高い生起比率をみせていること、⑥第1部分話者の発話継続は第1部分が中途終了発話文であるときに朝鮮語で高い生起比率をみせることなどが確認され、カイ二乗検定の結果をみても、②注目表示（非中途終了発話文）では1%水準の有意差が（$p<0.01$）、②注目表示（中途終了発話文）、③情報要求（非中途終了発話文）、⑥第一部分話者の発話継続（中途終了発話文）では、それぞれ5%水準の有意差が（$p<0.05$）認められることが確認された。上記の出現の特徴は、表6-6で示された談話全体における出現傾向とも概ね一

致するものであり、各言語における出現差を形成する要因となっているとみてよいだろう。

　以下では、②〜⑥の発話機能項目ごとに用例をみながら、上記の結果をふまえ、それぞれの特徴について、さらなる分析を加えていくことにする。

　まずは、②注目表示についてみてみよう。注目表示とは、質問に対して実質的回答を行なわずに対話者の発言への認識を示す場合、あるいは肯定／否定、受諾／拒否といった命題に対する態度のみを示す場合をさす。このような連鎖は第1部分の発話形式を問わず、日本語においてより高い生起比率をみせているが、これは日本語でフィラーや中途終了発話文の使用が多いことと深く関係するものである。

　ここではフィラーが単独で現れる場合の例をみてみよう[109]。

　　［例6-6］（日本語談話）
　　　JN8：あ、サークルの後輩です。
　　　JNB：あ、後輩で…。
　　　JN8：はい、私が先輩…。
　　→JNB：あ、で、そっち、え、その時に付き合って（はい、はい。）そのまま結婚、（はい。）みたいな…？。［↑］【質問】
　　⇒JN8：はい。【応答】（②注目表示）
　　　JNB：ああ、いいですね、お幸せそうで…。

---

[109] フィラー（あいづち）を隣接ペアにおける情報提供発話とみなしうるかという議論は、Hayashi T and R Hayashi（1991）やメイナード（1993）でも行なわれている。2.1.2.でも述べたとおり、本書ではフィラー発話も発話文（ターン）として認める立場をとるため、この発話も応答発話としての認定資格は持つことになるが、フィラー自体は実質的内容を表す発話ではないため、情報提供としては認めず、注目表示に分類している。なお、先行研究における第2部分の発話に関する記述をみると、Stubbs（1983）、李麗燕（1995）、木暮（2001）、福富（2006）などにも情報要求からのターンを取得する応答の基本形は、「答え＋関連情報の添加」であるとの記述があり、談話展開という観点からみた場合、単独のフィラーは、一義的には実質的回答にはなりえないことがわかる。

この例では、JN8はJNBの質問に対し、フィラーにより肯定の態度のみを示しているが、このようにターンを即座に相手に譲渡することで、談話展開における主導権を対話者に委ねていることがわかる。
　また、注目表示には第1部分（質問）の一部、ないしは全体が単純に繰り返される場合、言いよどみ、ひとりごとなども確認された。以下では繰り返しの例をみてみよう。

　　［例6-7］（日本語談話）
　　　JN17：うん、俺の友達、パン屋でバイトしてるけど、それこそ朝5時
　　　　　　半とかに、しゅ…。
　→JNB：バイトでも…？。［↑］【質問】
　⇒JN17：バイトー…。【応答】（②注目表示）
　　　JNB：バイトも、ということはそのやってる人はもっと早いってこと
　　　　　　…？。
　　　JN17：そうじゃない？。

　この例において、応答者たるJN17は、先行発話者JNBにより発せられた「バイト」という語の末尾をやや伸ばしつつ、繰り返している。こうした発話は、黄英哲（2003）では、応答発話の「準備技術」のうち「質問された内容のポイントの繰り返し」に分類されるもので、実質的な情報提供は行なわないものの、ターン保持への姿勢を示すために時間稼ぎを行なう発話である。なお、福富（2006）には、日本語母語話者は質問に対して「質問の答え＋追加情報」、「相手の発話の一部（＝丁寧さを表す）＋質問の答え」を中心に応答する傾向が強いとの記述があるが、上のような例は、まさに実質的回答を提供するための一種の準備段階であると同時に、対話者への丁寧さをも表しているとみることができるだろう[110]。

110　こうした発話をBolden（2009）は、「応答者が応答の途中にはあるが、すぐには応答できないことを示す手続き」とよんでいる。なお、繰り返し発話の出現様相については、第7章で分析する。

【表6-9】質問→応答（情報要求）連鎖の出現数と生起比率
　　　　── 第2部分の談話機能による分類 ──

		日本語		朝鮮語	
		第1部分（質問）			
		非中途	中途	非中途	中途
第2部分 （情報要求）	❶同意・同調	22（44.9%）	20（52.6%）	13（15.9%）	5（17.2%）
	❷意味交渉・確認	11（22.4%）	4（10.5%）	37（45.1%）	11（37.9%）
	❸情報	16（32.7%）	14（36.8%）	32（39.0%）	13（44.8%）
計		49（100%）	38（100%）	82（100%）	29（100%）

セル内：当該発話文の出現数（生起比率）

　次に、❸情報要求についてみる。これは、質問の後にさらなる情報要求が現れるパターンで、モデルとしては、Schegloff（1972）の挿入連鎖（A −(B − A)− B）の形を志向するものである。このような連鎖は朝鮮語談話で第1部分が非中途終了発話文である場合に高い生起比率をみせることが確認されているが、ここではこのような差異を形成する要因にさらなる接近をするために、挿入連鎖の開始点となる第2部分の応答発話を情報要求発話の談話機能[111]により分類し、その出現様相を分析してみることにしよう。

　表6-9をみると、第1部分の発話形式を問わず、日本語では第2部分に❶同意・同調要求が現れやすいこと、朝鮮語では❷意味交渉・確認要求が現れやすいという傾向をみせていることがわかり、カイ二乗検定の結果でも、❶同意・同調要求（非中途終了発話文）では0.1%水準の有意差が（$p<0.001$）、❶同意・同調要求（中途終了発話文）では1%水準の有意差が（$p<0.01$）、❷意味交渉・確認要求（非中途終了発話文・中途終了発話文）では5%水準の有意差が（$p<0.05$）認められることが確認された。ただし、これを出現の実数にも注目してみた場合、朝鮮語では第1部分が非中途終了発話文であるときに、❷意味交渉・確認要求、❸情報要求で圧倒的に多い出現数を示しており、**表6-8**でみた出現傾向を支える要因となっていることがわかる。ここで朝鮮語の例をみて

111　4.1.2.を参照。

みよう。

[例6-8]（朝鮮語談話）
　　KNB：수업하다가 반지를 이렇게 습관적으로 만진다．［↑］
　　　　　만지는데, 없어．
→KN14：나만 괜히 심각하게 생각하고 있는 거 아니야？．【質問】
　　　　　　　　　　　　　　　　　　※非中途終了発話文
⇒KNB：머를…？．［↑］【応答】（③情報要求）
　　KN14：반지를….
　　　　　나는 신경 쓰고 맨날 핸드폰 충전하는 데 위에 고스란히 이렇게 놔둬놓고 갖고 나오는데 맨날….

（日本語訳）
　　KNB：授業中に指輪をこうやって、いつも触るのね。［↑］
　　　　　触ったんだけど、ないのよ。
→KN14：俺だけ無駄に深刻に考えてるんじゃないのか？
⇒KNB：何について…？［↑］
　　KN14：指輪について…。
　　　　　俺は気にして、いつも携帯を充電するところの上に、そのままこうやって置いておいて、持って出てくるのに、いつも…。

　この例でKN14は、KNBに対し「-는 거 아니야？」（～ではないのか？）と断定調の疑問文により質問を行なっている。しかし、対話者であるKNBは、それに対し答えるどころか、さらなる質問をすることにより応答している。この例にみられるように、朝鮮語話者は非中途終了発話文の質問に対し、意味や情報といった先行発話内容に関するより具体的な質問をし、談話展開により強い関与をしつつ、主題に対する明確化を図ったうえで、談話を展開させようとする傾向が強いことが窺える[112]。

112　本書では、立ち入った分析を行なうことを避けるが、韓国社会においては対話者の私的領域に関する質問を行なうことが社会的に自然な雰囲気である（任榮

次に、④(無関係な)情報表示が続く場合をみる。H.P. Grice (1975)では、円滑な相互作用が促進されるための原則として、会話の公準 (conversational maxim) を定めているが、その中では、談話において参与者は、常に関連のあることを言わなければならないという関係の公準 (maxim of relation) が示されている[113]。しかし、談話において実現された連鎖をみてみると、第1部分の質問に続く第2部分において、質問に対する直接的回答とならない情報表示がなされることがある:

[例6-9](朝鮮語談話)
 KN16: 응-, 내가 얼마 전에 들은 건데 우리나라 공무원들이 제일 두려워하는 게 뭐라고 생각해？.
→KNB: 두려워 하는 거…？. [↑] 【質問】
⇒KN16: 누가 나한테 물어봤는데 내가 (어어.) 틀린 대답을 했거든.
        【応答】(④(無関係な) 情報表示)
 KNB: 어.
 KN16: 너가 두려워하는 게 뭐야？.
(日本語訳)
 KN16: うん、ちょっと前に聞いたんだけれど、韓国の公務員が一番恐れているものは、何だと思う？
→KNB: 恐れているもの…？ [↑]
⇒KN16: ある人が私に聞いたんだけれど (うん)、間違った答えを言ったのね。
 KNB: うん。
 KN16: あなたが恐れてるものは何なの？

哲 2003) といった言説が多く語られるのもこのような言語使用上の特徴と一部、関係しているものと思われる。

113 H.P. Grice (1975) の会話の公準では、関係の公準のほかに量の公準 (maxim of quantity)、質の公準 (maxim of quality)、様態の公準 (maxim of manner) の3つが定められている。

この例において、KN16は、KNBによる質問に対する直接的回答とはならない情報の提供（表示）を行なっているが、これはKN16が談話展開における主導権を握ろうとしていることと関係がありそうである。このように実際の談話においては、たとえ応答者による情報提供（表示）がなされたとしても、それが必ずしも質問者の期待するものではないことがあるのである。

続いて、⑤行為要求の用例をみる。これは、第1部分の質問に対する実質的回答を直接与えるものではないが、語用論的にみると、発話者の命題に対する何らかの具体的態度を表すものであるといえる。こうした連鎖は、両言語ともに初対面談話では現れにくいものであるが、友人談話においては数例ずつが確認されている。

[例6-10]（朝鮮語談話）
　　KNB：그니까 좀 스타일 여성스럽게 입고 다녀.
　　KN19：여성스럽게…？.
　　KNB：응.
→KN19：나보고 굽 신으면 진짜 이상하다며…？. [↑]【質問】
⇒KNB：굽은 신지 마. 【応答】（⑤行為要求）
（日本語訳）
　　KNB：だから、少し（服の）スタイル、女の子っぽくしなさいよ。
　　KN19：女の子っぽく…？
　　KNB：うん。
→KN19：私がヒール履いたら、変だって…？[↑]
⇒KNB：ヒールは履かないでよ。

最後に、⑥第1部分話者の発話継続の場合をみる。これは、質問発話が現れたにも関わらず、次のターンにおいて話者交替が起こらず、質問を行なった話者がさらに続けて発話を行なうというものである。このような連鎖は、朝鮮語談話で第1部分が中途終了発話文である場合に高い生起比率をみせている。以下のような例である。

第6章 発話連鎖と談話構成

[例6-11]（朝鮮語談話）
 KNB：일본이면 그냥 일본 학생인가, 통일교인가?.
 KN14：응?.
→KNB：통일교…?.［↑］【質問】 ※中途終了発話文
⇒ /인명/가 통일교거든.【応答】（⑥発話継続）
 KN14：아-, 그러면 일로 오는 거야?.
 KNB：응.
（日本語訳）
 KNB：日本なら、日本の学生かな、統一教会かな？
 KN14：うん？
→KNB：統一教会…？［↑］
⇒ 「人名」が統一教会なのよ。
 KN14：あー、だったら、ここに来るわけ？
 KNB：うん。

　この例でKN14は、KNBによる質問に対し、何らかの応答を即座に行なわなかったため、質問者であるKNBはさらなる発話を継続していることがわかる（KNBによる両発話には2秒以上の時間差がみられた）。これは、発話形式という観点からみると、KNBの中途終了発話文による質問に対して、対話者であるKN14はターンの交替を予期していなかったとみることもでき、朝鮮語における質問の中途終了発話文の出現が、日本語ほど話者交替に強く関わっていないことを示唆するものである。

　以上、第1部分の【質問（情報要求）→応答】という発話連鎖が発話機能、発話形式という観点からみたときにいかなる出現様相を示すかを概観してきた。第2部分発話の出現に着目してデータを分析した結果、両言語において特徴的な差異をもたらすのは、発話機能という観点からみたときには、第2部分が非実質的回答発話で、その中でも②注目表示、③情報要求、⑥第1部分話者の発話継続といった発話機能を持つ場合であることが明らかになった。また、第1部分の発話形式により、後続の第2部分の出現に差異がみられることも確認さ

れた。このように両言語の第2部分における応答発話は、それを実質的回答発話、非実質的回答発話という上位レベルからみた場合には、類似した数値を示す一方で、これを機能や形式といった観点から眺めると、異なる出現様相をみせることが明らかになった。続いて、次節ではこれまでみてきた言語事実を総合し、第2部分の発話生成に関わる要因について分析することにする。

6.3. 第2部分の発話文生成に関わる機能要因

　前節までは、日本語と朝鮮語の談話に現れる【質問→応答】連鎖が、いかなる出現様相をみせるかについて、第2部分の出現に注目して分析を行なってきた。一連の分析により、質問から始まる発話連鎖は多様な後続要素とともに、情報の授受にとどまらない様々な相互作用を促進しており、両言語の応答発話は、細部においては異なる出現様相をみせることを確認した。このような両言語における第2部分の出現の差異を形成する要因としては、例えば、本章でみたように、機能、形式による影響が考えられるが、ここではこれを特に談話展開における機能という観点から考えてみたいと思う。談話における発話文の動的機能を考えた場合、第2部分発話の生成にあたっては、発話文に現れるストラテジーとしての談話展開機能の存在が大きいといえる。これまでにみてきたことをふまえ、第2部分としての応答発話にみられる発話機能ごとに談話展開機能を抽出すると、**表6-10**のようなものが認められることがわかる。

　表6-10に示したように、第2部分における応答発話の中からは、対話者への主導権譲渡、談話展開へのより強い関与、先行発話情報への補足、時間稼ぎといったストラテジーとしての談話展開機能が抽出された。これらは、第2部分において応答発話が生成される際、発話文に現れるもので、大きな傾向としては、日本語では対話者への主導権譲渡、朝鮮語では談話展開へのより強い関与、先行発話情報への補足が出現しやすいという違いを持つ。こうした違いは、日本語話者は対話者との関係に配慮した対者志向的な談話展開を好み、朝鮮語話者は先行発話内容に関わるより具体的なやりとりを行なう対事志向的な談話展開を好むという特徴を現したものであると考えることができる。

第6章 | 発話連鎖と談話構成

【表6-10】第2部分の応答発話が持つストラテジーとしての談話展開機能

			談話展開機能				現れやすい場合 (言語名： 第1部分の発話形式)
			対話者へ の主導権 譲渡	談話展開 へのより 強い関与	先行発話 情報 への補足	時間 稼ぎ	
第2部分	実質的	①情報提供			○		
	非実質的	②注目表示	○			○	日本語：中途、非中途
		③情報要求		○	○		朝鮮語：非中途
		④(無関係な)情報表示		○	(○)		
		⑤行為要求		○			
		⑥第1部分話者の発話継続		○	○		朝鮮語：中途

　なお、上記のようなメカニズムにより生成された発話文は、文そのものが持つ発話機能に加え、談話展開機能という機能を有しており、談話における発話文の機能は、重層性を有するものであると考えることができる。談話展開機能は、発話文そのものが単独で持つ発話機能とは別に、談話という動的相互作用の中で現れるものである。こうしたことからも、談話における発話文の実質的機能は、単独のターン（発話）のレベルだけではなく、周辺発話や談話展開との関係の中で記述されるべきものであることを改めて確認することができるだろう。

6.4. まとめ

　本章では、質問を表す発話文の動的機能を解明するために、発話連鎖という観点から質問発話としての中途終了発話文、非中途終了発話文がいかなる連鎖組織を生み出し、以降の談話展開に影響を与えているのかを分析した。具体的な分析方法としては、第1部分としての質問発話に隣接する第2部分全体を応答発話とみなし、それを実質的回答発話、非実質的回答発話に分類したうえで、そこにいかなる発話が現れ、相互作用を促進しているかを発話機能、発話形式という観点から分析した。

　本章の分析により、日本語や朝鮮語の談話にあっては、質問がそれに対し実

質的回答を与える発話は46％ほどしか現れておらず、過半数が情報が欠けた発話、つまり求められた情報についての回答となっていないことが明らかになった。このことは、談話における質問と応答の連鎖を単に何かしらの疑問点に回答を求めるといった「情報の授受」の側面を見るだけでは説明がつかない。何故、質問に対し応答の発話で回答を与えないのか。このことを明らかにする鍵は、情報の授受の側面にあるのではなく、まさに談話を展開せしめる様々な働きにあると言わねばならない。本章では、そうした要素を談話展開機能と称し、分析を行なった。その結果、質問に続く第2部分において、日本語では対話者への主導権譲渡、朝鮮語では談話展開へのより強い関与、先行発話情報への補足といった談話展開機能を持つ発話が現れやすいことが明らかになり、こうしたことが1つの要因となって第2部分に非実質的回答発話を現れやすくしていることが確認された。

　本章で明らかになった事項は、串田 (2007)、戸江 (2008) でも述べられているように、質問という発話行為が情報の授受だけでなく、相互行為の継続のためにも使用されるという言語事実を反映したもので、談話における発話文の動的姿を示すものでもある[114]。しかし、本章では分析対象として第2部分の応答発話を設定し、それを先行発話との関係によって考察したにとどまったほか、非中途終了発話文の発話形式についての詳細な記述や話題という概念を含めた連鎖どうしの関係についての分析は、十分に行なうことができなかった。また、発話文生成に関わる重層性を持つ機能の存在を示したが、発話者の属性や対話者との関係、スピーチレベル、ポライトネスについての分析は行なうことができず、課題として残った。そのため、今後は、こうした点からもより多角的、かつ詳細な分析を行ない、【質問→応答】連鎖が発話者にどのように使用され、談話における相互作用の展開に貢献しているのかを解明していく必要がある。

---

[114] すなわち、質問発話は情報を要求するという相互作用における働きかけを遂行するのみならず、以降の談話展開に大きな影響を与えるものであると考えることができる。こうしたことは、増田 (2006) の「働きかけの二面性」、吉田 (2009) の「質問表現が持つ多様性」において示唆的な記述があるほか、中途終了発話文の質問発話に関しては、Ohori (2010) における「urge for the hearer's commitment」（対話者への関わりの促し）という性質との関わりも深いといえる。

第 7 章 発話連鎖と繰り返し発話

第5章、第6章では、中途終了発話文を先行発話や後続発話との関係の中で分析することを通じて、談話における任意の発話文を分析するにあたっては、周辺発話の中でそれを捉えることが有効であることを論じてきた。中でも第5章では質問を表す中途終了発話文の生成メカニズムについて分析を行ない、同発話文の出現にあたっては、先行発話からの非明示的質問表示が大きな役割を担っていることを示した。本章では、それらの中でも特に先行発話の繰り返しを取り上げ、発話文の出現をより多角的な観点から分析することにより、談話における動的機能についてさらなる特徴を解明することにする[115]。

7.1. 繰り返し発話とは

本章で分析対象とする繰り返し発話（repetition）は、先行発話を意図的に繰り返すことにより、一定の効果を狙った発話である。ここでは、まず議論の前提として繰り返し発話に関する先行研究を概観した後で、本書における詳細な定義を示すことにする。

7.1.1. 繰り返し発話に関する先行研究

繰り返し発話に関する研究成果の蓄積は、日本語を対象としたものは比較的多い一方で、朝鮮語のそれは圧倒的に少ないという状況にある。このような状況に鑑みて、本項では日本語に関する先行研究を中心に整理することにする。

繰り返し発話について分析する際に問題となりうるものとしては、中田 (1992)、岡部 (2003) などでも指摘されているように、以下の5点が考えられる。

---

[115] なお、ここで複数ある非明示的質問表示の中から、特に繰り返し発話を取り上げたのは、繰り返し発話が（1）形式や機能という点からみたときに、先行発話との関係、一貫性がより明確であること、（2）他の一貫性を持つ質問表示項目（5.2.2.参照）とは異なり、朝鮮語でも比較的多い出現数をみせていることによる。

1) **誰の発話を繰り返すか？**
   自分の発話の繰り返しか、他者の発話の繰り返しか、両方を含めるか。
2) **どこの発話を繰り返すか？**
   直前の発話の繰り返しのみとするか、以前の発話の繰り返しも含めるか。
3) **どのような単位で繰り返すか？**
   話段、(発話) 文、節、句、語、音素のうち、どこからどこまでを対象とするか。また、あいづち発話やフィラーの繰り返し、実質的発話のあいづち的な繰り返しをどのように同定するか。
4) **どの程度繰り返すか？**
   先行発話の完全な繰り返し（再現）のみとするか、言い換え、要約も対象とするか。
5) **どのようなストラテジーとして使用されているか？**

　上記5項目のうち、1) から4) は、分析対象となる繰り返し発話の再現レベルに関する項目で、5) はその分析内容に関する項目である。以上のような観点をふまえ、既存の主要研究における繰り返し発話の認定基準と、機能（ストラテジー）[116]に関する記述を整理すると、**表7-1**のようになる。

　中田 (1992) は、日本語談話における繰り返し発話のコミュニケーション機能を分析したものである。この中では7種の機能項目を設定し、用例とともに分析を行なっているが、これらはJakobson (1960) で示された「言語の6機能」に基礎を置くものであり、その枠組みは繰り返し発話に特化したものというよりは、言語コミュニケーション全般に関する機能を還元したものになっている。また、同論文ではターンの交替に大きな影響を果たすフィラーやあいづち発話

116　繰り返しは、発話連鎖（生成）に関わる項目であるため、本書では繰り返しという発話行為そのものに3.2.2.1.において示した「発話機能」が付与されるとは考えない。そのため、本章では後に示すように、ストラテジーとしての「談話展開機能」という名のもとにこれを扱うことになるが、先行研究についてみるに際しては、慣例に従って「機能」という術語を使用しておくことにする。

【表7-1】主要先行研究における繰り返し発話の認定範囲と機能

	中田（1992）	田中（1997）	岡部（2003）	福富（2010）
1) 誰の発話を	自分＋他者	他者	他者	他者
2) どこの発話を	直前＋以前	直前＋以前	直前	直前＋以前
3) どのような単位で	文・節・句・語	文・節・句・語	文・節・句・語	文・節・句・語
※あいづちに関する記述	（記述なし）	「くり返し発話」をあいづちから切りはなして、独立した表現方法の一つとして扱う。	あいづちの「くり返し」も対象とする。	フィラーやあいづちの「くり返し」は認めない。ただし、何らかの意図を持ってくり返されたとみなされる場合は、対象とする。
4) どの程度	一言一句違わぬ再現だけでなく、意味を保持した言い換えや要約も下敷となった発話が特定できれば認める。	語形・意味の面で先行発話とほぼ同一のもの。	直前の発話のすべてのくり返し、一部のくり返しを含む（ただし、同じイントネーションであるものに限る）。	多少の言い換え（語順や発話末の変更）は許容するが、外来語や外国語から日本語、漢語から和語へのパラフレーズは含まない（逆の場合も同様）。
5) どのような機能（ストラテジー）	（大分類項目） 1. 関説的機能 2. 心情的機能 3. 動能的機能 4. 交話的機能 5. 詩的機能 6. メタ言語的機能 7. 談話構成的機能	1. 感想の表現（驚き・感動・興味・不満・疑い・皮肉等） 2. 思考・感情の共有 ―同じ思考・感情 ――一体感 ―テーマに対する興味 ―同様の知識 3. 発話を肯定する 4. からかい・遊び	1. 思考の共有 ―意思決定の共有 ―判断理由の共有 2. 感情の共有 ―喜びの共有 ―不満の共有 ―驚きの共有 3. 情報の共有 ―状況の共有 ―信頼度の共有	1. 強調 2. 受信応答 3. 説明要求 4. 確認要求 5. 感情表出 6. 共感・一体感表出 7. 反論のやわらげ 8. 間つなぎ・時間稼ぎ 9. ことばのリズム・テンポ 10. 談話構成

に関する記述がないため、相互作用における繰り返し全般を扱うことが難しくなっている。

　田中（1997）は、テレビのトーク番組における談話を分析したものである。この中では4種の機能の大分類を立てているが、これは編集された連続性のない談話における繰り返し発話の出現を扱ったものであるため、自然談話全般の

繰り返し発話の機能を示したものではない。

　岡部（2003）は、課題解決場面における談話を対象とし、繰り返し発話の出現を分析したものである。この中では3種の機能の大分類が立てられているが、直前の発話に対する繰り返しのみを扱っているため、談話文脈におけるその機能を分析しにくくなっているほか、分析対象がゲームの進行という特定の課題解決場面に限定されているため、やはり自然談話全般の繰り返し発話の機能は示されていない。

　福富（2010）は、繰り返し発話をコミュニケーションストラテジーの一種と位置づけ、それが日本語母語話者同士の談話、日本語学習者と日本語母語話者の接触場面談話において、いかなる出現をみせるかを分析したものである。同論文では、機能の下位項目として10種を定め、比較的精密な分類をしているが、この論文の筆者も指摘するように、「複数の機能を同時に実現している例も少なくない」（p.117）という問題を抱えており、各項目の定義が厳密になされないと分類が恣意的になりやすいという課題を残している。

　以上、主要な先行研究における繰り返し発話の記述について概観したが[117]、当該発話の分析にあたっては、繰り返し発話の再現レベルや機能（ストラテジー）の同定に関する問題が存在しており、その同定範囲は、研究者によって様々であることを確認した。また、分析対象となる言語資料の同定が重要であること、朝鮮語談話を扱った研究は、今のところほとんど存在していないことも確認した[118]。本章では、こうした点をふまえ、両言語の自然談話に現れる繰

---

[117]　この他にも中田（1991）、佐久間他（1997）、杉山（2002）、落合他（2006）、熊谷、木谷（2009）などにおいて繰り返しに関する言及がみられる。

[118]　筆者は、髙木（2008a, 2010, 2012）、다카기［髙木］（2008b）において、日本語と朝鮮語の自然談話に現れる中途終了発話文をザトラウスキー（1993）の発話機能の分類を援用して分析し、その中で言い直し（ザトラウスキーの術語）は、日本語でより多く現れると報告をしたことがある。ただし、これは初対面談話に現れる中途終了発話文に限定して分析を行なったものであるとともに、言い直しを発話機能に含めてもよいのかという問題も存在するため、より正確な記述のためには、再考の余地があると考えている。また、朝鮮語談話における繰り返し（発話）は「반복」（反復）とよばれ、전영옥（1999）、이기갑（2006）な

り返し発話について発話形式やストラテジーとしての（談話展開）機能といった観点から分析することにより、日本語と朝鮮語の発話文生成と談話展開に関わるさらなる特徴を明らかにすることにする。なお、本章で分析対象とする繰り返し発話の実現体は、発話形式としては中途終了発話文のみならず非中途終了発話文も、発話機能としては要求項目のみならず、その他の機能を有する場合も含めることにする。これらについても併せてみることにより、談話全体における繰り返し発話と発話文の生成メカニズムについて、より体系的な記述が可能になるものと期待される。

7.1.2. 本書における繰り返し発話の定義

　本項では、7.1.1.でみた繰り返し発話の分析に関わる5つの視点をふまえ、本書における繰り返し発話の認定範囲を提示する。なお、以下では便宜上、繰り返しの対象となる先行発話を「被繰り返し発話」とよぶことにする。本書における繰り返し発話の範囲とストラテジー項目は、以下のとおりである。

【本書における繰り返し発話の認定範囲とストラテジー項目】
1) 誰の発話を繰り返すか？
相互作用における繰り返し発話の出現をみるために、他者の発話の繰り返しのみを分析対象とする。
2) どこの発話を繰り返すか？
被繰り返し発話の特定が可能であれば、直前の発話の繰り返し、以前の発話の繰り返し、共に分析対象とする。
3) どのような単位で繰り返すか？
ターンを構成する主要要素である、（発話）文、節、句、語レベルの繰り返しを分析対象とする。また、あいづち発話やフィラーの意図的な繰り返しも含めるほか、実質的発話のあいづち的な繰り返しも分析対象とする（→下記5)-③）。

どに記述がある。

4) どの程度繰り返すか？

対話者による先行発話の完全な繰り返しのみならず、一部の繰り返しも分析対象とする。また、繰り返し発話の前にフィラーが挿入された場合や、A「明日行くの［→］」、B「明日行くの？［↑］」のように直前の発話のイントネーションのみを変え、そのまま繰り返した発話についても分析対象に含める。ただし、先行発話内容を要約したものは含めない。

5) どのようなストラテジーとして使用されているか？

繰り返し発話のストラテジーを第6章でみた談話展開機能に基づき細分類すると、以下の5項目が抽出された。ここでは、日本語による作例とともに示す。

Ⅰ．対話者への主導権の譲渡 (円滑な談話展開の志向／対話者への配慮)
①感想・感情共有（表示）
先行発話に対する喜び・驚き・不満といったある種の感情を表明する発話。
　　（例）　A：あそこの店は、時給が2,000円なんだって…。
　　　　　　B：2,000円…！
②情報・思考共有（表示）
先行発話に対する肯定、判断への同意、信頼を表す発話。
　　（例）　A：織田さんって、すごく面白い人で…。
　　　　　　B：うん、すごく面白い人で…。
③認識・受信提供（表示）[119]
先行発話への認識や情報受信を表す発話。一種のあいづち的な役割を果たす。

119　談話構成としては、杉戸（1987）で「あいづち的な発話」とされているもので、「先行する発話をそのままくりかえす、オーム返し」(p.88) である。先行発話内容を受けて対話者へ積極的な働きかけをするというよりは、あくまで対話者の発話を受け取ったということを示すものである。

(例)　A：昨日、栄の地下街を歩いていたんですけどー…。
　　　　　　B：あ、栄の地下街…。
Ⅱ．談話展開へのより強い関与／Ⅲ．先行発話情報への補足
　④説明・確認要求
　　先行発話内容に関し、さらなる説明要求を促したり、問い返したりする発話。
　　　(例)　A：岡崎ってことは、三河弁ですよね？
　　　　　　B：三河弁、ですか？
Ⅳ．時間稼ぎ
　⑤間つなぎ・時間稼ぎ
　　円滑な発話遂行は行なえないものの、ターン保持への意志を示す発話。
　　　(例)　A：豊橋も三河弁ですよね？
　　　　　　B：えーっと、豊橋も三河弁…。

　以上、繰り返し発話に関する理論的枠組みの構築を行なった。次節以降では、分析発話が両言語の談話においていかなる出現をみせるかを分析していくことにする。

7.2. 繰り返し発話の再現レベルと談話展開機能

7.2.1. 繰り返し発話の再現レベル

　本項では、日本語と朝鮮語の繰り返し発話を形態・統語論的観点から分析し、被繰り返し発話がいかなるレベルで再現されているかを明らかにする。具体的には、ターンとしての繰り返し発話を被繰り返し発話と比較し、①全体を繰り返しているかどうか、②完全に繰り返しているかどうか、③どのような文法レベルで繰り返しているかという観点から以下の9種に分類し、その出現様相を分析する。

(1) 被繰り返し発話全体の完全な繰り返し
　　a：文レベル、b：節・句レベル、c：語レベル
(2) 被繰り返し発話一部の完全な繰り返し
　　a：文レベル、b：節・句レベル、c：語レベル
(3) 被繰り返し発話の一部をやや変えた繰り返し[120]
　　a：文レベル、b：節・句レベル、c：語レベル

　以上のような観点から日本語と朝鮮語の談話に現れる繰り返し発話の再現レベルを計量化したところ、**表7-2**、**表7-3**のような出現様相をみせることが確認された。

　両表の合計欄により談話全体における繰り返し発話の出現数をみると、日本語では244例、朝鮮語では170例が確認されており[121]、分析発話は日本語においてより多く現れていることがわかる。このことは、談話文脈において発話文が生成される際に日本語では朝鮮語に比べ、先行発話形式への依存度が高いということを示すものである。

　まず、**表7-2**により、全体、一部による再現レベルの出現分布をみると、両言語ともに（3）一部をやや変えた繰り返しで最も高い生起比率をみせていることがわかる。また、両言語の差異についてみると、（1）全体の完全な繰り返し、（2）一部の完全な繰り返しは日本語で、（3）一部をやや変えた繰り返しは朝鮮語で相対的に高い生起比率をみせていることも確認される。このように異なる出現様相を示すのは、日本語では（2）一部の完全な繰り返しの中でも節・

---

[120] A「かなり暑いんだよね」、B「かなり暑いよね」のように、例えば助詞や助動詞を変えたりすることによって言い換えをする発話。ただし、A「デジタル化して文書を保存する機械で」、B「スキャナーですか」のように先行発話内容の語句による言い換え（要約）は含まない。当項目の設定に関しては、より詳細な議論の余地があるが、このことについては稿を改めることとし、本書では田中（1997）に従い、「語形・意味の面で『被繰り返し発話』とほぼ同一で、新たな情報を付加するものではない発話」と定義しておく。

[121] なお、総発話文数に占める繰り返し発話の生起比率は、日本語では5.9%、朝鮮語では4.3%であった。

【表7-2】繰り返し発話の再現レベル ── 全体か、一部か ──

		日本語		朝鮮語	
(1) 全体完全	a 文レベル	42 (17.2%)	18 (7.4%)	23 (13.5%)	9 (5.3%)
	b 節・句レベル		8 (3.3%)		6 (3.5%)
	c 語レベル		16 (6.6%)		8 (4.7%)
(2) 一部完全	a 文レベル	86 (35.2%)	20 (8.2%)	56 (32.9%)	11 (6.5%)
	b 節・句レベル		24 (9.8%)		7 (4.1%)
	c 語レベル		42 (17.2%)		38 (22.4%)
(3) 一部やや変	a 文レベル	116 (47.5%)	62 (25.4%)	91 (53.5%)	39 (22.9%)
	b 節・句レベル		37 (15.2%)		23 (13.5%)
	c 語レベル		17 (7.0%)		29 (17.1%)
計		244 (100%)		170 (100%)	

各セル内:当該発話文の出現数(生起比率)

【表7-3】繰り返し発話の再現レベル ── いかなる文法レベルか ──

	日本語	朝鮮語
a 文レベル	100 (41.0%)	59 (34.7%)
b 節・句レベル	69 (28.3%)	36 (21.2%)
c 語レベル	75 (30.7%)	75 (44.1%)
計	244 (100%)	170 (100%)

各セル内:当該発話文の出現数(生起比率)

句レベルによるものが、朝鮮語では(3)一部をやや変えた繰り返しの中でも語レベルによるものがそれぞれ高い生起比率をみせることに起因するもので、これらはカイ二乗検定の結果でも(2)は5%水準の有意差が($p<0.05$)、(3)は1%水準の有意差が($p<0.01$)確認されている。

さらに、**表7-3**の繰り返しの再現レベルの分布をみると、日本語では文レベル、節・句レベルにおける出現が、朝鮮語では語レベルにおける出現が相対的に高い生起比率を示していることがわかり、語レベルについては、カイ二乗検定の結果でも1%水準の有意差が認められた($p<0.01$)[122]。

---

[122] 繰り返しのレベルに関して、堀口(1997)では、繰り返しは「発話が短い場合に限られる」(p.64)として、自立構成要素が3未満の場合がほとんどであると述べているが、実際の日本語談話では、この後、[例7-1]に示すように自立構成要素が3以上の文レベルの繰り返し発話も確認された。

このように日本語談話では完全な繰り返し、または文／節・句レベルの繰り返しが、朝鮮語談話では一部をやや変えた繰り返し、または語レベルの繰り返しがより多く現れるという傾向が確認されることが明らかになった。このように日本語談話においてより忠実な再現を志向するのは、落合他（2006）で指摘されている日本語談話における繰り返しの「即行的、密着的な性格」（p.34）と関係があるとみられる[123]。ここで日本語談話における典型的な繰り返し発話の例をみてみることにしよう。

　　［例7-1］（日本語談話）[124]
　　　　JN11：そんな感じ分かります。
　　　　JNB：何か丁寧に対応してくれるだろうっていう…。
　　　　JN11：分かります、無害、＜笑いながら＞無害系…。
　→　　　　それは良いことですよ、非常に…。
　⇒→JNB：＜笑い＞まぁ、それは良いことですよね。①〈文レベル〉
　　　　　　　　　　　　　　　　　　　　　　　※一部・やや変
　⇒JN11：まぁ、それは良いことですよね＜笑い＞。
　　　　　　　　　　　　　②〈文レベル〉　※全体・完全
　　　　JNB：ええ。

　［例7-1］は、JNBの（自身が）他人によく道を尋ねられるという話を受けて、J11が「それは良いことですよ」と肯定的な評価をする発言をし、それに続いて2人の話者が互いに〈それは良いことだ〉と同意を表明しあっている場面である。この中で同意を表す部分の発話に注目してみると、例えば「そうですよね」や「そのとおりですね」といった表現ではなく、「（まぁ、）それは良いことですよ（ね）」という先行発話を文レベルで（そのまま）繰り返した発話が

123　同論文では、日本語と英語の談話における同調促進装置として繰り返しのほかにあいづち、テイクオーバーを取り上げている。
124　以降、本章において用例を提示する際は、「→」により「被繰り返し発話」を、「⇒」により繰り返し発話を示すことにする。

連続して現れていることがわかる。ここでそれぞれの話者は、意図的に言語表現を先行発話に合わせることによって、対話者と言語形式、発話内容を共有し、協調的関係を築こうとしたものと考えられるが、その後に＜笑い＞や「えぇ」という発話が現れていることからもわかるように、結果としてこれらの発話は思考の共有を可能にし、さらには対話者との距離の短縮、一体感の創出という一定の効果を生み出すことに成功している。

このように協調的な関係を構築するという目的のもと、談話の現場における即行的なストラテジーとして、先行発話に対するより忠実な再現が志向される例がみられるが、こうしたストラテジーは朝鮮語話者に比べ日本語話者がより多く用いる傾向にあり、それが1つの要因となって日本語談話においては完全な繰り返しや文レベルの繰り返しが多く現れるという違いをもたらしている[125]。

ところで、日本語の文レベルの繰り返し発話の今ひとつの特徴として日本語談話における文末形式の構成要素の自由度の高さをあげることができる。例えば、以下に示す［例7-2］では、JN3の「…現役が普通ですよねー、…」という発話を受けて、対話者であるJNBは、先行発話をそのまま繰り返すのではなく、「ですよねー」のように述部である文末形式の一部のみを繰り返している。このように日本語談話では、文文法において拘束形態素（bound morpheme）とされる要素（本例では「-だ」）が先行形態素との結合をせずに文頭に現れ、文レベルでの繰り返しを実現する例が確認された。こうした例は、A「みんな行くらしいですね」、B「らしいですね」（作例）のように助動詞や終助詞を伴った文末表現において典型的にみられ、日本語談話における文末形式の構成要素の自由度の高さを示すものとなっている。

---

[125] こうした繰り返し発話は、Brown and Levinson（1987）におけるポライトネス理論に当てはめてみた場合には、ポジティブ・フェイスに配慮した発話、すなわちポジティブ・ポライトネスであるとみることができよう。なお、繰り返しという発話行為は、実現されるイントネーションによっては、フェイス侵害行為（face threatening act：FTA）となることも予想される。ただし、そうした状況は限定的な場面におけるものであり、本書で分析対象とする談話には、そうした発話は確認されなかったため、ここでは日本語の繰り返し発話を主にポジティブ・ポライトネスとの関係が深いものとして扱っておく。

第7章　発話連鎖と繰り返し発話

【表7-4】日本語と朝鮮語の中途終了発話文に占める繰り返し発話の出現数と生起比率

	日本語	朝鮮語
b 節・句レベル	69/928（7.4%）	36/659（5.5%）
c 語レベル	75/509（14.7%）	75/444（16.9%）

繰り返し発話の出現数／中途終了発話文の出現数（生起比率）

［例7-2］（日本語談話）
　　JNB：私もー、浪人して入ったクチなんですけど、結構多くないですか？、現役…。
　　　　　そんなことないですかー？。
→JN3：そうですねー、現役が**普通**ですよねー、やっぱり…。
⇒JNB：**ですよねー**。〈文レベル〉　※一部・完全

　なお、繰り返しの再現レベルの分類において、節・句レベルと語レベルによる実現形式は、本書の発話形式の分類では中途終了発話文の形をとるものであるが、これらの出現の実数を**表7-3**により確認すると、節・句レベルは日本語で多く、語レベルは両言語で同数の出現を示すという違いをみせていることがわかる。そこで、このような違いをみせる要因を探るために、これらの繰り返し発話が談話に現れる中途終了発話文全体の中でどの程度現れているのかを**表3-9**により調べてみたところ、**表7-4**のような数値を示すことがわかった。

　表7-4をみてわかるように、節・句レベルの繰り返し発話が日本語で朝鮮語の約2倍の出現数を示すということは、そもそも日本語談話においては節・句で終わる中途終了発話文が現れやすいという談話上の特徴と相関があるようである。一方で、語レベルの繰り返し発話が朝鮮語談話においても多く出現が確認されているのは、もともと朝鮮語談話でも以下の［例7-3］にみられるような語で終わる中途終了発話文が（日本語ほどではないにせよ）比較的現れやすいということと相関があるとみてよいだろう。

[例7-3]（朝鮮語談話）

　　　KN9：몇 번 하셨어요？．
　→KNB：지금 이게 네 번째예요．
　⇒KN9：아, 네 번째…．〈語レベル〉　※中途終了発話文
　　　KNB：거의 얘기할 것도 다 떨어졌어요．
（日本語訳）
　　　KN9：何回なさったんですか？
　→KNB：今のこれが4回目です。
　⇒KN9：あ、4回目…。
　　　KNB：ほとんど話すこともなくなっちゃいましたよ。

7.2.2. 繰り返し発話の談話展開機能

　本項では、両言語の繰り返し発話を7.1.2.で示した談話展開機能による5種のストラテジー項目により分類し、両言語における分析発話の出現がいかなる差異をみせるかを明らかにする。両言語における繰り返し発話の談話展開機能によるストラテジー項目ごとの出現様相は、**表7-5**のとおりである。

　各言語内における5つのストラテジー項目の出現分布をみると、日本語では②情報・思考共有（表示）で最も高い生起比率をみせ、④説明・確認要求、①感想・感情共有（表示）と続くのに対し、朝鮮語では④説明・確認要求が最も高い生起比率をみせ、②情報・思考共有（表示）、③認識・受信提供（表示）が続くことが確認できる。

　また、両言語の差異についてみると、①感想・感情共有（表示）、②情報・思考共有（表示）は日本語で圧倒的に高い生起比率を示す一方で、④説明・確認要求は朝鮮語で高い生起比率を示しており、カイ二乗検定の結果をみても①では5％水準の有意差が（$p<0.05$）、②、④では0.1％水準の有意差が（$p<0.001$）認められることが確認される。また、③認識・受信提供（表示）、⑤間つなぎ、時間稼ぎでは大きな差が認められないということもわかる。

　これらのことから、繰り返し発話の談話展開機能と関連したストラテジーとしては、日本語話者は先行発話への理解を示しながら対話者の発話を引き出し、

第7章 | 発話連鎖と繰り返し発話

【表7-5】繰り返し発話のストラテジー項目別出現数と生起比率

	日本語	朝鮮語
①感想・感情共有（表示）	40（16.4%）	15（ 8.8%）
②情報・思考共有（表示）	91（37.3%）	36（21.2%）
③認識・受信提供（表示）	29（11.9%）	29（17.1%）
④説明・確認要求	67（27.5%）	76（44.7%）
⑤間つなぎ・時間稼ぎ	17（ 7.0%）	14（ 8.2%）
計	244（100 %）	170（100 %）

セル内：当該発話文の出現数（生起比率）

談話を進めていく共有型のスタイル（Ⅰ．対話者への主導権の譲渡（円滑な談話展開の志向／対話者への配慮））を好むのに対し、朝鮮語話者は先行発話内容への積極的な問いかけを行なうことにより談話を進めていく要求型のスタイル（Ⅱ．談話展開へのより強い関与／Ⅲ．先行発話情報への補足）を好むというスタイルの大きな違いを見出すことができる。以下は、対話者の先行発話に対する繰り返しが日本語では共有型、朝鮮語では要求型として現れている例である。例をみてわかるように、両言語ともに一連の相互作用の中で同一のストラテジーとしての繰り返しを複数回使うことによって、リズムを作り円滑な談話展開を可能にしている。

　　　［例7-4］（日本語談話）
　→JN19: **ガードが、<あるから…>{<}【。**
　⇒JNB : **】<うん、ガードがあるから…>{>}。** ②情報・思考共有（表示）
　　　　　でも、昔に比べたら変わったよね。
　　JN19: うーん。
　　JNB : 変わったというか、前はなんかこう、私もそうだけどすごい結構、なんか、あのー。
　　JN19: なんかこう、ずかずかと自分でも踏み込んで行くのが苦手だしね。
　→JNB : **踏みこまれるの、苦手だよね。**
　⇒JN19: **踏みこまれてくるの、苦手…。** ②情報・思考共有（表示）

JNB：なんかこうやってどんどんさ<肩まで>{<}【【。

[例7-5]（朝鮮語談話）

　　KN4：언어학자예요？．
→KNB：어, 어, 예, 언어를 언어쪽을（아-.）**연구하고 있고**…．
⇒KN4：**연구하고 있어요**？．［↑］　④説明・確認要求
→KNB：/대학교명/ 대학교 지금 **석사논문** 때문에…．
⇒KN4：**석사논문**…？．［↑］　④説明・確認要求
　　KNB：예, 예．

（日本語訳）

　　KN4：言語学者ですか？
→KNB：えー、えー、はい、言語を、言語の方を（あー。）**研究していまして**…。
⇒KN4：**研究しているんですか**？［↑］
→KNB：「大学名」大学で今、**修士論文**のために…。
⇒KN4：**修士論文**…？［↑］
　　KNB：はい、はい。

　また、④説明・確認要求の繰り返し発話は朝鮮語においてより多く確認されたが、この発話がどのようなイントネーションで実現されるかを調べたところ、**表7-6**のような数値を示すことがわかった。

　表7-6をみてわかるように、同じ説明・確認要求を表す繰り返し発話であっても、日本語では上昇イントネーションより非上昇イントネーションによる発話が比較的多く現れているのに対して、朝鮮語では上昇イントネーションによる発話が圧倒的に多く現れているという違いをみせている。以下に示す［例7-6］の日本語談話の場合をみても、先に［例7-5］でみた朝鮮語談話における説明・確認要求の繰り返し発話が上昇イントネーションで現れていたのとは異なり、非上昇イントネーションにより現れていることがわかる。このように、日本語では朝鮮語ほど上昇イントネーションを伴った確認要求の繰り返し発話が現れにくいということが確認されたが、これは日本語話者が共有型のスタイルを好むことからもわかるように、要求を明示的に表す発話により対話者の私

【表7-6】説明・確認要求の繰り返し発話のイントネーション

	日本語	朝鮮語
上昇イントネーション	31（46.3%）	71（93.4%）
非上昇イントネーション	36（53.7%）	5（6.6%）
計	67（100%）	76（100%）

セル内：当該発話文の出現数（生起比率）

的領域に踏み込むことへ一種のためらいを感じることに起因するものと考えられる。そのため、日本語話者は非上昇イントネーションにより先行発話を繰り返すことにより、対話者へターンの譲渡を促し、結果として説明・確認要求を行なっているのである。

[例7-6]（日本語談話）
　JN7：ふーん、あ、じゃあ、お姉さまもそちらで…？。
→JNB：いやー、あ、でも、うちの会社なんですけど、表参道じゃなくて＜小さな声で＞**お台場の**…。
⇒JN7：**お台場**…。[→] **④説明・確認要求**　※非上昇イントネーション
　JNB：はい。
　JN7：やっぱ今の子は違うなー。

7.3. まとめ

　本章では、日本語と朝鮮語の談話に現れる繰り返し発話を、再現レベルや談話展開機能という観点から対照し、その違いを分析した。分析の結果、日本語談話では朝鮮語談話に比べ、繰り返し発話が多く出現することが明らかになった。このことは、発話文生成における先行発話への依存度は、日本語談話でより高いということを意味するものである。
　また、再現レベルについてみると、日本語談話では完全な繰り返し、または文／節・句レベルの繰り返しが、朝鮮語談話では一部をやや変えた繰り返し、

または語レベルの繰り返しがより多く現れるという傾向が確認された。こうした差異は、例えば日本語話者が朝鮮語話者に比べ言語表現を対話者に合わせた協調的な談話展開を好むこと、日本語の発話文は文末形式を構成する形態素の自由度が朝鮮語に比べて高いことなどにより生成されるものである。

さらに、談話展開機能についてみると、日本語話者は共有型の、朝鮮語話者は要求型の談話展開を好むということも明らかになった。これは、繰り返し発話が日本語談話では、先行発話に対する情報・思考や感想・感情を共有し、ターンの譲渡を促すための発話装置として使用されているのに対して、朝鮮語談話では、説明や確認を要求しターンの譲渡を促すための発話装置として使用されているという両言語における談話展開スタイルの違いを反映したものである。

第 8 章 | 発話文に対する意識と談話における使用様相

本書では、これまで日本語と朝鮮語の談話に現れる質問（情報要求）を表す中途終了発話文の出現様相について単文レベル（第4章）、周辺発話レベル（第5〜6章）において分析してきた。また、発話連鎖と繰り返し発話の機能についても分析を行なった（第7章）。具体的分析を行なう最後の章となる本章では、これまで明らかにしてきた言語事実が話者のいかなる意識を反映したものであるのかを把握するために、日本語と朝鮮語の母語話者を対象とした発話文使用に関する質問紙調査の結果をみながら、言語使用者は中途終了発話文をいかなる発話装置として認識し、使用しているのかを分析することにする。前章までで明らかになった言語事実と本章で解明する意識を併せて分析することで、両言語話者の言語使用の実態についてより深く理解することが可能になると期待される。

8.1. 分析項目と方法

　本章において分析対象となる質問紙調査の項目は大きく分けて2つある。1つは質問表現に対する意識を問うもので、もう1つは発話文生成に対する意識を問うものである。これらの意識について調べるために、巻末に付した質問紙調査票（日本語母語話者用／朝鮮語母語話者用。固有名詞以外は、いずれも概ね同様の内容が記載されている）を両言語の母語話者に配布し回答を得た[126]。調査票は【質問1】、【質問2】により構成されており、【質問1】には質問表現に対する意識を問う質問を、【質問2】には発話文生成に対する意識を問う質問を配している。
　本調査の被験者は、第2章において示したように、日本語母語話者、朝鮮語母語話者ともに120名ずつである。被験者の選定にあたっては、談話採録調査を行なった際と同様に、年代、性別という被験者の属性に考慮し、均質性を確保した。ここで、2.2.において提示した被験者の情報（**表2-4**）を改めて提示しておくことにする。

---

[126]　質問紙調査表は、本書の末尾に［付録5］、［付録6］として付されている。

【表2-4】質問紙調査における被験者の情報（再掲）

日本語／朝鮮語

被験者の属性 (年代、性別)	人数	
10M	20名	
10F	20名	
20M	20名	120名
20F	20名	
40M	20名	
40F	20名	

［表中の記号］
＜被験者の年代＞　10：10代後半、20：20代後半、40：40代前半
＜被験者の性別＞　M：男性（Male）、F：女性（Female）

8.2. 質問表現と発話文生成に対する意識

本節では、質問紙調査の結果を分析する。具体的には8.1.で示した2つの分析項目（質問表現に対する意識、発話文生成に対する意識）について順にみていくことにする。

8.2.1. 質問表現に対する意識

まず、本項では質問表現に対する意識についてみてみよう。これは、調査票では【質問1】に該当する内容で、両言語ともに出身を聞くための4つの異なる質問表現を提示し、これらの表現が知り合って間もない同年代の対話者により使用された際にいかなる印象を受けるかを選択式で問うたものである。被験者に提示した4つの質問表現と印象を問うた項目、および選択肢は**表8-1**、**表8-2**のとおりである。

表8-1に示したとおり、印象を問うた質問表現のうち、【表現1】は非中途終了発話文による質問、【表現2】から【表現4】は中途終了発話文による質問である。中途終了発話文の中でも【表現2】は倒置による質問、【質問3】と【質問4】は「どちら／어디（どこ、どちら）」という疑問詞の有無により作成された

【表8-1】質問紙調査において印象を問うた質問表現

	発話形式	倒置	日本語	朝鮮語
【表現1】	非中途	非倒置	ところで、ご出身はどちらなんですか？	그런데 고향이 어디세요？
【表現2】	中途	倒置	ところで、どちらなんですか、ご出身は…？	그런데 어디세요, 고향이…？
【表現3】	中途	非倒置	ところで、ご出身はどちら…？	그런데 고향이 어디…？
【表現4】	中途	非倒置	ところで、ご出身は…？	그런데 고향이…？

【表8-2】質問紙調査において印象を問うた項目と選択肢

日本語

	そう思わない	あまりそう思わない	どちらともいえない	少しそう思う	そう思う
①丁寧だ	1	2	3	4	5
②遠慮がちだ	1	2	3	4	5
③親しみがある	1	2	3	4	5
④気軽である	1	2	3	4	5
⑤わかりやすい	1	2	3	4	5
⑥自分に対する関心の強さを感じる	1	2	3	4	5
⑦質問に答えようと感じる	1	2	3	4	5
⑧初対面の相手に対する聞き方としてふさわしい	1	2	3	4	5

朝鮮語

	매우 그렇지 않다	다소 그렇지 않다	보통이다	다소 그렇다	매우 그렇다
①정중하다	1	2	3	4	5
②상대방이 자기를 염려하는 느낌이 든다	1	2	3	4	5
③친근감이 있다	1	2	3	4	5
④마음이 편하다	1	2	3	4	5
⑤알기 쉽다	1	2	3	4	5
⑥상대방의 자기에 대한 관심이 강함을 느낀다	1	2	3	4	5
⑦질문에 대답하고 싶다는 느낌이 든다	1	2	3	4	5
⑧초면인 상대에게 하는 질문으로서 타당하다	1	2	3	4	5

質問である。

　また、提示した4つの質問表現に対する印象は、**表8-2**に示した①から⑧の8つの観点により問うた。これらは、いずれも相互作用における対話者との関係、ないしは談話展開への意図を反映した項目になっている。なお、回答にあたっては、各項目に対する意識を「そう思わない／매우 그렇지 않다、あまりそう思わない／다소 그렇지 않다、どちらともいえない／보통이다、少しそう思う／다소 그렇다、そう思う／매우 그렇다」という5つの選択肢の中から選ぶようにした[127]。

　では、さっそく両言語の母語話者による4つの質問表現に対する印象が、どのようなものであったかをみてみることにしよう。全体の回答傾向を把握するために、ここに提示する**表8-3**では、「そう思う／매우 그렇다」と「少しそう思う／다소 그렇다」を「肯定系」、「そう思わない／매우 그렇지 않다」と「あまりそう思わない／다소 그렇지 않다」を「否定系」として、2項目を合計した数値により分析することにする。

　以下では、4つの質問表現ごとにそれぞれの回答を分析していくことにする。まず、【表現1】「ところで、ご出身はどちらなんですか？／그런데 고향이 어디세요?」（非中途終了発話文）についてみてみよう。肯定系の表をみると、日本語母語話者の回答では、①丁寧だ、②遠慮がちだ、⑤わかりやすい、⑦質問に答えようと感じる、⑧初対面の相手に対する聞き方としてふさわしいの5項目における回答率が50%を超えており、非中途終了発話文による質問が、初対面における発話文として、肯定的な評価を得ている発話であることがわかる。一方、朝鮮語母語話者の回答では、③親しみがある、⑥自分に対する関心の強さを感じるの2項目で50%以上の回答率を示しており、両言語における回答は、大きく異なる傾向をみせることも確認できる。朝鮮語でこの2項目が高い回答率を示すのは、**表4-3**でみたように、初対面談話における非中途終了発話文に

127　このうち、日本語の「どちらともいえない」は、朝鮮語では「보통이다」（普通だ）となっているが、これは本調査に先立って、予備調査を行なった際に朝鮮語母語話者から朝鮮語の質問紙調査では「中間」に位置する選択肢に通常このような項目を立てることが多いとの指摘を得たため、それを反映したものである。

【表8-3】母語話者による4つの質問表現に対する印象

(アミカケは、50%以上の回答率を示す項目を表す)

日本語

〈肯定系（そう思う／少しそう思う）〉

		表現			
		【表現1】 ところで、ご出身はどちらなんですか？ 非中途 非倒置	【表現2】 ところで、どちらなんですか、ご出身は…？ 中途 倒置	【表現3】 ところで、ご出身はどちら…？ 中途 非倒置	【表現4】 ところで、ご出身は…？ 中途 非倒置
印象	①丁寧だ	95 (79.2%)	37 (30.8%)	22 (18.3%)	32 (26.7%)
	②遠慮がちだ	67 (55.8%)	53 (44.2%)	41 (34.2%)	46 (38.3%)
	③親しみがある	24 (20.0%)	16 (13.3%)	50 (41.7%)	44 (36.7%)
	④気軽である	34 (28.3%)	37 (30.8%)	71 (59.2%)	71 (59.2%)
	⑤わかりやすい	70 (58.3%)	26 (21.7%)	54 (45.0%)	55 (45.8%)
	⑥自分に対する関心の強さを感じる	38 (31.7%)	23 (19.2%)	32 (26.7%)	29 (24.2%)
	⑦質問に答えようと感じる	77 (64.2%)	53 (44.2%)	37 (30.8%)	38 (31.7%)
	⑧初対面の相手に対する聞き方としてふさわしい	84 (70.0%)	35 (29.2%)	25 (20.8%)	28 (23.3%)

〈否定系（そう思わない／あまりそう思わない）〉

		表現			
		【表現1】 ところで、ご出身はどちらなんですか？ 非中途 非倒置	【表現2】 ところで、どちらなんですか、ご出身は…？ 中途 倒置	【表現3】 ところで、ご出身はどちら…？ 中途 非倒置	【表現4】 ところで、ご出身は…？ 中途 非倒置
印象	①丁寧だ	16 (13.3%)	61 (50.8%)	78 (65.0%)	61 (50.8%)
	②遠慮がちだ	31 (25.8%)	47 (39.2%)	62 (51.7%)	52 (43.3%)
	③親しみがある	66 (55.0%)	71 (59.2%)	32 (26.7%)	35 (29.2%)
	④気軽である	68 (56.7%)	56 (46.7%)	29 (24.2%)	26 (21.7%)
	⑤わかりやすい	23 (19.2%)	56 (46.7%)	22 (18.3%)	34 (28.3%)
	⑥自分に対する関心の強さを感じる	41 (34.2%)	50 (41.7%)	41 (34.2%)	31 (25.8%)
	⑦質問に答えようと感じる	18 (15.0%)	29 (24.2%)	34 (28.3%)	31 (25.8%)
	⑧初対面の相手に対する聞き方としてふさわしい	17 (14.2%)	56 (46.7%)	71 (59.2%)	50 (41.7%)

各セル内：回答者数（回答率）

第8章　発話文に対する意識と談話における使用様相　　*197*

朝鮮語
〈肯定系（そう思う／少しそう思う）〉

		表現			
		【表現1】	【表現2】	【表現3】	【表現4】
		그런데 고향이 어디세요?	그런데 어디세요, 고향이…?	그런데 고향이 어디…?	그런데 고향이…?
		非中途	中途	中途	中途
		非倒置	倒置	非倒置	非倒置
印象	①丁寧だ	43（35.8%）	28（23.3%）	10（8.3%）	7（5.8%）
	②遠慮がちだ	24（20.0%）	28（23.3%）	18（15.0%）	18（15.0%）
	③親しみがある	64（53.3%）	16（13.3%）	12（10.0%）	12（10.0%）
	④気軽である	31（25.8%）	13（10.8%）	13（10.8%）	8（6.7%）
	⑤わかりやすい	58（48.3%）	22（18.3%）	18（15.0%）	14（11.7%）
	⑥自分に対する関心の強さを感じる	64（53.3%）	12（10.0%）	22（18.3%）	16（13.3%）
	⑦質問に答えようと感じる	56（46.7%）	28（23.3%）	18（15.0%）	10（8.3%）
	⑧初対面の相手に対する聞き方としてふさわしい	52（43.3%）	16（13.3%）	10（8.3%）	13（10.8%）

〈否定系（そう思わない／あまりそう思わない）〉

		表現			
		【表現1】	【表現2】	【表現3】	【表現4】
		그런데 고향이 어디세요?	그런데 어디세요, 고향이…?	그런데 고향이 어디…?	그런데 고향이…?
		非中途	中途	中途	中途
		非倒置	倒置	非倒置	非倒置
印象	①丁寧だ	22（18.3%）	55（45.8%）	89（74.2%）	88（73.3%）
	②遠慮がちだ	43（35.8%）	40（33.3%）	74（61.7%）	70（58.3%）
	③親しみがある	20（16.7%）	64（53.3%）	68（56.7%）	73（60.8%）
	④気軽である	30（25.0%）	64（53.3%）	80（66.7%）	77（64.2%）
	⑤わかりやすい	18（15.0%）	46（38.3%）	58（48.3%）	61（50.8%）
	⑥自分に対する関心の強さを感じる	14（11.7%）	53（44.2%）	53（44.2%）	68（56.7%）
	⑦質問に答えようと感じる	28（23.3%）	52（43.3%）	56（46.7%）	65（54.2%）
	⑧初対面の相手に対する聞き方としてふさわしい	25（20.8%）	55（45.8%）	72（60.0%）	78（65.0%）

各セル内：回答者数（回答率）

よる質問が、日本語より朝鮮語でより高い生起比率を示していることにも表れており、この2項目が朝鮮語談話内部で（ネガティブ・フェイスを侵略するというよりは、）ポジティブ・ポライトネスとして機能していることを示すものである。なお、日本語で非中途終了発話文による質問が肯定的な印象を持つ発話として認識されながらも、それが実際の（初対面）談話において相対的に多く現れないことには、以下の2つの要因が考えられる。1つめの要因は、日本語では否定系において③親しみがある、④気軽であるの2項目が高い回答率を示していることとの関係である。本書で分析対象とした談話の中でも初対面談話（J1～J12／K1～K12）は、調査直前に初めて会った対話者と2者のみで20分ほど継続して話すという条件のもとで採録されたものであったため、これらの談話においては、親しみやすさや気軽さを作り出すことに配慮して、非中途終了発話文による質問をあえて避けたものと思われる。また、2つめの要因としては、この発話形式の肯定系における①丁寧だ、⑦質問に答えようと感じるの回答率が高いこととの関係がある。すなわち、丁寧すぎる、答えなければならない[128]といった印象を回避するために、初対面談話において日本語話者は、相対的に非中途終了発話文の使用を減らしているものと思われる。

　次に、【表現2】「ところで、どちらなんですか、ご出身は…？／그런데 어디세요, 고향이…？」（中途終了発話文・倒置）についてみてみよう。肯定系をみると、日本語でも朝鮮語でも50%を超える生起比率を示す項目は存在しないが、③親しみがある以外のすべての項目において日本語でより高い回答率を示していることが確認され、特に②遠慮がちだ、④気軽である、⑦質問に答えようと感じる、⑧初対面の相手に対する聞き方としてふさわしいといった項目において肯定的な評価を多く得ていることがわかる。このことは、第5章で明らかになった「明示的質問表示」の中でも倒置による質問表示は、日本語で多く現れるという分析結果とも一致するものである。また、否定系の回答をみると、⑦

128　日本語を母語とする被験者へのフォローアップアンケートの結果、⑦質問に答えようと感じるは、自発的な発話参与のみならず、一種の義務感によるものも含まれるとの意見が示された。このような場合は、[例4-4]の分析の際にも述べたように、非中途終了発話文による質問は、ネガティブ・フェイスを侵害する発話として認識されているといえる。

質問に答えようと感じるは、朝鮮語で高く、日本語で低い回答率を示しているが、これは、つまり倒置文のターンの譲渡に対する影響は、相対的には日本語で強く、朝鮮語で弱いということを表すものである。

続いて、【表現3】「ところで、ご出身はどちら…？／그런데 고향이 어디…？」(中途終了発話文・疑問詞あり）についてみる。肯定系をみると、日本語では④気軽であるで50％以上の回答率を示しているほか、すべての項目で朝鮮語より高い回答率を示していることが確認できる。また、否定系をみると、朝鮮語では①丁寧だ、②遠慮がちだ、③親しみがある、④気軽である、⑧初対面の相手に対する聞き方としてふさわしいの5項目で50％以上の回答率を示しており、日本語話者にとっては肯定的、朝鮮語話者にとっては否定的な印象を持つ発話であることが確認される。

最後に、【表現4】「ところで、ご出身は…？／그런데 고향이…？」(中途終了発話文・疑問詞なし）についてみよう。【表現4】も【表現3】と同じように肯定系をみると、日本語では④気軽であるで50％以上の回答率を示しており、すべての項目で朝鮮語より高い回答率を示していることが確認できる[129]。また、否定系については、朝鮮語では、全8項目で50％以上の回答率をみせており、朝鮮語話者にとっては、やはり否定的な印象を持つ発話であることが確認される。なお、各言語内における【表現3】と【表現4】の差異についてみてみると、肯定系は、①丁寧だが日本語では【表現4】（疑問詞なし）の方で高い回答率を示しているのに対し、朝鮮語では【表現3】（疑問詞あり）の方が若干とはいえ、高い回答率を示しているということ、否定系項目では、概ね日本語では【表現3】（疑問詞あり）で高い回答率を示しているのに対し、朝鮮語では【表現4】（疑問詞なし）で高い回答率を示していることが確認される。つまり、日本語話者は疑問詞なしの中途終了発話文を、朝鮮語話者は疑問詞ありの中途終了発話文を好むという傾向が確認されるが、このことは第5章で明らかになった朝鮮語では明示的質問表示の中でも、発話文の表層に疑問詞が現れる質問表示を

---

[129] 日本語の【会話3】、【会話4】において、④気軽であるの肯定系の回答率が高いのは、初対面談話において、ポジティブ・ポライトネスとして機能していることを表すものである。

多用するとの分析結果とも一致するものである。

　以上、本項では日本語母語話者と朝鮮語母語話者の質問表現に対する意識について分析を行なった。ここでみた調査結果は、これまでの章でみた言語事実を示したデータとも一致する部分が多く、分析発話形式に対して両言語の話者が持っている意識を強く反映したものであるといえる。

8.2.2. 発話文生成に対する意識

　続いて、本項では発話文生成に対する意識についてみてみよう。これは、調査票では【質問2】に該当する内容で、知り合って間もない（被験者とも）同年代であるAとBによる6つの会話（作例。【会話1】から【会話6】）を提示し、そのうちBの質問発話（中途終了発話文）に違和感を「持つ」か「持たない」かを選択してもらい、その理由を問うたものである。ここで被験者の印象を問う中途終了発話文による6つの質問は、5.2.2.において示した非明示的質問表示の中でも言語形式による特定がしやすいもの（⑥間投詞（フィラー）、⑦接続詞、⑧指示代名詞、⑨先行発話の言い換え、⑩先行発話の繰り返し、⑪とりたて助詞）をふまえたもので、相互作用における質問の中途終了発話文の生成について、両言語の母語話者が、どのように認識しているかを確認することを目的としている。両言語において、印象を問うた会話（談話構成）は**表8-4**のとおりで、それぞれの会話における母語話者のBの質問発話に対する印象は、**表8-5**のようになった。

　表8-5をみると、【会話4】、【会話5】においては、日本語と朝鮮語で比較的大きな差が認められる一方で、【会話1】、【会話2】、【会話6】については、日本語と朝鮮語で大きな差が認められないという違いをみせていることがわかる。このような項目における意識の差異は、なぜ生じ、言語事実といかなる関係を示すのだろうか。以降では、これらについて日本語と朝鮮語で差異をみせる項目、差異をみせない項目に分け、考察を行なっていくことにする。

8.2.2.1. 日本語と朝鮮語で差異をみせる項目

　まずは、日本語と朝鮮語で差異をみせる項目についてみてみよう。この項目

【表8-4】質問紙調査において印象を問うた会話

	5.2.2.における「質問表示」	日本語	朝鮮語
【会話1】	⑥間投詞（フィラー）	A：この間、ハワイに行ってきたんですけど、どこに行っても日本人が多くて…。 B：**あー、やっぱり旅行に行く人が多いから…**。	A：얼마 전에 발리섬에 갔다 왔는데, 어딜 가도 한국사람이 많아요. B：**아~, 역시 여행가는 사람이 많으니까…**.
【会話2】	⑦接続詞	A：私、料理するのが好きなんですよね。 B：**じゃあ、家でも料理をよく…**。	A：저는 요리를 되게 좋아하거든요. B：**그럼 집에서도 요리를 자주…**.
【会話3】	⑧指示代名詞	A：私、スカイツリーができたことも知らなかったんですよ。 B：**それは、東京にずっといなかったから…**。	A：저는 신분당선이 개통된 것도 몰랐어요. B：**그건 서울에 계속 있지 않았기 때문에…**.
【会話4】	⑨先行発話の言い換え	A：もうこのバイト、やめようかと思ってるんですよね。 B：**十分稼いだし、もういいかな、みたいな…**。	A：이제 알바를 그만둘까 해요. B：**충분히 벌었으니까 이제 안해도 된다는…**.
【会話5】	⑩先行発話の繰り返し	A：彼（話題になっている人物）は、愛知県岡崎市出身なんですよ。 B：**愛知県、岡崎市…**。	A：xx 씨는 (화제가 되고 있는 인물) 는 출신이 경상북도 김천이거든요. B：**경상북도 김천…**.
【会話6】	⑪とりたて助詞	A：今、新しいスマホを買おうか、i-padを買おうか悩んでるんですよね。 B：どっちがいいでしょうねぇ。**今使ってるスマホは…**。	A：요새 새로 스마트폰을 살까 아이패드를 살까 고민하고 있거든요. B：뭐가 더 편리할까요. **지금 쓰는 스마트폰은…**.

【表8-5】母語話者による発話文生成に対する印象＊

	5.2.2.における「質問表示」	日本語		朝鮮語	
		違和感を持つ	違和感を持たない	違和感を持つ	違和感を持たない
【会話1】	⑥間投詞（フィラー）	24 (20.0%)	96 (80.0%)	22 (18.3%)	98 (81.7%)
【会話2】	⑦接続詞	12 (10.0%)	108 (90.0%)	8 (6.7%)	112 (93.3%)
【会話3】	⑧指示代名詞	―	―	―	―
【会話4】	⑨先行発話の言い換え	40 (33.3%)	80 (66.7%)	61 (50.8%)	59 (49.2%)
【会話5】	⑩先行発話の繰り返し	59 (49.2%)	61 (50.8%)	49 (40.8%)	71 (59.2%)
【会話6】	⑪とりたて助詞	19 (15.8%)	101 (84.2%)	19 (15.8%)	101 (84.2%)

各セル内：回答者数（回答率）

＊【会話3】は、指示代名詞を含むものであるが、回答とともに示された理由をみると、両言語ともに「東京／ソウルにいてもそれに興味がなければ、知らない可能性もある」、「知らないことは悪いことだとは思わない」といった発話内容の妥当性に関わるものが多く、筆者が意図した指示代名詞による質問表示の生成に関する調査が十分にできなかった可能性が高い。そのため、調査項目の質問紙調査への取り入れ方に関する問題については、今後の課題とし、【会話3】については、本項の分析対象から除外することにする。

には、【会話4】(先行発話の言い換え)と【会話5】(先行発話の繰り返し)が該当する。以下では、これらを項目ごとにみていくことにしよう。

まず、【会話4】は先行発話の言い換えを含むもので、朝鮮語において違和感を持つ被験者が多いという結果になった。これは、**表5-3**／**表5-7**でみた先行発話の言い換えによる質問表示が日本語談話において高い生起比率をみせるという言語事実とも符合するものである。このように朝鮮語で違和感を持つ被験者が多いという結果になったのは、5.2.2.でも述べたように、朝鮮語では日本語談話の発話文末において使用される比較的、文法化の進んだ「-みたいな…？」、「-とか…？」に並行する形式が使用されにくいことによるものである。ただし、日本語談話にあっても40代の被験者からは、「初対面の相手に使用するには、軽すぎる」、「高校生のようだ」といった意見も出されており、3.1.3.3.2.3.でみたように、こうした言語形式の使用にあたっては、年代による意識の違いがあることも確認された。なお、朝鮮語話者が違和感を持つと回答した理由をみると、「配慮がない」といった意見のほかに、「相手に対する皮肉に聞こえる」という意見も目立っており、文末語尾を用いないことにより丁寧さに欠けるばかりか、一定の「言外の意味」が付与されうることも示唆された[130]。

---

[130] なお、【会話4】の先行発話の言い換えは、朝鮮語では「-ㄴ다는…」(<-という…)という引用文の連体形により提示した。このような表現は、上述のとおり、朝鮮語では相対的に「違和感を持たれる」表現であるといえるが、筆者が2008年10月に東京韓国語学国際学術大会(於、東京大学 本郷キャンパス)において口頭発表をした際には、朝鮮語母語話者から「朝鮮語でも、引用動詞の連体形が発話文の文末に現れることが『全く』ないわけではない。こういった現象は比較的新しいもので、アニメやドラマなどの日本語翻訳からの影響があるのではないかと考えられる」との指摘を受けたことがある。また、こうした用法は堀江、金延珉(2011)でも「連体形止め」として取り上げられており、「自分の感情、考え、評価などをより客観化」したり、「命題の事実性(factivity)にはコミットせず解釈を読み手に委ねる」(ともにp.207)場合に用いられるとされている。さらに、今回、質問紙調査に回答した被験者の中からも「【会話2】は、日本語の翻訳体のような印象を受ける」との指摘があった。よって、日本のアニメやドラマに多く接したことがある被験者にとっては、上記のような発話が(実際の言語使用レベルとは別に)ある程度、違和感なく受け入れられていた可能性がある。

続いて、【会話5】は先行発話の繰り返しを含むもので、日本語において違和感を持つ被験者が多いという結果になった。この結果は、**表5-3／表5-7**でみた先行発話の繰り返しによる質問表示が朝鮮語談話において若干とはいえ、高い生起比率をみせていたという言語事実とも符合するものである。なお、各言語の被験者が違和感を持つと答えた理由についてみてみると、日本語では「初対面の相手に対して、『岡崎市』に悪いイメージを持っているかのような対応をしている」、「相手の発話を信用していないような対応をしている」といった、初対面の相手に対する協調性の欠如を指摘したものが多かったのに対して、朝鮮語では「文末を濁らせることにより、発話の意図が感じられない」、「初対面であれば、『경상북도 김천이요?』（慶尚北道 金泉ですか？）のように丁寧な表現でいう方が普通である」といった「意味の不明瞭さ」、「（言語形式としての）待遇表現の欠如」を指摘したものが多いという違いがみられた。

以上、日本語と朝鮮語で差異をみせる項目について概観した。これに該当する2つの項目は、いずれも**表5-3／表5-7**でみたデータと一致するものであり、言語使用と意識が一致している場合であるということができよう。続いて、日本語と朝鮮語で差異をみせない項目について分析を加えることにしよう。

8.2.2.2. 日本語と朝鮮語で差異をみせない項目

次に、日本語と朝鮮語で差異をみせない項目についてみてみよう。この項目には、【会話1】（間投詞（フィラー））、【会話2】（接続詞）、【会話6】（とりたて助詞）が該当する。以下では、これらを項目ごとにみていくことにしよう。

まず、【会話1】は間投詞（フィラー）を含むもので、日本語、朝鮮語ともにほぼ変わらず、違和感を持たない被験者が多いことが確認された。興味深いのは、朝鮮語でも予想外に多くの被験者がこれに違和感を持たないと回答している点である。**表5-3／表5-7**によると、実際の談話においては、間投詞（フィラー）による質問表示は日本語談話で高い生起比率をみせているが（出現の実数基準では、日本語で朝鮮語の2倍以上）、言語意識を問うた調査ではこれを許容する意見が日本語と同程度現れており、実際の言語使用と意識の間に乖離現象をみせているのである。

このように朝鮮語話者の回答においては、言語使用と意識の間に差異をみ

せることが確認されたが、その要因の1つとして、日常生活においては書かれた話しことば（疑似会話体）としての中途終了発話文に触れる機会が多いということがあげられる。新聞や広告、漫画といった媒体においては、限られた活字スペースにおいて効果的、経済的な情報伝達をする必要があるため、朝鮮語でも「書かれた話しことば」としての中途終了発話文が選択されることがあり、実際の談話における使用とは別に、活字としての中途終了発話文にある程度、違和感を持たない被験者がいた可能性が高い[131]。このように疑似会話体への許容度が相対的に高いことから、「話された話しことば」と「書かれた話しことば」にいわば異なる意識が形成され、実際の言語使用とは必ずしも一致しない内省を示すことになるわけであるが、今回の調査では、このような疑似会話体（あるいは翻訳体）に対する意識については十分な確認ができなかったため、このことについては、今後さらなる分析を加えていく必要があると考える[132]。

続いて、【会話2】は接続詞を含むもので、朝鮮語でやや多いものの、両言語ともに違和感を持たない被験者が全体の9割以上を占めることが確認された。**表5-3**／**表5-7**では、接続詞による質問表示は日本語談話で高い生起比率をみせているが（出現の実数基準では、日本語で朝鮮語の3倍以上）、その意識を問うた調査では、日本語と朝鮮語で大きな差異はなく、この項目でもやはり先に述べたような疑似会話体に対する許容度の高さが関係して、朝鮮語話者の言語使用と意識の間の乖離が生じていることをみてとることができる。

最後に、【会話6】はとりたて助詞を含むものであるが、日本語と朝鮮語でまったく同じ数値を示しており、両言語ともに違和感を持つ被験者が少ないことが確認された。これは、日本語でも朝鮮語でもとりたて助詞を用いた質問表現が少なくとも疑似会話体においては、違和感なく受け止められているということを示すものである。ただし、やはり**表5-3**／**表5-7**をみると、実際の談話にお

131　このような意識が形成されるのには、脚注130において指摘したような日本のアニメ、ドラマの翻訳版による影響も一部関係しているとみられる（実際に朝鮮語話者の中にはこのような指摘をした被験者が存在した）。

132　なお、間投詞（フィラー）の出現は、無意識的である場合も多く、こうした項目を質問紙調査にいかに取り入れ、内省を問うかについても、今後は十分な検討がなされなければならない。

けるとりたて助詞による質問表示の出現は、日本語の方で高い生起比率をみせていることが確認される（出現の実数基準では、日本語で朝鮮語の4倍）。このように朝鮮語において違和感を持たないと答えた被験者が多くなったのは、【会話1】、【会話2】でみたような要因による朝鮮語話者の言語使用と意識の乖離もあるとみられるが、ここでは、それに加えて実際の日本語談話において同項目による質問表示が多く現れる要因として、以下の［例8-1］のような用例をみておきたい。

　　［例8-1］（日本語談話：初対面談話の冒頭部分）
　　　JN2：フリーって難しいですよね？。
　　　JNB：フリーは、まぁ、なんともはやですけど…。
　　　JN2：えー。
　→JNB：あのー、お好きな食べ物は…？。
　　　JN2：食べ物ですか？。

　この例は、初対面談話の冒頭において、JNBがJN2に食べ物の嗜好を尋ねている場面である。ここでJNBは「食べ物は…？」というとりたて助詞を含む中途終了発話文による質問を使用しているが、この中途終了発話文は、先行発話からの統語的、意味的関係を持っておらず、食べ物の話題は唐突に現れたような印象を与える。しかし、それにも関わらず、対話者であるJN2は、ここに「何も話すことがない（フリートークという）状況の中で、話題作りをしようとしており、そのために食べ物の嗜好を尋ねる」という対話者の発話意図があることを読み取り、円滑な談話を継続させている。このように日本語談話では、［例5-12］でみたような先行発話に支えられてとりたて助詞が現れる場合のみならず、上の例にみられるように、とりたて助詞が周辺文脈に支えられずに現れ、前提となる共有事項（情報）に基づいて新たな話題が選択、提示される場合があることが確認された。このような文脈によらないとりたて助詞は朝鮮語では確認がされにくい一方で、日本語では一定数が確認がされるという違いをみせており、こうしたことも1つの要因となって、日本語談話におけるとりたて助詞による質問表示は相対的に高い生起比率を示すものとみられる。ただし、

今回は、質問紙調査という方法により意識調査を行なったため、このような文脈によらない質問の生成については、十分な検討が行なえなかった。こうした点については、今後の課題としたい。

以上、日本語と朝鮮語で差異をみせない項目について概観した。これに該当する3つの項目は、いずれも**表5-3**／**表5-7**でみたデータとは一致しないものであり、言語使用と意識に乖離がみられる場合であった。

8.3. まとめ

本章では、発話文に対する意識と談話における使用様相について、日本語と朝鮮語の母語話者を対象にした2つの意識調査の結果をみながら分析を行なった。

まず、【質問1】では、日本語母語話者と朝鮮語母語話者の質問表現に対する意識について分析を行なった。分析の結果、非中途終了発話文は日本語でも朝鮮語でも肯定的な印象を持たれる発話形式であるが、日本語においては否定的な印象もあるため、その談話における使用は朝鮮語で相対的に多くなるということ、中途終了発話文は日本語で肯定寄りの印象を持たれており、気軽であるとの評価が比較的高いこと、日本語では朝鮮語に比べ、倒置や疑問詞の現れない中途終了発話文がより肯定的と捉えられていることなどが明らかになった。

次に、【質問2】では、第5章でみた質問表示の下位項目に基づき、発話文生成に対する意識について分析を行なった。分析の結果、先行発話の言い換え、繰り返しにより中途終了発話文への質問表示がされる場合は、実際の言語使用とほぼ類似した意識を持つということ、間投詞（フィラー）、接続詞、とりたて助詞といった品詞により質問表示がされる場合は、朝鮮語話者においては疑似会話体に対する許容度の高さから、実際の言語使用と意識の間に乖離が確認されることなどが明らかになった。

このように、両言語の母語話者の発話文に対する意識を分析してみると、実際の談話における言語使用と意識は必ずしも一致しない場合があることが確認

された。そのため、言語事実と質問紙による調査結果は双方から結果を照らし、分析する必要がある。なお、本章における質問紙調査は、【質問1】は初対面の対話者に出身を聞くという特定の話題に限定されたものであったほか、【質問2】では1往復からなる対話のみを扱ったため、文脈や談話が行なわれる場における前提情報との関係については、十分に考慮ができなかったという課題も残った。さらに、本調査では全般において音声という要因を十分に反映させることができなかったため、今後はそうした点を補完しつつ、さらなる調査、分析を行なっていく必要があると考える。

第 9 章 結 論

以上、本書では「日本語と朝鮮語の談話における形式と機能の関係——中途終了発話文の出現を中心に」という題目のもと、日本語と朝鮮語の談話に現れる発話文の形式と機能について談話文法という観点から分析を行なってきた。本章では、本書において行なってきた分析結果を改めて整理するとともにそれらを総括し、本研究の意義、残された課題についても述べる。

9.1. 本書における議論

9.1.1. 各章における議論

本項では、これまで全8章にわたって展開してきた日本語と朝鮮語の談話に現れる発話文の形式と機能に関する議論をふり返り、各章で示した事項、明らかになった事項について改めて整理することにする。

まず第1章では、序論として研究動機と問題の所在について述べるとともに、分析対象と方法論に関する前提を構築した。ここでは、談話と文章の区別や談話分析と会話分析の方法論の違いについて明確に示したうえで、本書における分析対象が話されたことばたる談話であること、分析過程においては言語学における談話分析の手法を基本としながらも、社会学的観点を取り入れた会話分析の方法論も採用することを明らかにした。また、この章の最後ではこれらの前提事項をふまえたうえで、本書における議論の具体的展開についても述べた。

第2章では、調査、分析の方法について述べた。具体的には、本研究において主たる分析対象となる各言語21ずつの2者間談話の参与者（被験者）が、性別（男性・女性）、年代（10代後半・20代後半・40代前半）、親疎関係（初対面・友人）、年齢の上下差（対年上・対同年・対年下）という発話者の属性や対話者との関係により統制がなされたものであることを示すとともに、音声資料の文字化方法や発話文認定の原則についても述べた。また、第8章で行なう言語使用の意識分析において用いる質問紙調査の被験者情報についても述べた。

第9章 結論

　第3章では、日本語と朝鮮語の談話における品詞分類、用言の活用形、発話形式に関する理論的枠組みを構築した後、主要な先行研究において中途終了発話文、発話機能がどのように論じられてきたかを概観し、それらに対する本書の定義、下位分類を示した。また、それだけでなく、それぞれの出現状況について計量化したデータもともにみた。

　本書における中途終了発話文の定義は、形態論、統語論、談話文脈、音声といった観点を取り入れており、発話に関わるより広い要素を考慮した精密な同定を可能にするものである。

　データの分析では、中途終了発話文の談話全体における生起比率は、日本語では35.5%、朝鮮語では28.5%を示し、日本語でより高い数値をみせること、形態論的下位分類は日本語、朝鮮語ともに9種の類型が確認されることが明らかになった。また、談話における中途終了発話文の出現は、発話者の属性や対話者との関係という観点からみたときには、日本語談話で相対的に広い使用域を持つということも確認された。これは、日本語談話では40代の話者や初対面、対年上／年下といった関係において、中途終了発話文が多く出現することと関係するものである。

　さらに、本書における今一つの分析項目である発話機能については、8種の機能項目が確認され、日本語と朝鮮語の発話文が相互作用において情報の授受に関わる発話機能を強く有していることも確認した。

　第4章では、日本語と朝鮮語の談話における形式と機能の関係をみるために、特に中途終了発話文が情報要求という発話機能を持つ場合に焦点を当てて分析した。分析の手順としては、まず情報要求発話を談話機能により、①同意・同調を求める発話、②意味交渉・確認を求める発話、③情報を求める発話に分類したうえで、それらの談話における出現様相について、発話者の属性や対話者との関係という要因、発話形式（中途終了発話文、非中途終了発話文）という観点から分析を行なった。

　分析の結果、談話における実現形態としての情報要求の中途終了発話文は、両言語の談話文脈の中でそれぞれ異なる発話効果を生み出す装置として機能しており、話者はそれらを相互作用の中でポライトネスやスピーチレベルを調整

するためのストラテジーとして異なる場面で選択、使用していることが確認された。具体的には、両言語の差異を形成する要因として深く関わっているのは、発話者の年代と親疎関係であり、そのあとに年齢の上下差が続き、発話者の性別による違いは小さいということが明らかになった。また、非中途終了発話文については、発話者の属性や対話者との関係といった要因が両言語の出現の差異に与える影響は弱いということも確認された。上記の結果は、日本語と朝鮮語で並行した形式であっても実際の言語使用のレベルにおいては異なる機能を持ち、異なる出現を示すということ、換言すれば、ある場面や状況において発話行為を行なう際に選択される形式は言語によって異なりうるということを意味するもので、両言語の談話の特徴を記述するうえで注目すべき現象であるといえる。

　第5章では、質問（情報要求）を表す中途終了発話文の出現について周辺発話との関係という枠組みの中で分析を行なった。分析の手順としては、任意の発話文が質問発話として機能することを可能にする要素を「質問表示」と称し、この質問表示が両言語の中途終了発話文にいかに現れているかを談話文脈の中で分析することにより、文末に終止形語尾を持たない発話文やそもそも明示的な質問要素を持たない発話文がターンを構成し、質問発話として機能する要因を探った。
　分析の結果、中途終了発話文という末尾に文終止形式が現れない発話が質問発話として機能することを可能にするのは、発話文表層における明示的質問表示（3種）が現れる場合のみならず、非明示的質問表示（9種）によるところも大きいことが明らかになった。なお、これらの質問表示要素の選択にあたっては日本語では非明示的質問表示を多用するのに対し、朝鮮語では明示的質問表示を多用するという異なった傾向をみせる。こうした傾向は、日本語では文脈や発話状況に負った質問の中途終了発話文の生成がされやすく、反対に朝鮮語では形式や音声といったより明示的な要素による質問表示がなされない場合、日本語ほど質問の中途終了発話文が生成されにくいということを意味しており、両言語の発話文生成メカニズムの差異を示すものとなっている。
　さらに、日本語談話においては、特に非明示的質問表示の中でも一貫性を持

第9章 | 結　論　　　　　　　　　　　　　　　　　　　　213

つ中途終了発話文が多く現れることが確認されたが、それは日本語では文中に現れる任意の要素（表現や品詞など）が先行発話との一貫性の表示として機能することにより、発話文を質問発話として有標化することが可能であるためである。一方で、朝鮮語では同様の要素に質問発話としての有標化機能が日本語ほど付与されていない。朝鮮語でこのような有標化機能が相対的に強く機能しないことは、文末形式により質問表示がなされる非中途終了発話文や明示的質問表示による中途終了発話文が日本語より朝鮮語で多く出現するという言語事実からも窺え、日本語と朝鮮語における発話（文）を介したコミュニケーションスタイルの違いの一部を構成するものとなっている。

　第6章では、質問を表す発話文の動的機能を解明するために、発話連鎖という観点から質問発話としての中途終了発話文、非中途終了発話文がいかなる連鎖組織を生み出し、以降の談話展開に影響を与えているかを分析した。具体的な分析方法としては、第1部分としての質問発話に隣接する第2部分全体を応答発話とみなし、それを質問に対する実質的回答を与える「実質的回答発話」、実質的回答を与えない「非実質的回答発話」に分類したうえで、そこにいかなる発話が現れ、相互作用を促進しているかを発話形式、発話機能という観点から分析した。
　分析の結果、日本語、朝鮮語の談話にあっては、実質的回答発話はともに46％ほどしか現れておらず、過半数の情報が欠けた発話が、つまり求められた情報についての回答となっていないことが明らかになった。また、両言語の差異を形成する要因について分析すると、発話形式においては第2部分が実質的回答発話であるときに、発話機能においては第2部分が非実質的回答発話であるとき、その中でも特に注目表示や情報要求といった発話機能を持つ発話であるときに特徴的な差を示すことが確認された。
　さらに、本章では情報の授受に限定されず談話を展開せしめる様々な要素を談話展開機能と称し、分析を行なったが、その結果、質問に続く第2部分において日本語では対話者への主導権譲渡、朝鮮語では談話展開へのより強い関与、先行発話情報への補足といった談話展開機能を持つ発話が現れやすいことが明らかになり、こうしたことが1つの要因となって第2部分に非実質的回答発話

を現れやすくしていることが確認された。

　第7章では、ストラテジーとして用いられる繰り返し発話の出現について再現レベルと談話展開機能という観点から分析を行ない、日本語と朝鮮語の発話文生成と談話展開に関するさらなる特徴を明らかにした。また、繰り返し発話と中途終了発話文生成の関係についても論じた。

　分析の結果、日本語談話では朝鮮語談話に比べ、繰り返し発話が多く出現することが明らかになった。このことは、発話文生成における先行発話への依存度は日本語談話でより高いということを意味するものである。

　また、再現レベルについてみると、日本語談話では完全な繰り返し、または文／節・句レベルの繰り返しが、朝鮮語談話では一部をやや変えた繰り返し、または語レベルの繰り返しがより多く現れるという傾向が確認された。こうした差異は、例えば日本語話者が朝鮮語話者に比べ言語表現を対話者に合わせた協調的な談話展開をより好むこと、日本語の発話文は文末形式を構成する形態素の自由度が朝鮮語に比べて高いこと、などにより生成されるものである。

　さらに、談話展開機能についてみると、日本語話者は共有型の、朝鮮語話者は要求型の談話展開を好むということも明らかになった。これは、繰り返し発話が日本語談話では先行発話に対する情報・思考や感想・感情を共有し、ターンの譲渡を促すための発話装置として使用されているのに対して、朝鮮語談話では説明や確認を要求し、ターンの譲渡を促すための発話装置として使用されているという両言語における談話展開スタイルの違いを反映したものである。

　第8章では、第4章から第7章までで述べてきた内容をふまえ、両言語の母語話者を対象に実施した質問紙調査の結果を分析し、発話文に対する意識と談話における使用様相についてさらなる考察を行なった。具体的な分析方法としては、日本語と朝鮮語を母語とする各言語120名ずつの被験者に実施した調査の結果をもとに、質問表現に対する意識、発話文生成に対する意識について分析を行なった。

　分析の結果、質問表現に対する意識については、非中途終了発話文は日本語でも朝鮮語でも肯定的な印象を持たれる発話形式であるが、日本語においては

否定的な印象もあるため、その談話における使用は朝鮮語で相対的に多くなるということ、中途終了発話文は日本語で肯定寄りの印象を持たれており気軽であるとの評価が比較的高いこと、日本語では朝鮮語に比べ、倒置文、および疑問詞の現れない中途終了発話文がより肯定的と捉えられていることなどが明らかになった。

また、発話文生成に対する意識については、先行発話の言い換え、繰り返しにより中途終了発話文への質問表示がされる場合は実際の言語使用とほぼ類似した意識を持つということ、間投詞（フィラー）、接続詞、とりたて助詞といった品詞により質問表示がされる場合は、朝鮮語話者においては疑似会話体に対する許容度の高さから、実際の言語使用と意識の間に乖離が確認されることなどが明らかになった。このように実際の談話における言語使用と意識は必ずしも一致しない場合があるため、言語事実と質問紙による調査結果は双方から結果を照らし、多角的観点から分析する必要があることが示された。

以上、本項では第1章から第8章において述べてきた事項を改めて概観した。次項では、これらの事項を有機的に結合し、本書全体における結論を述べることにする。

9.1.2. 本書全体における結論

前項でもみたように、本書ではこれまで日本語と朝鮮語の談話における形式と機能の関係について、主に中途終了発話文の出現に注目して分析を行なってきた。第4章では単独の発話文としての情報要求発話の発話機能・談話機能を、第5章では先行発話との関係を含めた発話文の生成メカニズムを、第6章では後続発話との関係を含めた発話連鎖を、第7章では繰り返し発話との関係についてみてきたが、本項ではそれらの分析過程において明らかになったことを一元的に整理してみることにしよう。まず、本書の一連の研究において、分析対象となった質問（情報要求）発話を中心とした連鎖の出現モデルと分析項目の相関関係を整理すると、**図9-1**のようになる。

このモデルが示すように、本書ではまず情報要求（質問）発話を主たる分析

【図9-1】連鎖モデルと各章における分析項目の相関関係

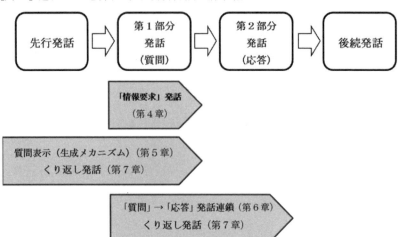

対象として据えたうえで、それを単独の発話文のみならず、先行発話や後続発話といった周辺発話の枠組みの中でも捉え、分析することによって、両言語の談話における発話文の動的機能の記述を試みた。以降では、各章の分析で明らかになったことを改めて発話の連鎖モデルの中で捉え直し、それらを体系的に整理することにする。具体的には、本書における分析項目をふまえ、（Ⅰ）第1部分（質問）出現、（Ⅱ）第2部分（応答）出現、の順に整理していく。

（Ⅰ）第1部分（質問）出現

　まずは、第1部分における質問（情報要求）発話の出現について整理する。質問（情報要求）を表す発話文のうち、中途終了発話文の生起比率は日本語では40.1％、朝鮮語では27.5％と、日本語でより高い生起比率をみせることが確認されたが、このように日本語において中途終了発話文が生成されやすい（あるいは朝鮮語において非中途終了発話文が生成されやすい）のは、以下のような要因との関わりが深いということができる。

　まず、形式という観点からみると、そもそも談話全体において、日本語では中途終了発話文が、朝鮮語では非中途終了発話文が現れやすいという特徴をあげることができる。特に中途終了発話文については、第3章でみたように、談

話全体でみた場合、日本語で35.5%、朝鮮語で28.5%という生起比率をみせており、朝鮮語より日本語において、談話における発話単位としてより大きな位置を占めていることがわかる。なお、形式に関して発話文の生成メカニズムという観点からみた場合には、日本語では先行発話からの意味的一貫性を持つ非明示的質問表示が任意の発話文を質問発話として有標化する機能を強く有する一方で、朝鮮語では同様の機能が相対的に弱いという特徴も確認された。こうした談話文脈に負った発話文の生成メカニズムの差異も日本語で質問（情報要求）を表す発話文が出現する際に中途終了発話文の生成を促進する1つの要因となっているといえる。

次に、機能という観点からみると、中途終了発話文全体のうち、質問（情報要求）を表す発話文の生起比率は、日本語で23.2%、朝鮮語で20.2%と日本語でやや高いことが確認された。また、これを談話機能という観点から捉えた場合には、日本語における中途終了発話文は同意・同調を求める発話文が多く、朝鮮語における中途終了発話文は意味交渉・確認、情報を求める発話文が多いという違いをみせており、両言語における質問（情報要求）発話は、異なるコミュニケーションスタイル、談話展開を実現するための発話装置として選択されているということができる。

さらに、以降への連鎖（談話展開）という観点からみてみると、日本語では質問（情報要求）を表す中途終了発話文が共同発話を誘発する発話として使用されやすいという特徴も確認された。共同発話は、相互作用における談話参与者間の一体感を創出するためのストラテジーとなるものであるが、日本語談話では、そのための発話装置として同発話形式がより多く選択され、相互作用の促進に寄与している。一方で、朝鮮語においては、情報要求を表す中途終了発話文の後に第1部分（先行発話）話者の発話継続が生起することが多いことからもわかるように、同発話形式のターン交替への貢献度は、相対的に弱いということができる。

また、発話者の属性／対話者との関係という観点からみると、情報要求を表す中途終了発話文は、日本語では40代を含む幅広い年代の話者により使用されているのに対し、朝鮮語では10代、20代という比較的若い世代の話者の発話において相対的に多く使用されるにとどまるということ、また、日本語では

初対面や年上の相手に対して、より多く使用されているということも確認された。特に後者に関しては、ポライトネスという観点からみたときには、日本語では中途終了発話文による質問（情報要求）がポジティブ・ポライトネスのみならず、ネガティブ・ポライトネスとしても使用されていることを示すものであり、同発話が敬体から常体（寄り）のスピーチレベルのシフトに大きく関与していることを意味するものである。

このように、形式（生成メカニズム）、機能、連鎖（談話展開）、発話者の属性／対話者との関係といった観点からみた際に、両言語の質問（情報要求）を表す中途終了発話文は、異なる特徴を有しており、相対的にみれば、日本語談話において発話装置としてのより広い使用域と生成環境を持つということができる。こうした特徴が要因となって、日本語において同形式による発話文がより多く選択され、使用されるという結果をもたらしているのである。

(Ⅱ) 第2部分（応答）出現

続いて、第2部分における応答の出現について整理することにする。質問に続く第2部分においては、隣接ペアの概念により想定される実質的回答発話（情報提供を表す発話）と同概念では一義的に想定されない非実質的回答発話（情報提供以外を表す発話）の出現がみられるが、この両言語における出現をみると、ともに実質的回答発話で約46%、非実質的回答発話で約53%の出現をみせており、ほぼ類似した出現傾向をみせることが確認された。しかし、生起比率でこそ近似値を示す一方で、これらの発話を詳細に分析した場合には、両言語において特徴的な違いが存在することも明らかになった。

まず、形式という観点からみると、第2部分が実質的回答発話である場合には、日本語では中途終了発話文が、朝鮮語では非中途終了発話文がより高い生起比率をみせるという差異が確認された。これは、日本語話者は終止形語尾を文末に明示しない発話形式を選択することで、ターンの譲渡を促し談話展開の主導権を対話者に預けようとするのに対し、朝鮮語話者は、終止形語尾を明示する発話形式を選択することで、求められている情報をより明確に提供しようとするというストラテジーとしての談話展開機能の違いを反映したものであると考えられる。また、第2部分が非実質的回答発話である場合には、両言語と

第9章　結論

もに非中途終了発話文の出現が多いことが確認されたが、これは同形式が質問に対する応答としては、一義的に想定されない発話である情報提供以外の発話が現れることをより明確に示すためのストラテジーとして使用されることによるものと考えられる。

　また、機能という観点からみると、日本語では第2部分が注目表示であるときに、朝鮮語では情報要求や第1部分話者の発話継続であるときに高い生起比率をみせていることが確認され、やはり両言語の話者の談話展開機能を反映したものであることが確認された。なお、これらの談話展開機能は、具体的には、日本語話者は対話者への主導権譲渡、朝鮮語話者は談話展開へのより強い関与、先行発話情報への補足といった項目を志向することが確認されており、こうした相違は繰り返し発話の出現においても広い意味で同様の出現傾向を示すことが確認された。

　なお、第1部分からの連鎖（談話展開）という観点からみると、第1部分と第2部分の発話形式の連鎖は、言語ごとに特徴的な出現をみせており、例えば第2部分に実質的回答発話が現れるとき、日本語では【質問（中途）→応答（提供：中途）】という連鎖を形成しやすいのに対し、朝鮮語では【質問（非中途）→応答（提供：非中途）】という連鎖を形成しやすいことなどが確認され、こうした先行発話からの影響も第2部分発話の出現を規定する1つの要因となっていることがわかる。

　このように、形式、機能、連鎖（談話展開）といった点からみた際に、質問に対する応答発話の出現には複雑な生成メカニズムが関わっており、それらは日本語と朝鮮語で異なる体系を持つことが明らかになった。

　以上でみたように、質問（情報要求）発話の出現はもちろん、【質問→応答】という連鎖の出現にあたっては発話形式や発話（談話）機能といった発話文レベルにおける要因、さらには発話連鎖や談話展開機能といった談話展開レベルにおける要因、発話者の属性や対話者との関係といった談話参与者レベルにおける要因などが複雑に絡み合って作用している[133]。発話者は、相互行為が行な

133　このような機能要因の大分類については、ロンドン言語学派（London school of linguistics）の流れを汲むHallidayらが提唱する選択体系機能文法（systemic

われる場面において発話文を産出するにあたって、先行発話や談話展開との関係の中で上記要因を適切に抽出、選択し、その場にあった発話行為を行なっており、その手続きは日本語と朝鮮語で異なる特徴を持つのである。このような一種のメカニズムを理解するうえで重要なことは、発話文の生成は、複数の要因により支えられており、いわば重層性を持つシステムとして談話の中に存在しているということである。つまり、談話における発話文生成に関わる要素は、単一的なものではなく、周辺発話という談話文脈の中で有機的に関連しあい存在しているのである。

　本書では、一連の分析を通して、日本語と朝鮮語の発話文は、発話形式としては類似した体系を持ちながらも、それが談話において出現するに際しては、形式、機能、発話連鎖（談話展開）、発話者の属性／対話者との関係といった諸レベルにおいて、異なる生成要因が作用しており、その結果、【質問→応答】という発話が出現する場合にも異なる発話形式や発話機能による発話の出現が認められるということを明らかにしてきた。これは、既存の先行研究が行なってきたような、単独のターンとしての発話文に対する発話機能の設定や完全文への復元といった分析においては明らかにすることができない事実であり、本書で行なったように、実現形態としての発話文を談話という文脈、周辺発話の中において捉えることによって、初めて解明することが可能になるものである。

---

functional theory of grammar）においても示唆的な記述がみられる。本書における機能要因を構成する3種の要素は、選択体系機能文法では、おおよそ以下のように位置づけられる（左側が本書における分類、右側が選択体系機能文法における名称である）。
　　1. 発話機能（単文レベル）　―　観念構成的機能（ideational function）
　　2. 談話機能（文脈、語用論）　―　対人的機能（interpaersonal function）
　　3. 談話展開機能（談話展開）　―　テクスト構成的機能（textual function）
　なお、本書では第2部分生成における発話者の属性や対話者との関係といった要因の関与については、十分な分析が行なえなかった。これについては、今後の課題としたい。

9.2. 本研究の意義・課題

　本節では、本書で行なってきた一連の研究が、研究史上、いかなる意義を持つのかについて述べた後、本研究において解明しえなかった事項と、今後の研究課題について述べることにする。

9.2.1. 本研究の意義

　本書では、実際の日本語と朝鮮語の談話において音声として生成された発話文を分析対象とし、その形式と機能がいかなる差異をみせるのかを談話文法という観点から分析してきた。本項では、本研究の意義を（Ⅰ）談話分析における貢献、（Ⅱ）日朝対照研究における貢献、（Ⅲ）隣接分野における貢献という3つの観点から述べることにする。

（Ⅰ）談話分析における貢献──談話文法という枠組みにおける言語記述
　1つめの意義として、談話分析における貢献があげられる。9.1.でも述べたとおり、本書の分析により、文文法において類似した文法体系を持つといわれる日本語と朝鮮語にあっても、日常の言語使用において産出される発話文をみてみると、必ずしも類似した出現をみせるとは限らないという事実が明らかになった。これは、本研究が実際に音声として産出された談話（話されたことば）を分析対象とし、その実現形態を談話文法として帰納的に分析するという方法を採用したからこそ可能になったものである。また、本書では分析形式として中途終了発話文を定め、論を展開してきたが、この発話の出現についてみる際にも単独の発話文レベルにおける分析のみならず、先行発話からの発話文生成、後続発話への発話連鎖など、談話を構成するより多角的な視点を導入し、分析することを試みてきた。こうした発話文出現の実態をより深く考察することを可能にしたのもやはり、本書がこの談話文法の記述という方法論を導入したことによるところが大きい。先にも述べたように、中途終了発話文といういわゆる不完全な発話は、ともすれば非文法的な形式としてその発話の本質が見逃さ

れがちである。しかし、本書の調査により明らかになったように、実際の談話において、例えば質問を表す発話は、日本語では40.1%、朝鮮語では27.5%が中途終了発話文により現れており、相互作用における発話装置として、決して無視できるものではない。本書における分析は、今後の談話分析が進むべき1つの方向性を示唆したものであり、談話という言語事実に立脚した文法の記述が言語学の領域において展開されるべきであることを示したものでもあったといえるだろう。

(Ⅱ) 日朝対照研究における貢献 ── 日本語と朝鮮語の談話レベルにおける対照

今ひとつの意義として、日韓対照研究における貢献があげられる。第3章から第7章で先行研究を概観した際にも述べたが、日本語と朝鮮語はしばしば文法体系が類似しているといわれる一方で、談話に現れる発話文を形式と機能という観点から対照した研究は、これまでのところ、そう多くは存在していなかった。そこで、本書では両言語の実現形態としての発話文を談話レベルで対照するという試みを行なったが、その結果、個別の言語の分析では明らかにすることができない多くの点が浮き彫りとなった。こうした対照研究は文法体系が類似する言語同士であるからこそ意味を持つものであるとともに、両言語で均質な談話データの採集が行なわれてこそ可能になるものでもある。以上のような意味で、本研究は日本語と朝鮮語の対照言語学における新たな研究方法を開拓するものとなったということができるだろう。

(Ⅲ) 隣接分野における貢献 ── 言語事実の応用へ

最後に、隣接分野における貢献についてもあげておきたい。本研究は、言語学の一部分を構成する社会言語学、その中でもとりわけ談話分析という領域を扱ったものであるが、この領域は周辺の多様な隣接分野との結びつきを持つものである。こうした観点からみたときに、本研究は、例えば、日本語教育や朝鮮語教育といった言語教育だけでなく、翻訳・通訳論、異文化コミュニケーションといった分野にも資するところが大きいといえる。特に外国語教育においては、会話という言語教育の根幹をなす分野におけるより実践的な教授法の開発を可能にするほか、言語形式のみによらない発話意図の伝達やミス・コミュ

ニケーションといった広義の対人コミュニケーションの問題にまで解決の糸口を与えることを可能にするだろう。今後は、本書において明らかになった言語事実、およびその分析内容を隣接分野にいかに適用しつつ、貢献していくかについても、考えを深めていく必要があると考えている。

9.2.2. 本研究の課題

続いて、本研究の課題について述べることにする。具体的には、（Ⅰ）より多様な形式、機能に関する分析、（Ⅱ）より広範囲な枠組みとしての談話分析という観点から述べる。

（Ⅰ）より多様な形式、機能に関する分析

本研究は、談話に現れる種々の発話文の中でも中途終了発話文という限定された発話形式を扱ったものであり、その分析対象となる発話機能も主に質問（情報要求）という限定されたものであった。そのため、中途終了発話文が質問（情報要求）以外の発話機能を持つ場合や完全文、終助詞／丁寧化のマーカー終了発話文、フィラーといった形式が持つ発話機能についての分析は、十分に行なうことができなかった。さらには中途終了発話文の分析においても、文法化された接続形（接続助詞）に関しては十分な分析が行なえず、課題として残った。今後は、談話という相互作用を構成するより多様な形式、機能についても丁寧に用例を採集し、発話者の属性や対話者との関係といった点も含め、さらに精密な分析をしていく必要があると考えている。

（Ⅱ）より広範囲な枠組みとしての談話分析

本書では、発話文についてみる際に単独の発話文レベルのみならず、周辺発話との関係という枠組みを導入して分析を行なってきた。これは、発話文をより広範な枠組みの中で捉えるという意味においては既存の研究にみられない独自性を持つものであったといえるが、分析対象としては第2部分の発話までをみたにすぎず、言語が実際に使用される場面における談話の全体像については十分に示すことができなかった。また、本書では談話に現れる発話文の形式と

機能に注目することにより、発話文生成要因の重層性を示したが、生成要因について決して網羅的な分析が行なえたわけではない。今後は、上位レベルの談話構成単位も含め、より多角的な視点から発話文の出現を捉え、分析を行なっていきたいと考えている。

　本書では、談話という相互作用における言語表現の中で完全文が必ずしも絶対不可欠なものであるとは限らないという主張を出発点として、談話文法という観点から考察を重ねてきた。一連の議論により、言語使用の場面においては、単独発話文レベルにおける要因、発話連鎖（談話展開）における要因、談話参与者における要因など、様々な要素が関係し合い、種々の発話形式、発話機能が選択されており、さらに選択された発話自体もまた、後続の発話文の生成に影響を与えるものとして談話内で機能していることが明らかになった。これらの分析から談話における発話文は、もはや単一的な形式と意味の関係によってのみ規定されるものではなく、言語が使用される場としての談話文脈という複雑な体系の中で存在していることが証明できたと考える。

　以上のような言語事実は、Hymesがいう「様々な話し方がその地域社会における記号形態の集合の1つとして理解されるような種のもの」を構成する要素となるものである。これまでにも繰り返し述べてきたように、このような言語使用の動的側面の記述は、談話という言語事実に真摯に向き合い、それを構成する様々な要素を適切に抽出する方法なくしては、成しえるものではない。本書における議論では、発話文生成要素の重層性の存在を示すために、限りなく広がる談話の世界のごく一部をみたにすぎないが、今後はより多くのサンプルを確保しつつ、談話を構成する発話文について、または任意の形式が選択され機能が付与される要因について、さらなる分析と記述を行なっていかなければならないと考える。今後も日朝対照研究という枠組みの中で談話文法としての発話文の記述を続けていきたい。

参考文献一覧

1. 日本語で書かれたもの（筆者の五十音順）

池上嘉彦（1985）『意味論・文体論』東京：大修館書店

石川創（2010）「あいづちとの比較によるフィラーの機能分析」『早稲田日本語教育研究』19　東京：早稲田日本語教育学会

岩田祐子、重光由加、村田泰美（2013）『概説 社会言語学』東京：ひつじ書房

宇佐美まゆみ（1995）「談話レベルから見た敬語使用──スピーチレベルシフト生起の条件と機能」『学苑』662 東京：昭和女子大学 近代文化研究所

宇佐美まゆみ（2003）「異文化接触とポライトネス──ディスコース・ポライトネス理論の観点から」『国語学』54-3 東京：日本語学会

宇佐美まゆみ（2007）「改訂版：基本的な文字化の原則（Basic Transcription System for Japanese：BTSJ）」『談話研究と日本語教育の有機的統合のための基礎的研究とマルチメディア教材の試作』平成15-18年度 科学研究費補助金 基盤研究B（2）研究成果報告書 東京：東京外国語大学

宇佐美まゆみ、嶺田明美（1995）「対話相手に応じた発話導入の仕方とその展開パターン──初対面二者間の会話分析より」『名古屋学院大学日本語学・日本語教育論集』2　愛知：名古屋学院大学

梅木俊輔（2009）「ターン管理と発話連鎖への期待に関する一考察──韓日接触場面における情報要求場面を中心に」『言語科学論集』13 宮城：東北大学

岡部悦子（2003）「課題解決場面における「くり返し」」『早稲田大学日本語研究教育センター紀要』16　東京：早稲田大学 日本語研究教育センター

荻原稚佳子（2011）「日本語母語話者による自由会話における「言いさし」の使用と解釈」『明海大学外国語学論集』23　千葉：明海大学

小田美恵子（2002）「中途終了型発話の横断的研究──中上級韓国人学習者の発話から」『龍谷大学国際センター研究年報』11　京都：龍谷大学 国際センター

落合るみ子、植野貴志子、野村佑子（2006）「日本語会話における同調促進装置としてのあいづち、繰り返し、テイクオーバー──米語会話との比較から」『日本女子大学大学院 文学研究科紀要』12　東京：日本女子大学大学院 文学研究科

加藤陽子（2005）「話し言葉における発話末の「みたいな」について」『日本語教育』124　東京：日本語教育学会

亀井孝、河野六郎、千野栄一編（1996）『言語学大辞典 第6巻 術語編』（第1刷）東京：三省堂

菅野裕臣（1981）『朝鮮語の入門』東京：白水社

菅野裕臣著、浜ノ上幸、権容璟改訂（2007）『朝鮮語の入門 改訂版』東京：白水社

菅野裕臣、早川嘉春、志部昭平、浜田耕策、松原孝俊、野間秀樹、塩田今日子、伊藤英人（1988）『コスモス朝和辞典』東京：白水社

木暮律子（2001）「表現形式から見た発話権取得の方法──情報要求発話を受け継ぐ場合」『平成13年度日本語教育学会 第9回研究集会 予稿集』東京：日本語教育学会

金アラン（2011）「韓国語の非丁寧体のスピーチシフトに関する一考察──年齢・男女差及び文の種類を中心に」『国際文化研究』17　宮城：東北大学

金アラン（2012）「韓国語における非丁寧体「hanta体」の待遇度と文の種類の関係──「年

下→年上」での使用を中心に」『待遇コミュニケーション研究』9　東京：待遇コミュニケーション学会

金敬善（1998）「電話会話における終結部展開の韓日対照――主要部と終結部のかかわりを中心に」『紀要』28　大阪：大阪女学院大学・短期大学

金庚芬（2002）「「ほめに対する返答」の日韓対照研究」『言語・地域文化研究』8　東京：東京外国語大学大学院 地域文化研究科

金志宣（2000）「turn及びturn-takingのカテゴリー化の試み――韓・日の対照会話分析」『日本語教育』105　東京：日本語教育学会

金智賢（2008）「韓国語と日本語の談話における「無助詞」の対照研究――現場性と主題を手がかりに」『言語情報科学』6　東京：東京大学大学院 総合文化研究科言語情報科学専攻

金智賢（2009）「現代韓国語の談話における無助詞について――主語名詞句を中心に」『朝鮮学報』210　奈良：朝鮮学会

金智賢（2017）『日韓対照研究によるハとガと無助詞』東京：ひつじ書房

金珍娥（2002）「日本語と韓国語における談話ストラテジーとしてのスピーチレベルシフト」『朝鮮学報』183　奈良：朝鮮学会

金珍娥（2004a）「韓国語と日本語のturnの展開から見たあいづち発話」『朝鮮学報』191　奈良：朝鮮学会

金珍娥（2004b）「韓国語と日本語の文, 発話単位, turn――談話分析のための文字化システムによせて」『朝鮮語研究』2　東京：くろしお出版

金珍娥（2006）「日本語と韓国語の談話における文末の構造」東京外国語大学大学院 地域文化研究科 博士学位論文（非刊行）東京：東京外国語大学

金珍娥（2010）「〈非述語文〉の現れ方とdiscourse syntax――日本語と韓国語の談話から」『朝鮮学報』217　奈良：朝鮮学会

金珍娥（2013）『談話論と文法論――日本語と韓国語を照らす』東京：くろしお出版

金珍娥（2016）「人は発話をいかに始めるか――日本語と韓国語の談話に照らして」『朝鮮学報』238　奈良：朝鮮学会

串田秀也（2007）「第16回ワークショップ 日本語会話におけるWH質問――応答連鎖」『社会言語科学』9-2　東京：社会言語科学会

串田秀也, 好井裕明（2010）『エスノメソドロジーを学ぶ人のために』京都：世界思想社

久野暲（1978）『談話の文法』東京：大修館書店

熊谷智子, 木谷直之（2009）「発話の繰り返し、語りの重ね合い――三者面接調査における共感表出行動」『待遇コミュニケーション研究』6　東京：待遇コミュニケーション学会

元智恩（2005）「断わりとして用いられた日韓両言語の「中途終了文」――ポライトネスの観点から」『日本語科学』18　東京：国立国語研究所

元智恩（2010）「語用論的観点からの日韓の慰めのストラテジー」『日本文化研究』36　ソウル：東アジア日本学会

元智恩（2016）「日韓両言語における断わりと受諾の一研究」『日本文化研究』60　ソウル：東アジア日本学会

厳廷美（2001）「日本語と韓国語の言いわけ表現の対照研究――依頼談話の場合」『言語文化研究』20-2　愛媛：松山大学
小泉保編（2000）『言語研究における機能主義』東京：くろしお出版
黄英哲（2003）「情報要求に対する応答発話の準備と展開の技術について――日本語のインタビュー会話をデータにした記述」『比較社会文化研究』14　福岡：九州大学
河野六郎（1977）「文字の本質」『岩波講座 日本語 8 文字』東京：岩波書店
国語教育研究所（1988）『国語教育研究大辞典』東京：明治図書出版
国立国語研究所（1951）『現代語の助詞・助動詞』東京：秀英出版
国立国語研究所（1955）『談話語の実態』東京：秀英出版
国立国語研究所（1960）『話しことばの文型（1）――対話資料による研究』東京：秀英出版
国立国語研究所（1987）『日本語教育映画基礎編 総合文型表』東京：日本シネセル株式会社
呉守鎮、堀江薫、金廷珉（2015）「韓国語の文字テロップにおける「連体終止形」――実例に基づく機能分類を目指して」『東北亜 文化研究』44　釜山：東北アジア文化学会
児玉徳美（2004）『意味分析の新展開――ことばの広がりに応える』東京：開拓社
崔維卿（2012）「日韓両言語における「あいづち」と「フィラー」の機能分析――「はい」と「네（Ne）」をめぐって」『比較社会文化研究』32　福岡：九州大学大学院 比較社会文化学府
斎藤里美（1989）「日本語教育における疑問文・質問文――コミュニケーション上の機能からみた日本語教材の課題」『日本語学』8-7　東京：明治書院
佐久間まゆみ（1987）「文段認定の一基準（Ⅰ）――提題表現の統括」『文藝言語研究言語編』11　茨城：筑波大学 文芸・言語学系
佐久間まゆみ（1990）「文段認定の一基準（Ⅱ）――接続表現の統括」『文藝言語研究言語編』17　茨城：筑波大学 文芸・言語学系
佐久間まゆみ（1992）「文章と文――段の文脈の統括」『日本語学』11-4　東京：明治書院
佐久間まゆみ（2003）「文章・談話における『段』の統括機能」佐久間まゆみ編『朝倉日本語講座 7 文章・談話』東京：朝倉書店
佐久間まゆみ（2006）『「日本語機能文型」教材開発のための基礎的研究 早稲田大学日本語研究教育センター 2005 年度重点研究 研究成果報告書』東京：早稲田大学 日本語研究教育センター
佐久間まゆみ、杉戸清樹、半澤幹一（1997）『文章・談話のしくみ』東京：おうふう
佐々木由美（1996）「日本人学生の異文化コミュニケーションスタイル――中国人・アメリカ人との日本語会話における「情報要求」発話分析」『言語文化と日本語教育』11　東京：お茶の水女子大学
佐々木由美（1998）「初対面の状況における日本人の「情報要求」の発話――同文化内および異文化コミュニケーションの場面」『異文化間教育』東京：異文化間教育学
定延利之・中川明子（2005）「非流ちょう性への言語学的アプローチ」串田秀也・定延利之・伝康晴編『活動としての文と談話』東京：ひつじ書房
佐藤恵理（2005）「スピーチレベルシフトにおける中途終了型発話についての一考察――韓国語との比較から」『日本語文学』31　大邱：日本語文学会
ザトラウスキー・ポリー（1991）「会話分析における「単位」について――「話段」の提

案」『日本語学』10-10　東京：明治書院
ザトラウスキー・ポリー（1993）『日本語研究叢書5 日本語の談話の構造分析――勧誘のストラテジーの考察』東京：くろしお出版
ザトラウスキー・ポリー（1997）「かかわりあう」『文章・談話のしくみ』東京：おうふう
ザトラウスキー・ポリー（2005）「談話と文体――感情評価の動的な過程について」中村明他編『表現と文体』東京：明治書院
白川博之（1990）「「テ形」による言いさしの文について」『広島大学 日本語教育学科紀要』創刊号 広島：広島大学教育学部 日本語教育学科
白川博之（1995）「タラ形・レバ形で言いさす文」『広島大学 日本語教育学科紀要』5　広島：広島大学教育学部 日本語教育学科
白川博之（1996）「「ケド」で言い終わる文」『広島大学 日本語教育学科紀要』6　広島：広島大学教育学部 日本語教育学科
申媛善（2006）「情報のやりとりにおける受信者側の働き――日本語話者と韓国語話者の比較」『筑波応用言語学研究』13　茨城：筑波大学
杉戸清樹（1984）「談話の単位について」『言語生活』393　東京：筑摩書房
杉戸清樹（1987）「発話のうけつぎ」『国立国語研究所報告92 談話行動の諸相――座談資料の分析』東京：三省堂
杉山ますよ（2001）「対談番組にみられる「中途終了型発話」表現形式, 生起理由, 会話のストラテジー」『別科論集』3　東京：大東文化大学 別科日本語研修課程
杉山ますよ（2002）「くり返しの形状・分布と機能」『別科論集』4　東京：大東文化大学 別科日本語研修課程
鈴木香子（2003）「ラジオの心理相談の談話の構造分析」『早稲田大学日本語教育研究』3　東京：早稲田大学大学院 日本語教育研究科
鈴木香子（2007）「機能文型に基づく相談の談話の構造分析」早稲田大学大学院 日本語教育研究科 博士学位論文（非刊行）東京：早稲田大学
曺英南（2002）「韓国語母語話者における言いさし表現の意識調査――述部まで述べた言い切り表現との比較を通して」『言語文化と日本語教育』23　東京：御茶の水女子大学 日本言語文化学研究会
曺英南（2004）「言いさし表現に関する韓日対照研究」お茶の水女子大学大学院 人間文化研究科 比較文化学 博士学位論文（非刊行）　東京：お茶の水女子大学
髙木丈也（2008a）「日本語と朝鮮語の中途終了発話文」東京大学大学院 人文社会系研究科 修士学位論文（非刊行）東京：東京大学
髙木丈也（2010）「日本語と朝鮮語の談話における「中途終了発話文」の出現とその機能」日本言語学会 第141回大会 予稿集
髙木丈也（2012）「日本語と韓国語の談話におけるいわゆる『中途終了発話文』の出現とその機能」『社会言語科学』15-1　東京：社会言語科学会
髙木丈也（2013a）「日本語と韓国語の自然談話に現れる「くり返し発話」」『待遇コミュニケーション研究』10　東京：待遇コミュニケーション学会
髙木丈也（2013b）「日本語と朝鮮語の自然談話における「情報要求」を表す「中途終了発話文」」『朝鮮語研究』5　東京：朝鮮語研究会（ひつじ書房刊）

髙木丈也（2014）「日本語と韓国語の談話における発話文生成メカニズム――「質問」を表す「中途終了発話文」を中心に」『待遇コミュニケーション研究』11　東京：待遇コミュニケーション学会

髙木丈也（2015a）「日本語話者と韓国語話者の「質問」発話生成に対する意識――談話データとの比較から」『待遇コミュニケーション研究』12　東京：待遇コミュニケーション学会

髙木丈也（2015b）「日本語と朝鮮語の談話における発話連鎖――「質問」と「応答」の連鎖を中心に」『朝鮮学報』235　奈良：朝鮮学会

高橋太郎（1993）「省略によってできた述語形式」『日本語学』12-10　東京：明治書院

田中妙子（1997）「会話における〈くりかえし〉――テレビ番組を資料として」『早稲田大学日本語研究教育センター紀要』9　東京：早稲田大学 日本語研究教育センター

田中妙子（1998）「会話における質問発話の効果について」『早稲田大学 日本語研究教育センター紀要』11　東京：早稲田大学 日本語研究教育センター

陳文敏（2000）「日本語母語話者の会話に見られる「中途終了型」発話――表現形式及びその生起の理由」『言葉と文化』創刊号　愛知：名古屋大学大学院 国際言語文化研究科 日本言語文化専攻

津田早苗（1994）『談話分析とコミュニケーション』東京：リーベル出版

鄭賢兒（2015）「負担度が軽い「謝罪談話」における韓日対照研究」『日本語學研究』44　ソウル：韓国日本語学会

鄭賢兒（2016）「韓日男女大学生の「謝罪談話」の構造及び展開の特徴」『日本語學研究』48　ソウル：韓国日本語学会

鄭賢兒（2017）「「謝罪行動」の相互作用の結果に対する韓日対照研究」『日本語學研究』52　ソウル：韓国日本語学会

鄭賢貞（2004）「日本語と韓国語の談話におけるスピーチレベルシフト」『日本語教育と異文化理解』3　愛知：愛知教育大学 国際教育学会

鄭在恩（2013）「日韓母語話者と韓国人日本語学習者の場面別再勧誘ストラテジー」『日本語學研究』37　ソウル：韓国日本語学会

戸江哲理（2008）「糸口質問連鎖」『社会言語科学』10-2　東京：社会言語科学会

中井陽子（2003）「話題開始部で用いられる質問表現――日本語母語話者同士および母語話者／非母語話者による会話をもとに」『早稲田大学日本語教育研究』2　東京：早稲田大学大学院 日本語教育研究科

中田智子（1991）「会話にあらわれるくり返しの発話」『日本語学』10-10　東京：明治書院

中田智子（1992）「会話の方略としてのくり返し」『国立国語研究所報告104 研究報告集13』東京：国立国語研究所

永野賢（1986）『学校文法概説』東京：共文社

中村香代子（2007）「日本語の感謝表現と共に用いられるフィラーについて――自由記述式談話完成テストの回答分析から」『語学教育研究論叢』24　東京：大東文化大学

中村有里、及川ひろえ、藤田智彦（2017）「親しい友人にものを借りる場面の日韓比較」『日本語學研究』54　ソウル：韓国日本語学会

名柄迪、茅野直子（1988）『外国人のための日本語 例文・問題シリーズ 文体』東京：荒竹出

版
西尾実編（1955）『毎日ライブラリー──言葉と生活』東京：毎日新聞社
西阪仰（2005）「複数の発話順番にまたがる文の構築―プラクティスとしての文法II」『シリーズ文と発話 第1巻 活動としての文と発話』東京：ひつじ書房
西阪仰（2006）「反応機会場と連続子──文のなかの行為連鎖」『研究所年報』36　東京：明治学院大学 社会学部付属研究所
任榮哲（2003）「日本人とのコミュニケーション」『社会言語学』11-2　ソウル：韓国社会言語学会
任炫樹（2002）「日韓断り談話における初出あいづちマーカー」『ことばの科学』15　愛知：名古屋大学 言語文化研究会
任炫樹（2014）「日韓の依頼談話における言語ストラテジー」『日本語學研究』42　ソウル：韓国日本語学会
野間秀樹（2000）『至福の朝鮮語』東京：朝日出版社
野間秀樹（2006）「現代朝鮮語の丁寧化のマーカー-yo/-iyoについて」『朝鮮学報』199・200　奈良：朝鮮学会
野間秀樹（2007）「試論：ことばを学ぶことの根拠はどこに在るのか──韓国語教育の視座」『韓国語教育論講座』1　東京：くろしお出版
野間秀樹（2008）「言語存在論試考序説Ⅰ──言語はいかに在るか」『韓国語教育論講座』4　東京：くろしお出版
橋本進吉（1931）『新文典　初年級用』東京：冨山房
橋本進吉（1934）『国語法要説』東京：明治書院
橋本進吉（1935）『新文典　別記上級用』東京：冨山房
福富奈美（2006）「日本語会話における情報要求場面の発話交換──母語話者と非母語話者の相違を中心に」『人間社会学研究集録』1　大阪：大阪府立大学大学院 人間社会学研究科
福富奈美（2010）「日本語会話における「くり返し」発話について」『言語文化学研究 言語情報編』大阪：大阪府立大学
藤田保幸（2000）『国語引用構文の研究』大阪：和泉書院
朴承圓（2000）「「不満表明表現」使用に関する研究──日本語母語話者・韓国人日本語学習者・韓国語母語話者の比較」『言語科学論集』4　宮城：東北大学
朴成泰（2017）「日韓接触場面におけるあいづちの分析」『日本語文學』74　大田：韓国日本語文学会
細川弘明（1987）「インタビューによる非対称性」谷泰編『社会的相互行為の研究』京都：京都大学 人文科学研究所
堀江薫、金延珉（2011）「日韓語の文末表現に見る語用論的意味変化 機能主義的類型論の観点から」高田博行・椎名美智・小野寺典子編『シリーズ言語学フロンティア03 歴史語用論入門 過去のコミュニケーションを復元する』東京：大修館書店
堀口純子（1997）『日本語教育と会話分析』東京：くろしお出版
前田正一編（2005）『インフォームド・コンセント──その倫理と書式実例』東京：医学書院

前原里子（2001）「ポライトネス・ストラテジーの日米対照研究――初対面二者間会話の分析より」東京外国語大学 修士学位論文（非刊行）東京：東京外国語大学
牧野成一（1980）『くりかえしの文法』東京：大修館書店
益岡隆志、田窪行則（1992）『基礎日本語文法』東京：くろしお出版
増田将伸（2006）「質問を用いた働きかけのストラテジー――質問の二面性の反映として」『待遇コミュニケーション研究』4　東京：待遇コミュニケーション研究会
マルコム・クールタード著、吉岡昭市、貫井孝典、鎌田修訳（1999）『談話分析を学ぶ人のために』京都：世界思想社
水谷信子（1983）「あいづちと応答」水谷修編『講座日本語と表現3 話しことばの表現』東京：筑摩書房
水谷信子（1988）「あいづち論」『日本語学』7-13　東京：明治書院
南不二男（1983）「談話の単位」『談話の研究と教育Ⅰ』東京：国立国語研究所
南不二男（1985）「質問文の構造」水谷静夫 共編『朝倉日本語新講座 文法と意味Ⅱ』東京：朝倉書店
南雅彦（2017）『社会志向の言語学――豊富な実例と実証研究から学ぶ』東京：くろしお出版
メイナード・泉子・K（1993）『会話分析』東京：くろしお出版
森岡清美、塩原勉、本間康平編（1993）『新社会学辞典』東京：有斐閣
文部省（1947）『中等文法』（中等學校教科書）
山岡政紀（2008）『発話機能論』東京：くろしお出版
楊虹（2012）「初対面会話における「同意要求―応答」の連鎖の分析――共感構築の観点から」『鹿児島県立短期大学紀要』63　鹿児島：鹿児島県立短期大学
吉田睦（2008）「中上級日本語学習者と母語話者の談話展開――会話進行に伴う情報要求表現に着目して」『筑波応用言語学研究』15　茨城：筑波大学
吉田睦（2009）「会話内の質問表現が持つ多義性――応答表現からみる会話構築を中心に」『筑波応用言語学研究』16　茨城：筑波大学
李殷娥（1995）「透明な言語・不透明な言語――韓日の婉曲表現と挨拶表現をめぐって」『朝鮮学報』157　奈良：朝鮮学会
李恩美（2008）「日本語の「中途終了型発話」に関する一考察――表現形式と発話機能を中心に」『日本語文學』42　大邱：日本語文學会
李吉鎔（2001）「日・韓両言語における反対意見表明行動の対照研究――談話構造とスキーマを中心として」『阪大日本語研究』大阪：大阪大学
李先敏（1999）「斷りの言語行動に關する一考察――韓國人と日本人の比較」『論文集』13　大邱：大邱産業情報大学
李先敏（2001）「韓日大學生の斷り行動の實態」『論文集』15　大邱：大邱産業情報大学
柳慧政（2011）『依頼談話の日韓対照研究――談話の構造・ストラテジーの観点から』東京：笠間書院
李麗燕（1995）「日本語母語話者の会話管理に関する一考察――日本語教育の観点から」『日本語教育』87　東京：日本語教育学会
盧妵鉉（2012）「日韓コミュニケーション行動の切り出し方――貸し借り場面での無言行動

と領域意識を中心に」『日本文化研究』42　ソウル：東アジア日本学会

2. **朝鮮語で書かれたもの（筆者の가나다順）**

강은숙（2005）「한국어 모어화자의 화계 변동에 관한 연구――사회적 관계와 친밀도를 중심으로」 연세대학교 석사학위논문 서울：연세대학교

고창규（2001）「초등학교 수업의 질문―대답 계열 연구」『교육인류학연구』4-3　서울：한국교육 인류학회

고창식, 이명권, 이병호（1983）『중・고등학교용 학교 문법 해설서 <문교부 통일안에 따른>』한국국어교육연구회編 歷代韓國文法大系 第1部第38冊　서울：탑출판사

김수태（2013）「안맺음씨끝 "-더-"의 기능의미」『우리말연구』32　부산：우리말학회

김윤희（2015）「한일 모어화자의 언어행동에 대한 일고찰――개인정보요구에 나타난 의미공식과 발화패턴을 중심으로」『일본연구』64　서울：한국외국어대학교 외국학종합연구센터 일본연구소

김은미（2016）「담화화제에 있어서의 한일대조연구――화제선택과 도입 및 전개를 중심으로」『한국언어문화학』13-3　대전：국제한국언어문화학회

김재욱（2007）「국어 문법과 한국어 문법의 체계 분석」『한민족어문학』51　충남：한민족어문학회

김정헌（2014）「거절발화시「아이컨택」의 한일비교――「권유」와「부탁」장면에 초점을 맞추어」『일본언어문화』29　인천：한국일본언어문화학회

김지현（2002）「학습자 발화의 본질과 기능」『아시아교육연구』3-2　서울：서울대학교 교육연구소 (아시아태평양교육발전연구단)

김지혜（2004）「{는데}의 문법화와 담화기능 연구」경희대학교 국어국문학과 국어학전공 석사학위논문 서울：경희대학교

남기심, 고영근（2016）『표준 국어문법론 제4판』서울：박이정

노마히데키［野間秀樹］（1996）「한국어 문장의 계층구조」『언어학』19　서울：한국언어학회

다카기 타케야［髙木丈也］（2008b）「일본어와 한국어의 소위 중도종료발화문」2008 동경한국어학 학술대회 발표원고

문교부（1963）『학교문법통일안』

미네자키 토모코（2015）「제안 (자청) 장면의 커뮤니케이션 방법에서의 한일대조연구――대등한 관계이면서 첫 대면의 사람과의 부담 적은 자청 장면을 중심으로」『日語日文學研究』93-1　서울：한국일어일문학회

박선옥（2003）「한국어 교사의 질문 유형과 기능에 대한 연구――외국인에게 한국어를 교육하는 교사의 발화를 중심으로」『화법연구』5　전북：한국화법학회

박재희（2012）「좀의 성격――그 기능과 의미에 관하여」『한국어학』57　서울：한국어학회

백승주（2011）「제2언어 교실에서의 질문 분류 방식과 기능에 대한 재고1 ――"정보 조회 질문"과 "정보 확인 질문"을 중심으로」『이중언어학』47　서울：이중언어학회

손옥현, 김영주（2009）「한국어 구어에 나타난 종결어미화된 연결어미 양상연구」『한국어의미학』28　서울：한국어의미학회

송경숙（1996）「한국어와 영어 대화의 질문에 대한 상호작용 사회언어학적 분석」『담화와

인지』 3   경기 : 담화·인지언어학회
신원선 (2010) 「한일 여성 첫만남 대화에 있어서의 발화기능 비교──정보교환을 중심으로」『일본연구』 45   서울 : 한국외국어대학교 일본연구소
이기갑 (2006) 「국어 담화의 연결 표지──완형 표현의 반복」『담화와 인지』 13-2   경기 : 담화인지 언어학회
이은경 (1998) 「텔레비전 토크쇼 텍스트의 연결어미 분석」『텍스트언어학』 5   서울 : 한국텍스트 언어학회
이은경 (1999) 「구어체 텍스트에서 한국어 연결 어미의 기능」『국어학』 34   서울 : 국어학회
이준희 (2000) 「질문의 적정 조건을 위반하는 질문문의 담화 상황」『한국어학』 11-1   서울 : 한국 어학회
임규홍 (2010) 「문말'-는데'의 담화 기능에 대한 연구」 경상대학교 국어국문학과 석사학위논문 경남 : 경상대학교
임홍빈 (2000) 「학교 문법, 표준 문법, 규범 문법의 개념과 정의」『새국어생활』 10-2   서울 : 국립국어연구원
장윤아 (2017) 「한일 친구간 회화에서의 농담 프레임 구축과 폴라이트니스」『담화·인지언어학회 학술대회 발표논문집』 2017-4   서울 : 담화·인지언어학회
전영옥 (1999) 「한국어 담화에 나타난 반복 표현의 기능」『한국어 의미학』 4   서울 : 한국어의미학회
전영옥, 남길임 (2005) 「구어와 문어의 접속 표현 비교 연구──"그런데, -는데"를 중심으로」『한말연구』 17   서울 : 한말연구학회
정명숙, 최은지 (2013) 「한국인과 외국인의 발화에 나타난 "-잖아"의 기능과 억양 실현 양상」『한국어학』 60   서울 : 한국어학회
정영미 (2013) 「제안행동에 관한 한일 대조연구」『日本文化學報』 59   대전 : 한국일본문화학회
정영미 (2015) 「남자 대학생의 화제도입전략에 관한 한일대조연구」『日本語學研究』 43   서울 : 한국일본어학회
정영미 (2017) 「청유 반응에 영향을 미치는 요인에 관한 한일대조연구」『인문과학연구논총』 38-4   경기 : 명지대학교 인문과학연구소
정현아 (2015) 「상호작용에 있어서의 사죄행동에 관한 한일대조연구──한일남녀모어화자의 사용경향을 중심으로」『日本研究』 64   서울 : 한국외국어대학교 일본연구소
조민하 (2011) 「연결어미의 종결기능과 억양의 역할」 고려대학교 국어국문과 박사학위논문 서울 : 고려대학교
주경희 (2011) 「면접 담화에서의 대답 방법에 대한 연구──스토리텔링을 중심으로」『국어교육학연구』 41   서울 : 국어교육학회
한미경, 강창임 (2011) 「인터넷상의 '질문'에 대한 '답변'의 담화분석──한일양국 지식검색서비스를 중심으로」『일본연구』 47   서울 : 한국외국어대학교 외국학종합연구센터 일본연구소
홍세일 (1997) 「의문발화의 화용적 기능──비표현 수행력과 사회적 위계」『현대문법연구』 11-1   대구 : 현대문법학회

3. 英語で書かれたもの（筆者の（英語の）アルファベット順）

Bolden Galina B. (2009) 'Beyond Answering: Repeat-prefaced Responces in Conversation' *Communication Monographs* 76, New York: Routledge, part of the Taylor & Francis Group

Brown P. and Levinson S. (1987) *Politeness: Some universals in Language Usage*, Cambridge: Cambridge University Press

Button G. and Casey N. (1985) 'Topic nomination and topic pursuit' *Human Studies* 8-1, Dordrecht : Kluwer Academic Publishers

Evans Nick. (2009) 'Insubordination and the grammaticalisation of interactive presuppose-tions' Conference: Methodologies in determining morphosyntactic change 発表原稿

Ferguson N. (1977) 'Simultaneous Speech, Interruptions, and Dominance' *British Journal of Social and Clinical Psychology* 16, London: British Psychological Society

Fishman Pamela M. (1978) 'Interaction: The Work Women Do' *Social Problems* 25-4, California: University of California Press

Freed Alice F. (1994) 'The Form and Function of Questions in Informal Dynamic Conversation' *Journal of Pragmatics 21*, Amsterdam: North Holland

Goffman E. (1967) *Interaction Ritual: Essay on Face-to-Face Behavior*, New York: Anchor Books

Grice HP. (1975) 'Logic and Conversation', In Peter Cole. and Jerry L Morgan. (ed.) *Syntax and Semantics3: Speech Acts*, New York: Academic Press

Halliday M.A.K. (1985) *An introduction to Functional Grammar*, London: Edward Arnold

Halliday M.A.K. and R Hasan. (1976) *Cohesion in English*, London: Longman

Harris Z. (1952) 'Discourse analysis' *Language* 28, Washington: Linguistic Society of America

Hayashi. and R Hayashi. (1991) 'Back channel or main channel: A cognitive approach based on floor and speech acts', In L F Bouton. and Y Kachru. (ed.) *Pragmatics and Language Learning* 2, Illinoi: University Of Illinois Press

Hymes D. (1974) *Foundations in Sociolinguistics: An Ethnographic Approach*, Philadelphia: Uuniversity of Pennsylvania Press

Jakobson Roman. (1960) 'Linguistics and Poetics', In Thomas A Sebeok. (ed.) *Style in Language*, Boston: MIT Press.

Jefferson Gail. (1972) 'Side sequences', In D.Sudnow. (ed.) *Studies in social interaction*, New York: Free Press

Labov. and D Fanshel. (1977) *Therapeutic discourse: Psychotherapy as conversation*, New York: Academic Press

Levinson Stephen. (1983) *Pragmatics*, Cambridge: Cambridge University Press

Ohori Toshio. (2010) 'Beyond suspended clauses: clausehood in discourse' The 6th International Conference on Construction Grammar 発表原稿

Pomerantz Anita. (1984) 'Agreeing and disagreeing with assessments: Some features of preferred / dispreferred turn shapes', In J M Atkinson. and J Heritage. (ed.) *Structures of Social Action: Studies in Conversation Analysis*, Cambridge: Cambridge University

Press
Sacks. Schegloff. and Jefferson. (1974) 'A simplest system for organization of turn-taking in conversation' *Language* 50, Washington: Linguistic Society of America
Schegloff Emanuel.(1972) 'Notes on a conversational practice: formulating place', In D. Sudnow. (ed.) *Studies in Social Interaction*, New York: The Free Press
Schegloff Emanuel. and Sacks. Harvey. (1973) *Opening up closings* Semiotica 8, La Haye: Mouton
Searle John. (1969) *Speech Acts: An Essay in the Philosophy of Language*, Cambridge: Cambridge University Press
Stubbs M. (1983) *Discourse Analysis: The Sociolinguistic Analysis of Natural Language*, Chicago: University of Chicago Press
Tannen Deborah. (1984: 2005) *Conversational Style: analyzing talk among friends*, Oxford: Oxford University Press
Van Dijk T A. (1972) *Some aspects of text grammars: A study in theoretical linguistics and poetics*, The Hague: Mouton

付　録

[付録1] フォローアップアンケート（⇒2.1.1.参照）
日本語版

調査日：20＿＿＿年＿＿＿月＿＿＿日
会話番号：　J－＿＿＿＿＿＿＿

> 　録音調査にご協力いただき、ありがとうございました。このアンケートは分析の参考にするために行なうもので、それ以外の目的には使用することはありません。ご協力をお願い致します。

1．まず、ご自身についてお伺いします。

1）性別を教えてください。
　　1．男性　2．女性

2）生年月日と年齢を教えてください。
　　19＿＿＿年＿＿＿月＿＿＿日生まれ、満＿＿＿＿＿才

3）職業は何ですか。
　1．大学生（＿＿＿＿＿年生）　2．大学院生（修士・博士＿＿＿＿＿＿年生）
　3．会社員（社会人年数：＿＿＿＿＿＿年、業種：＿＿＿＿＿＿＿＿＿＿＿＿＿＿＿＿＿＿＿）
　4．フリーター（主な活動：＿＿＿＿＿＿＿＿＿＿＿＿＿＿＿＿＿＿＿＿＿＿＿＿＿＿＿＿）
　99．そのほか（＿＿＿＿＿＿＿＿＿＿＿＿＿＿＿＿＿＿＿＿＿＿＿＿＿＿＿＿＿＿＿＿＿）

4）主要な生育地はどちらですか。
　　＿＿＿＿＿＿＿＿＿＿＿＿＿都・道・府・県　＿＿＿＿＿＿＿＿＿＿＿＿＿区・市・町・村・郡

5）生育地以外に住んだところはありますか。（留学も含む）
　　　　　　　　　　　　　　　　　　　［　無　・　有　（→以下に記入してください）　］
　　（　　　才〜　　　才）＿＿＿＿＿＿＿都・道・府・県　＿＿＿＿＿＿＿＿区・市・町・村・郡
　　（　　　才〜　　　才）＿＿＿＿＿＿＿都・道・府・県　＿＿＿＿＿＿＿＿区・市・町・村・郡
　　（　　　才〜　　　才）＿＿＿＿＿＿＿都・道・府・県　＿＿＿＿＿＿＿＿区・市・町・村・郡

6）お父様の主な生育地はどちらですか。
　　＿＿＿＿＿＿＿都・道・府・県　＿＿＿＿＿＿＿＿＿区・市・町・村・郡　　□　不明

7）お母様の主な生育地はどちらですか。
　　＿＿＿＿＿＿＿＿＿＿＿都・道・府・県　＿＿＿＿＿＿＿＿＿区・市・町・村・郡　　□　不明

8）外国語の学習・習得歴について教えてください。
　　　　（＜2＞、＜3＞は該当する方のみ、ご記入願います）

　＜1＞ 英語
　　　①学習期間：＿＿＿＿年 ＿＿＿＿ヶ月
　　　②主な学習手段：＿＿＿＿＿＿＿＿＿＿＿＿＿＿
　　　③自己評価： 1．初級　 2．中級　 3．上級以上

　＜2＞ ＿＿＿＿＿＿＿語
　　　①学習期間：＿＿＿＿年 ＿＿＿＿ヶ月
　　　②主な学習手段：＿＿＿＿＿＿＿＿＿＿＿＿＿＿
　　　③自己評価： 1．初級　 2．中級　 3．上級以上

　＜3＞ ＿＿＿＿＿＿＿語
　　　①学習期間：＿＿＿＿年 ＿＿＿＿ヶ月
　　　②主な学習手段：＿＿＿＿＿＿＿＿＿＿＿＿＿＿
　　　③自己評価： 1．初級　 2．中級　 3．上級以上

9）一番話しやすい方言、または言語を教えてください。
　　1．共通語　 2．＿＿＿＿＿＿＿方言　 3．＿＿＿＿＿＿＿語（日本語以外の言語）

2．次に、先ほど行なった録音についてお伺いします。

1）録音されていることを意識しましたか。
　1．非常に意識した（※）　 2．少し意識した（※）
　3．ほとんど意識しなかった　 4．全然意識しなかった　 99．わからない

※（1．か2．を選んだ方のみ）録音が自分の話し方に影響を与えましたか。
　1．非常に影響した　 2．少し影響した
　3．ほとんど影響しなかった　 4．全然影響しなかった　 99．わからない

2）そのほかに録音について、何か気になったことはありますか。自由にお書きください。

3．最後に、対話相手についてお伺いします。

1）相手の年齢について、どう思いましたか。（自分との対比で）
　1．かなり年下　2．少し年下　3．だいたい同じ
　4．少し年上　5．かなり年上　99．わからない

2）相手の社会的地位について、どう思いましたか。（自分との対比で）
　1．かなり下　2．少し下　3．だいたい同じ
　4．少し上　5．かなり上　99．わからない

3）相手の話しやすさについて、どう思いましたか。
　1．かなり話しやすかった　2．少し話しやすかった
　4．少し話しにくかった　5．かなり話しにくかった　99．わからない

4）そのほかに相手について、何か気になったことはありますか。自由にお書きください。

質問は以上です。長い時間お付き合いいただき、ありがとうございました。

[付録2] フォローアップアンケート (⇒2.1.1.参照)
朝鮮語版

조사일 : 20___년___월___일
대화번호 :　K －_____

녹음 조사에 협력해 주셔서 감사합니다. 이 설문 조사는 자료 분석 시 참고로 사용되며 그 외의 목적으로는 사용되지 않습니다.

1. 먼저 본인에 대해 몇 가지 여쭙겠습니다.

1) 성별을 가르쳐 주십시오.
　　1. 남자　2. 여자

2) 생년월일 / 연령을 가르쳐 주십시오.
　　19_____년 _____월 _____일　만_____세

3) 직업은 무엇입니까?
　1. 대학생 (_____학년)　2. 대학원생 (석사・박사 _____년)
　3. 회사원 (근속년수 : _____년、업종 : _____)
　99. 기타 (_____)

4) 주로 자란 지역은 어디이십니까?
　　_____도 / 시　_____시 / 구

5) 출신지 외에 사신 적이 있는 곳이 있으면 적어 주십시오.
　　(___살～___살)_____도 / 시 _____시 / 구
　　(___살～___살)_____도 / 시 _____시 / 구
　　(___살～___살)_____도 / 시 _____시 / 구

6) 아버님은 주로 어디서 자라셨습니까?
　　_____도 / 시　_____시 / 구　□ 모른다

7) 어머님은 주로 어디서 자라셨습니까?
　　_____도 / 시　_____시 / 구　□ 모른다

8) 본인의 외국어 학습 이력에 대해 가르쳐 주십시오.
   (<2><3>은 해당되는 분만 적어 주십시오.)

   <1> 영어
   ①학습기간 : _____년 _____개월
   ②주된 학습수단 : _____
   ③평가 : 1. 초급   2. 중급   3. 고급 이상

   <2> _____어
   ①학습기간 : _____년 _____개월
   ②주된 학습수단 : _____
   ③평가 : 1. 초급   2. 중급   3. 고급 이상

   <3> _____어
   ①학습기간 : _____년 _____개월
   ②주된 학습수단 : _____
   ③평가 : 1. 초급   2. 중급   3. 고급 이상

9) 현재 가장 말하기 편한 방언, 언어를 가르쳐 주십시오.
   1. 표준어   2. _____방언   3. _____어 (외국어)

2. 이번에는 지금 한 녹음에 대해 여쭙겠습니다.

1) 대화하다가 녹음이 되고 있다는 것을 어느 정도 의식하셨습니까?
   1. 많이 의식했다 (※)   2. 조금 의식했다 (※)
   3. 거의 의식하지 않았다   4. 전혀 의식하지 않았다   99. 모르겠다

※ (1. 또는 2.를 선택하신 분만 대답해 주십시오)
   녹음이 되고 있다는 것이 어느 정도 본인의 언어 사용에 영향을 주었습니까?
   1. 영향을 많이 주었다   2. 영향을 조금 주었다
   3. 영향을 거의 주지 않았다   4. 영향을 전혀 주지 않았다   99. 모르겠다

2) 그 밖에도 녹음에 대해 느끼신 점이 있으면 써 주십시오.

付 録

3. 마지막으로 대화 상대에 대해 여쭙겠습니다.

1) 상대방의 연령은 본인과 비교해서 어떻게 느껴졌습니까?

   1. 훨씬 더 어리다   2. 조금 어리다   3. 거의 같다
   4. 조금 나이가 많다   5. 훨씬 더 나이가 많다   99. 모르겠다

2) 상대방의 사회적 지위는 본인과 비교해서 어떻게 그껴졌습니까?

   1. 아주 높다   2. 조금 높다   3. 거의 같다
   4. 조금 낮다   5. 아주 낮다   99. 모르겠다

3) 상대방에 전체적인 인상은 어떠셨습니까?

   1. 대화하기 아주 편했다   2. 대화하기 조금 편했다
   3. 대화하기 조금 힘들었다   4. 대화하기 아주 힘들었다   99. 모르겠다

4) 그 밖에도 대화 상대에 대하여 느끼신 점이 있으면 써 주십시오.

질문은 이상입니다. 협력해 주셔서 감사합니다.

[付録3] フェイスシート（調査整理表）（⇒2.1.1.、2.2.参照）

日本語、朝鮮語共通

■ 会話番号： J ・ K －＿＿＿＿＿＿＿＿＿＿

　この被験者の属性：＿＿＿＿代 ／ 男性・女性

　対話者の属性：＿＿＿＿代 ／ 男性・女性

　　　　　　（ 年上・年下 ／ 同姓・異性 ）

■ 調査開始時刻

　20＿＿年＿＿月＿＿日（　）＿＿時＿＿分（24時間制）

■ 調査終了時刻

　20＿＿年＿＿月＿＿日（　）＿＿時＿＿分（24時間制）

■ 調査場所

　＿＿＿＿＿＿＿＿＿＿＿＿＿＿＿＿＿＿＿＿＿＿＿＿＿＿

■ 同席者： あり・なし

■ 備考

[付録4] 先行研究における発話機能の分類（⇒3.2.1.参照）

国立国語研究所（1960：88, 90, 92, 109, 127）「表現意図」＜日＞

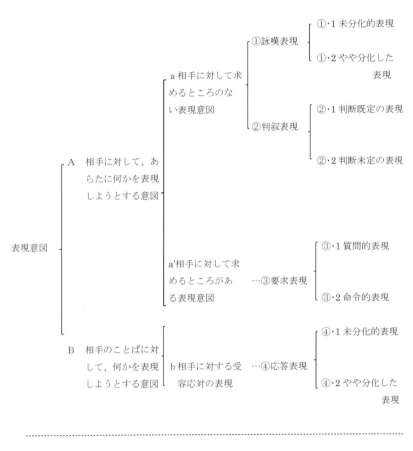

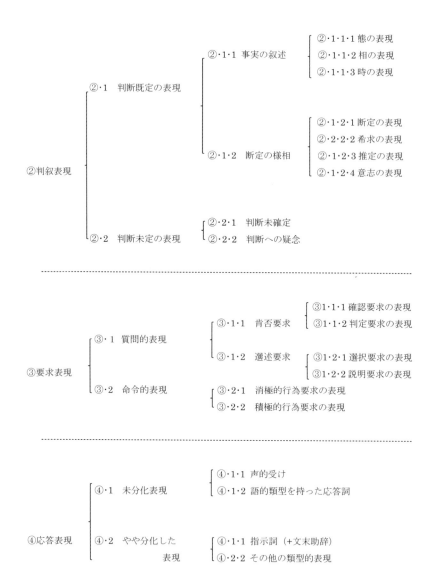

付録

国立国語研究所（1987：158）「発話機能」＜日＞

文の形式上の特徴	場面を形成する要因		
文末の表現意図	（1）発話の動機 （場面メアテの条件）	（2）働きかけの種類 （聞き手メアテの条件）	（3）発話内容に対する態度 （素材メアテの条件）
1．叙述要素文 2．伝達要素文 　21．終助詞　ネ 　22．その他の 　　　終動詞 　23．ノダ 3．疑問要素文 　31．質問 　32．納得・詰問 4．要求要素文 　41．命令 　42．依頼 5．意志要素文 6．単語文 7．言いさし文	1．自律的 2．非言語的文脈への 　対応 　21.事態の推移に 　　対する反応 　22.他の動作・行為 　　に対する反応 3．言語による文脈への 　対応 　31.ワキ的文脈 　32.マトモ的文脈	1．没対者性 　11.独語 　12.聞かせ 2．対者性 　21.要求 　　211.情報要求 　　　2111.質問 　　　2112.同意要求 　　212.行為要求 　　　2121.単独行為 　　　2122.共同行為 　　213.注目要求 　22.非要求 　　221.情報提供 　　222.意志表示 　　223.注目表示	0．中立的 1．肯定的な評価 2．否定的な評価

ザトラウスキー（1993：67）「発話機能」＜日＞

①注目要求、②談話表示、③情報提供、④意志表示、⑤同意要求、⑥情報要求、⑦共同行為要求、⑧単独行為要求、⑨言い直し要求、⑩言い直し、⑪関係作り・儀礼、⑫注目表示

⑫注目表示の下位分類

a．継続、b．承認、c．確認、d．興味、e．感情、f．共感、g．感想、h．否定、i．終了、j．同意、k．自己

曺英南（2004：30-31）「言いさし表現」の「機能」＜日・朝＞

1．行為要求、2．情報要求、3．情報提供、4．意志表示

鈴木（2007：40）「発話機能」＜日＞
Ⅰ－1．注目要求
Ⅰ－2．間投詞的表現

Ⅱ．談話表示
　（a1 話を始める、b1　話を続ける、b3 話を深める、b5 話を戻す、b8 話をさえぎる、
　b10 話をまとめる、c1 話を終える）

Ⅲ．要求
1．確認要求、2．判定要求、3．選択要求、4．説明要求、5．単独行為要求、
6．共同行為要求

Ⅳ．提供
1．事実報告、2．意見説明、3．感情表出、4．意志表明、5．選択情報提供、6．言い直し

Ⅴ．受容
1．関係作り・儀礼、2．自己注目表示、
3．相手注目表示（a 継続、b 承認、c 否認、d 確認、e 興味、f 共感、g 終了、h 同意）

李恩美（2008：132）「中途終了型発話」の「発話機能」＜日＞
1．情報要求、2．情報伝達、3．情報応答、情報提供、4．あいづち、5．その他

[付録5] 質問紙調査票（⇒8.1.参照）

日本語版

　このたびはアンケートにご協力いただき、ありがとうございます。この調査は日常生活における「話しことば」に関する意識調査で、お答えいただいた内容は言語学研究にのみ使用いたします。まずはじめに、ご自身の【年代】と【性別】をお教え願います。それぞれ該当するものに○をつけてください。

【年代】（　10代　・　20代　・　40代　）

【性別】（　男性　・　女性　）

質問は、全部で4ページあります。気楽に考えて回答していただければと思います。

＜質問1＞

　では、さっそく質問に入ります。私たちは日常生活で同じことを尋ねる場合であっても、相手や状況によって微妙に表現を使い分けることがあると思います。例えば、次のような表現は似た内容を聞くものですが、質問のしかたは微妙に異なっています。これらの質問表現について、あなたはどのようなイメージを持ちますか。<u>知り合って間もない同年代の相手に聞かれた場合</u>を想定したとき、一番近い数字を1つ選び、○をつけてください。

【表現1】「ところで、ご出身はどちらなんですか？」

		そう思わない	あまりそう思わない	どちらともいえない	少しそう思う	そう思う
①	丁寧だ	1	2	3	4	5
②	遠慮がちだ	1	2	3	4	5
③	親しみがある	1	2	3	4	5
④	気軽である	1	2	3	4	5
⑤	わかりやすい	1	2	3	4	5
⑥	自分に対する関心の強さを感じる	1	2	3	4	5
⑦	質問に答えようと感じる	1	2	3	4	5
⑧	初対面の相手に対する聞き方としてふさわしい	1	2	3	4	5

【表現2】「ところで、どちらなんですか、ご出身は…？」

		そう思わない	あまりそう思わない	どちらともいえない	少しそう思う	そう思う
①	丁寧だ	1	2	3	4	5
②	遠慮がちだ	1	2	3	4	5
③	親しみがある	1	2	3	4	5
④	気軽である	1	2	3	4	5
⑤	わかりやすい	1	2	3	4	5
⑥	自分に対する関心の強さを感じる	1	2	3	4	5
⑦	質問に答えようと感じる	1	2	3	4	5
⑧	初対面の相手に対する聞き方としてふさわしい	1	2	3	4	5

【表現3】「ところで、ご出身はどちら…？」

		そう思わない	あまりそう思わない	どちらともいえない	少しそう思う	そう思う
①	丁寧だ	1	2	3	4	5
②	遠慮がちだ	1	2	3	4	5
③	親しみがある	1	2	3	4	5
④	気軽である	1	2	3	4	5
⑤	わかりやすい	1	2	3	4	5
⑥	自分に対する関心の強さを感じる	1	2	3	4	5
⑦	質問に答えようと感じる	1	2	3	4	5
⑧	初対面の相手に対する聞き方としてふさわしい	1	2	3	4	5

【表現4】「ところで、ご出身は…？」

		そう思わない	あまりそう思わない	どちらともいえない	少しそう思う	そう思う
①	丁寧だ	1	2	3	4	5
②	遠慮がちだ	1	2	3	4	5
③	親しみがある	1	2	3	4	5
④	気軽である	1	2	3	4	5
⑤	わかりやすい	1	2	3	4	5
⑥	自分に対する関心の強さを感じる	1	2	3	4	5
⑦	質問に答えようと感じる	1	2	3	4	5
⑧	初対面の相手に対する聞き方としてふさわしい	1	2	3	4	5

＜質問２＞

次の質問です。以下の６つの【会話】は、あなた（A）と知り合って間もない同年代（B）の２人の会話です。Bが以下のような反応をした場合、あなたなら違和感を持つと思いますか。違和感を持つ場合には、なぜそのように感じるのかについてもお教え下さい。

	会　話	Bの反応に対して受ける印象
会話1	A：あのは、名古屋出身なんですよ。 B：名古屋出身…。	違和感を（ 持たない ・ 持つ ）　←○をつけて下さい(以下同様) その理由：
会話2	A：もうこのバイト、やめようかと思ってるんですよね。 B：十分稼いだし、もういいかな、みたいな…。	違和感を（ 持たない ・ 持つ ） その理由：
会話3	A：今、新しいスマホを買おうか、i-padを買おうか悩んでるんですよね。 B：どっちがいいでしょうねぇ。今使ってるスマホは…。　＊ ＊Bは、Aが今スマートホンを使っていることを知っているという前提でお考えください。Bの「今使ってる…」の部分の応答について、お答えください。	違和感を（ 持たない・持つ ）※「今使ってる…」の部分の反応について その理由：
会話4	A：私、スカイツリーができたことも知らなかったんですよ。 B：それは、東京にずっといなかったから…。 ※Aは、Bがここ数年、東京以外の地域に住んでいることを知っているという前提でお考えください。	違和感を（ 持たない ・ 持つ ） その理由：
会話5	A：私、料理するのが好きなんですよねぇ。 B：じゃあ、家でも料理をよく…。	違和感を（ 持たない ・ 持つ ） その理由：
会話6	A：この間、ハワイに行ってきたんですけど、どこに行っても日本人が多くて…。 B：あー、やっぱり旅行に行く人が多いから…。	違和感を（ 持たない ・ 持つ ） その理由：

質問は以上です。お忙しいところ、ご協力いただきありがとうございました。

[付録6] 質問紙調査票（⇒8.1.参照）

朝鮮語版

설문조사에 협력해 주셔서 감사합니다. 이 조사는 일상 생활의 언어 사용에 대한 조사이며, 대답해 주신 내용은 언어학 연구에만 사용됩니다. 먼저 【연령대】와 【성별】을 골라 주십시오.

【연령대】 （ 10대 · 20대 · 40대 ）

【성별】 （ 남성 · 여성 ）

질문은 4 페이지까지 있습니다. 편하게 대답해 주시면 감사하겠습니다.

＜질문 1＞

그럼 질문에 들어가겠습니다. 앞으로 보여드릴 4 가지 【표현】은 고향이 어디인지 묻는 것이지만, 질문하는 방법은 미묘하게 다릅니다. **처음에 만난 동갑인 사람에게 이런 질문을 들었을 때** 자신이 느끼는 항목을 하나씩 고르십시오.

【표현 1】'그런데 고향이 어디세요?'

		매우 그렇지 않다	다소 그렇지 않다	보통이다	다소 그렇다	매우 그렇다
①	정중하다	1	2	3	4	5
②	상대방이 자기를 염려하는 느낌이 든다	1	2	3	4	5
③	친근감이 있다	1	2	3	4	5
④	마음이 편하다	1	2	3	4	5
⑤	알기 쉽다	1	2	3	4	5
⑥	상대방의 자기에 대한 관심이 강함을 느낀다	1	2	3	4	5
⑦	질문에 대답하고 싶다는 느낌이 든다	1	2	3	4	5
⑧	초면인 상대에게 하는 질문으로서 타당하다	1	2	3	4	5

付 録

【표현 2】'그런데 어디세요, 고향이…?'

		매우 그렇지 않다	다소 그렇지 않다	보통이다	다소 그렇다	매우 그렇다
①	정중하다	1	2	3	4	5
②	상대방이 자기를 염려하는 느낌이 든다	1	2	3	4	5
③	친근감이 있다	1	2	3	4	5
④	마음이 편하다	1	2	3	4	5
⑤	알기 쉽다	1	2	3	4	5
⑥	상대방의 자기에 대한 관심이 강함을 느낀다	1	2	3	4	5
⑦	질문에 대답하고 싶다는 느낌이 든다	1	2	3	4	5
⑧	초면인 상대에게 하는 질문으로서 타당하다	1	2	3	4	5

【표현 3】'그런데 고향이 어디…?'

		매우 그렇지 않다	다소 그렇지 않다	보통이다	다소 그렇다	매우 그렇다
①	정중하다	1	2	3	4	5
②	상대방이 자기를 염려하는 느낌이 든다	1	2	3	4	5
③	친근감이 있다	1	2	3	4	5
④	마음이 편하다	1	2	3	4	5
⑤	알기 쉽다	1	2	3	4	5
⑥	상대방의 자기에 대한 관심이 강함을 느낀다	1	2	3	4	5
⑦	질문에 대답하고 싶다는 느낌이 든다	1	2	3	4	5
⑧	초면인 상대에게 하는 질문으로서 타당하다	1	2	3	4	5

【표현 4】'그런데 고향이…?'

		매우 그렇지 않다	다소 그렇지 않다	보통이다	다소 그렇다	매우 그렇다
①	정중하다	1	2	3	4	5
②	상대방이 자기를 염려하는 느낌이 든다	1	2	3	4	5
③	친근감이 있다	1	2	3	4	5
④	마음이 편하다	1	2	3	4	5
⑤	알기 쉽다	1	2	3	4	5
⑥	상대방의 자기에 대한 관심이 강함을 느낀다	1	2	3	4	5
⑦	질문에 대답하고 싶다는 느낌이 든다	1	2	3	4	5
⑧	초면인 상대에게 하는 질문으로서 타당하다	1	2	3	4	5

<질문 2>

다음 질문입니다. 이제 보여드릴 6가지 【대화】는 당신(A)과 알게 된 지 얼마 안 된 동세대 사람(B) 2명의 대화입니다. B가 아래와 같은 반응을 한 경우, 위화감을 가질 것 같습니까? 위화감을 가질 것 같다고 판단한 경우에는 왜 그렇게 생각하시는지도 적어 주십시오.

대 화		B의 반응에 대해 가지는 인상
대화1	A : xx 씨는 (화제가 되고 있는 인물)는 출신이 경상북도 김천이거든요. B : 경상북도 김천….	위화감을 (안 느낀다 · 느낀다) ← 선택하십시오 그 이유 :
대화2	A : 이제 알바를 그만둘까 해요. B : 충분히 벌었으니까 이제 안해도 된다는….	위화감을 (안 느낀다 · 느낀다) 그 이유 :
대화3	A : 요새 새로 스마트폰을 살까 아이패드를 살까 고민하고 있거든요. B : 뭐가 더 편리할까요. 지금 쓰는 스마트폰은…. ※ B의 발언 중에서도 '지금 쓰는 스마트폰은…'에 대해 생각해 주십시오.	위화감을 (안 느낀다 · 느낀다) 그 이유 :
대화4	A : 저는 신분당선이 개통된 것도 몰랐어요. B : 그건 서울에 계속 있지 않았기 때문에….	위화감을 (안 느낀다 · 느낀다) 그 이유 :
대화5	A : 저는 요리를 되게 좋아하거든요. B : 그럼 집에서도 요리를 자주….	위화감을 (안 느낀다 · 느낀다) 그 이유 :
대화6	A : 얼마 전에 발리섬에 갔다 왔는데, 어딜 가도 한국사람이 많았어요. B : 아~, 역시 여행가는 사람이 많으니까….	위화감을 (안 느낀다 · 느낀다) 그 이유 :

질문은 이상입니다. 조사에 협조해 주셔서 감사합니다.

あとがき

　日本語と朝鮮語は類似した文法体系を持つと言われることが多いが、我々が日常生活で実際に用いている言語を取り出して比べた場合、一体どの程度の類似性を示すのか——本研究はこのような問いを出発点として両言語の談話＝話しことばに現れる形式と機能の関係について分析したものである。

　本書では、書きことばでは「不完全」な文として扱われる「中途終了発話文」の話しことばにおける使用状況に着目し、その出現を支える様々な要素から話しことばの特徴に迫ってきた。日本語と朝鮮語はたしかに直訳可能な表現が多いが、発話者の属性や対話者との関係により統制がなされた談話を精緻に対照したとき、その言語使用はいかなる異同をみせるのか。本書の各章では、このことを解明するために、既存の日朝対照研究における研究成果を踏まえながらも、周辺発話や発話連鎖など、これまでの研究にはなかった新たな視点も多く盛り込み、言語事実に対するより多角的な記述を目指した。必ずしも規範的な文法規則に束縛されない実現形態としての発話文から両言語を眺めたとき、いわゆる「文法」研究では決して浮かび上がらない、両言語の特徴が把握できると考えたからだ。

　本書は筆者が2014年に東京大学に提出した博士学位論文がもとになっている。本書執筆の過程では、実に多くの方々のお世話になった。まず、指導教官であった東京大学の福井玲先生は、遅々として進まない博士論文の執筆を辛抱強く待って下さり、数え切れないほどの叱咤激励をいただいた。また、東京大学の生越直樹先生、本田洋先生、首都大学東京のダニエル・ロング先生、東京外国語大学の趙義成先生からも多くのご指導、ご助言を賜った。心より御礼申し上げたい。さらには2010年から4年間にわたって、韓国国際交流財団からは韓国学専攻大学院生奨学金の給付をいただき、2016年10月には本書の第6章のもとになった論文に対し、朝鮮学会研究奨励賞を受賞する栄誉にも恵まれた。他にも長山博之氏、이지혜氏、여상훈氏、이기철氏、이의종氏にも調査、論文執

筆の過程で多くのご助言をいただいた。また、1人1人のお名前をあげることはできないが、日本と韓国で多くの方が談話分析を行なうにあたって欠かすことのできない音声の採録や質問紙調査に協力してくださった。こうした全ての方々に心から感謝申し上げたい。

　本書の研究は、これまでの日朝対照談話研究にはみられなかった新たな視点を多く含んでいるが、その一方で記述においては、至らない点も見られるかもしれない。そうした点については読者諸氏の忌憚なきご意見、ご叱責を賜れば幸いである。最後になったが、本書の出版を引き受けて下さった三元社の石田俊二代表に心より御礼申し上げる。

　　2018年11月10日

髙木丈也

※本書は、平成30年度 東京大学 学術成果刊行助成の採択を受けて刊行されたものである。

初出一覧

第1章　序論
　　　書きおろし

第2章　調査・文字化の方法
　　　書きおろし

第3章　理論的枠組みと形式・機能の出現様相
　　　書きおろし

第4章　形式と機能の関係
　　　「日本語と朝鮮語の自然談話における「情報要求」を表す「中途終了発話文」」『朝鮮語研究5』pp.253-282、朝鮮語研究会、2013年

第5章　談話構成と発話文生成メカニズム
　　　――先行発話と質問を表す中途終了発話文出現の関係を中心に――
　　　「日本語と韓国語の談話における発話文生成メカニズム―「質問」を表す「中途終了発話文」を中心に―」『待遇コミュニケーション研究』第11号 pp.102-118、待遇コミュニケーション学会、2014年

第6章　発話連鎖と談話構成
　　　――質問と応答の連鎖を中心に――
　　　「日本語と朝鮮語の談話における発話連鎖――「質問」と「応答」の連鎖を中心に――」『朝鮮学報』第235輯 pp.1-35、朝鮮学会、2015年
　　　※朝鮮学会研究奨励賞 受賞論文（2016年10月1日）

第7章　発話連鎖と繰り返し発話
　　　「日本語と韓国語の自然談話に現れる「くり返し発話」」『待遇コミュニケーション研究』第10号 pp.52-68、待遇コミュニケーション学会、2013年

第8章　発話文に対する意識と談話における使用様相
　　　「日本語話者と韓国語話者の「質問」発話生成に対する意識――談話データとの比較から――」『待遇コミュニケーション研究』第12号 pp.69-85、待遇コミュニケーション学会、2015年

第9章　結論

※上掲の論文は全て査読有。単著。

索引

あ行

あいづち発話　29-30, 62, 175, 178
言い換え　93, 130, 136, 175, 181, 200, 202
言いさし表現　18, 50, 81, 95,
言いさし文　56, 80
言いよどみ　43, 69, 105, 130-132, 134
意志的中途終了発話文　48
依存度　181
一貫性（coherence）　12, 16, 133, 136, 140, 158, 174
一体感　158
イントネーション　6, 8, 29, 47, 57-58, 129, 132, 179, 184, 188
エスノメソドロジー（ethnomethodology）　10, 145
エスノメソドロジスト（ethnomethodologists）　10
遠慮　105, 133-134, 195, 198
応答ペア　151
音声的条件（phonetic condition）　124

か行

会話分析（conversation analysis）　9, 11, 16, 145
書かれた話しことば　7, 10, 13, 44, 204
仮託　137
学校文法（school grammar）　34-35
含意　138
完結　50-51, 124, 158
緩衝表現（buffering expression）　136
完全文　3, 42-43, 59-60, 126, 157-158, 220
間投詞　36-37, 43, 68, 98, 132, 134, 200, 203-204

疑似会話体　7, 13, 204
「基本的な文字化の原則」（Basic Transcription System for Japanese：BTSJ）　28-29, 102
協調的関係　184
共同発話（co-construction）　158, 217
共有型　187-188
繰り返し発話（repetition）　18, 137, 174
敬体　105, 118, 133
形態論的条件（morphological condition）　124
結束性（cohesion）　133, 158
欠落　42
言語行動（language behavior）　16-17, 46, 127
行為要求　81-82, 84-85, 168
構成（organization）　12
後続発話　29, 54-55, 122, 136, 149, 158, 216, 221
コーパス（corpus）　24, 52-53
国立国語研究所　10, 24
コミュニケーションスタイル　101, 142, 157, 217
コミュニケーションの民族誌（ethnography of communication）　14-15

さ行

再現　175, 177, 181-182
作例　7, 13
参与観察（participant observation）　27
時間稼ぎ　164, 170, 180, 186
指示代名詞　98, 136, 200
実質的回答発話　151-152
実質的発話　175, 178
質問　20, 121

質問－応答型　147
質問紙調査　30, 192, 付録5, 6
質問表示　127, 202
終止形語尾　20, 37, 41-42, 55, 59, 61, 124, 156, 218
終助詞終了発話文　42
周辺発話　4, 14, 121-122, 171, 216, 220, 223
重複（overlap）　29, 48
主節　46-47, 50, 55-56, 129
述語文（predicate sentence）　60
述部　43, 46-47, 49-50, 52, 54, 105, 184
主導権　156, 164, 170, 172, 218
使用域（register）　68, 88, 105, 118, 156, 218
状況（scene）　15
常体　46, 104-105, 118, 218
情報提供　85, 147, 160, 163, 168, 218
情報の授受　88, 92, 122, 153, 170, 172, 213
情報表示　85, 167
情報要求　20, 82, 84-85, 92, 126, 134, 147, 156, 163, 165, 215
省略　3, 8, 13, 44, 46-47, 52, 56-57
心的距離　105, 133
スクリプト　7, 11, 82
ストラテジー（strategy）　21, 48, 53, 102, 105, 118, 133, 170, 175, 177, 179, 184, 186
スピーチレベル（speech level）　18, 51, 59, 104-105, 118, 139, 172, 218
スピーチレベルシフト（speech level shift）　18, 44, 48, 51, 53, 118
接触場面　18, 147, 177
接続形　37, 40-41, 53, 55-56, 59, 60, 68, 70-71
接続詞　36-37, 126, 135, 200, 204
選好されない（dispreferred）　150
選好される（preferred）　150
選好組織（preference organization）　12
先行発話　16, 29, 84, 122, 130, 133, 135-137, 140, 145, 166, 170, 174, 178, 181, 183, 186, 202, 205, 216, 219
総合的な形（analytic form）　69
相互作用（interaction）　2, 12, 46, 49, 88, 123, 130, 149, 151, 170-172, 178, 217, 222, 224
相互話題導入型　147
挿入連鎖（insertion sequences）　145, 165
側面連鎖　145
即行的　183-184

た行

ターン（turn）　8, 29, 43, 49, 62, 68, 96, 105, 122, 124, 130, 138, 156, 163, 171, 175, 178, 180, 189, 199, 217, 220
ターン移行関連場所（TRP：Transition Relevance Place）　132
turn切断子　8
第1部分（first pair part）　123, 149, 152
待遇法　18, 59
第3部分（third pair part）　123
対事志向的　170
対者志向的　170
第2部分（second pair part）　123, 149, 152
「ダ体」発話　47, 132
脱従属節化（insubordination）　3
ためらい　105, 133-134, 188
談話（discourse）　2, 4, 7-9
談話完成テスト（DCT：Discourse Completion Test）　51
談話機能　94, 97-98, 165, 217
談話採録調査　24, 28
談話参与者（discourse participants）　13, 15-16, 25, 139, 158, 217
談話展開機能　96, 170, 175, 179, 186
談話表示　81, 85
談話標識（discourse marker）　85, 135
談話分析（discourse analysis）　3, 9, 12, 16-17
談話文法（discourse grammar）　9, 18, 124, 221
中間言語（interlanguage）　49, 83
中途終了型発話　46, 48-49, 51, 82
「中途終了型」発話　46-47
中途終了発話文　2, 16, 18, 42, 44, 48, 54

中途終了文　51
注目提供　84
注目表示　81, 84, 163, 219
注目要求　81, 84
追調査　27, 32
付け足し（afterthought）　54, 158
提供　81-83, 85-86
丁寧化のマーカー　42, 59
丁寧化のマーカー終了発話文　42, 60, 100
テクスト／テキスト（text）　4-5, 7, 13
同一話者　54
同時発話（simultaneous speech）　29, 48-49, 69
統辞論的条件（syntactical condition）　124
倒置　54-55, 61, 128-129, 193, 198
独話（monologue）　7
とりたて助詞　138, 200, 204

な行

内省　27-28, 32, 51, 204
21世紀世宗計画　24
日本語話し言葉コーパス（Corpus of Spontaneous Japanese：CSJ）　24
ネガティブ・フェイス（negative face）　46, 105, 198
ネガティブ・ポライトネス（negative politeness）　105, 113, 117, 133, 218

は行

発話意図　97, 101, 127, 129, 205
発話機能（speech function, functions of speech）　15-16, 18, 78, 83-85, 付録4
発話（行為）連鎖（speech (act) sequence）　12, 16, 18, 81, 83, 121-122, 145-146, 150, 158
発話交替箇所（Transition Relevance Place：TRP）　48
発話装置　115, 118, 160, 217, 222
発話の重なり　146
発話文　2, 7-9, 28, 54, 200

発話文生成メカニズム　140, 142
発話誘発因子　156, 158
非意志的中途終了発話文　48
非境界　69, 132
被繰り返し発話　178, 181
非言語行動　6, 12, 127
非実質的回答発話　151-152
非出現部分　3, 59, 69
非述語文（non-predicate sentence）　18, 60
非中途終了発話文　42
非明示的質問表示　127, 130, 174, 200
表現意図　80, 83, 94
表示　85-86
非流暢性（disfluencies）　130
品詞　34-36
フィラー　8, 42-43, 55, 62, 133-134, 163, 175, 178, 200, 203-204
フェイスシート（調査整理表）　27, 31, 付録3
フェイス侵害行為（face threatening act：FTA）　184
フォローアップアンケート（follow-up questionnaire）　27, 63, 付録1, 2
復元可能性（recoverability）　57
副次連鎖（side sequences）　145
複文　46-47
付与（giving）　83
文終止機能　53-54, 61
分析的な形（synthetic form）　69
文の完結条件　124, 126, 140
文文法（sentence grammar）　9, 41-42, 44, 61, 69, 124, 184, 221
文法化（grammaticalization）　55, 72, 74, 136, 202, 223
文法機能　71, 97-98
文法的な対立項　43
ポジティブ・フェイス（positive face）　46, 102, 184
ポジティブ・ポライトネス（positive politeness）　102, 105, 113, 117, 133,

184, 198-199, 218
ポライト（polite） 46
ポライトネス理論（politeness theory） 46, 102, 184

ま行

間（pause） 8
みたいな文 136
密着的 183
明示的質問表示 127
文字起こし 28
文字化資料（transcript） 24, 28

や行

有標化（marking） 140, 160
要求（demanding） 81-83, 85
要求型 187
用言の諸形 40

ら行

留保 150
隣接応答ペア 151
隣接性 149
隣接ペア（adjacency pair） 12, 16, 83, 148, 151, 163, 218
連結語尾 37, 51-53
連鎖組織（sequence organization） 20, 144
連鎖モデル 147-148, 153
連体形止め 202

わ行

話者交替（turn-taking） 12, 28, 49, 146, 158, 168
割り込み（interruption） 29, 48-50, 69

著者紹介

髙木丈也（たかぎ・たけや）
慶應義塾大学 総合政策学部 専任講師
2006年　東京外国語大学　外国語学部　東アジア課程　朝鮮語専攻　卒業
2008年　東京大学大学院 人文社会系研究科 韓国朝鮮文化研究専攻 修士課程 修了
2014年　東京大学大学院 人文社会系研究科 韓国朝鮮文化研究専攻 博士課程 修了
［専門領域］
社会言語学　朝鮮語学　方言学　談話分析
［主要業績］
「日本語と朝鮮語の談話における発話連鎖――「質問」と「応答」の連鎖を中心に――」
　『朝鮮学報』第235輯 2015年
「延辺地域朝鮮語の談話における文末形式――親疎関係、話者の属性による差異に注目
　して――」『言語研究』第152号 2017年
「중국조선어 화자와 한국어 화자의 접촉 장면 담화의 특징」(中国朝鮮語話者と韓国語話
　者の接触場面談話の特徴)『중국조선어문』(中国朝鮮語文) 2018-4号 2018年
2016年10月 朝鮮学会研究奨励賞受賞、2018年9月より韓国方言学会 理事
ホームページ：https://t-takagi.jimdo.com/

日本語と朝鮮語の談話における文末形式と機能の関係
中途終了発話文の出現を中心に

発行日	2018年12月28日　初版第1刷発行
著　者	髙木丈也
装　幀	臼井新太郎
発行所	株式会社 三元社
	〒113-0033　東京都文京区本郷1-28-36鳳明ビル
	電話 03-5803-4155　FAX 03-5803-4157
	郵便振替 00180-2-119840
印刷	モリモト印刷 株式会社
製本	鶴亀製本 株式会社

©TAKAGI Takeya 2018
ISBN978-4-88303-473-4
Printed in Japan